2022年浙江省省级课程思政教学项目"医学类高校'思政课程'与'课程思政'的良性互动模式研究"，2019年浙江省高校思政崔华前、郑卫荣名师工作室建设项目提供资助

课程思政与思政课程的融合创新研究

主编　崔华前　郑卫荣

WUHAN UNIVERSITY PRESS
武汉大学出版社

图书在版编目(CIP)数据

课程思政与思政课程的融合创新研究/崔华前,郑卫荣主编.—武汉:武汉大学出版社,2024.10
ISBN 978-7-307-24406-1

Ⅰ.课⋯ Ⅱ.①崔⋯ ②郑⋯ Ⅲ.高等学校—思想政治教育—研究—中国 Ⅳ.G641

中国国家版本馆 CIP 数据核字(2024)第 109244 号

责任编辑:聂勇军 责任校对:鄢春梅 版式设计:马 佳

出版发行:**武汉大学出版社** (430072 武昌 珞珈山)
(电子邮箱:cbs22@whu.edu.cn 网址:www.wdp.com.cn)
印刷:武汉邮科印务有限公司
开本:720×1000 1/16 印张:19 字数:309 千字 插页:2
版次:2024 年 10 月第 1 版 2024 年 10 月第 1 次印刷
ISBN 978-7-307-24406-1 定价:88.00 元

前　言

2016 年习近平总书记在全国高校思想政治工作会议上提出"使各类课程与思想政治理论课同向同行"，2019 年习近平总书记在"3·18"重要讲话中再次强调"要坚持显性教育和隐性教育相统一，挖掘其他课程和教学方式中蕴含的思想政治教育资源"。课程思政和思政课程的核心内涵都是育人，二者结合的关键点是思想政治教育。为更好地贯彻落实习近平总书记的重要讲话精神，推动高校思政课程和课程思政的有机融合、协同育人，不断完善"大思政课"育人格局，温州医科大学马克思主义学院举办了"思政课程与课程思政融合创新"学术研讨会，100 余位国内专家学者参会研讨。本书作为研讨会的论文集，旨在汇集已有相关研究成果，为深化思政课程与课程思政改革、推进大学生思想政治教育提供借鉴。

经济全球化、信息网络化时代，多元文化激荡，多样化社会思潮杂陈，大学生的独立性、自主性、创新性日益增强，大学生的思想道德状况的多样性特征日益鲜明。在此时代背景下，思政课程应该坚持主旋律、弘扬正能量，尊重差异、包容多样，切实增强思想政治教育的引领性、针对性和亲和力，发挥好立德树人的主渠道作用；课程思政应充分挖掘学科知识中蕴涵的思想政治教育元素，有效整合专业课程中蕴涵的思想政治教育资源，把科学人文精神、时代精神、社会主义核心价值观等融入课程建设中，春风化雨、润物无声般地实现立德树人目标。思政课程与课程思政在立德树人目标上是完全一致的，二者应该突破"单打独斗""孤岛效应"弊端，携手共进、协同一致、相得益彰地更好完成立德树人的根本任务。

本论文集从理论逻辑、生成逻辑、实践逻辑三个维度出发，精心挑选了一批

优秀论文。理论逻辑部分主要对思政课程与课程思政融合的理论基础进行了梳理
和阐述，为后续研究提供坚实的理论支撑。生成逻辑部分则关注思政课程与课程
思政融合的实践路径和方法，通过案例分析、实证研究等方式，展示二者融合创
新的生动实践。实践逻辑部分则着重探讨思政课程与课程思政在实际教学中的融
合创新成效，为未来改革提供借鉴。

　　本论文集不仅深入探讨了思政课程与课程思政融合的理论基础和实践路径，
还充分展示了各高校在推进思政教育改革过程中的创新实践和成功经验，相信这
些研究成果将对推动思政课程与课程思政的深度融合，提升思想政治教育育人成
效产生积极的影响。

　　本书的出版，不仅是对研讨会成果的整理和展示，更是对思政课程与课程思
政融合创新理念的一次有力传播。通过本书，可以让更多的教育工作者深入了解
思政课程与课程思政相融合的重要性和必要性，学习借鉴其他地区和高校的成功
经验，进一步推动思政课程与课程思政融合创新的理论研究和实践探索。

编者

2024 年 5 月

目　录

下篇　实践逻辑：路径建议

上篇

理论逻辑：内涵要义

准、深、透、活：高校课程思政元素挖掘与运用的四大着力点

孙秀丽　卓高生　魏春艳

温州大学马克思主义学院

摘要： 课程思政是提高高校课程教学政治高度、培养全面发展的综合型人才、发挥思政育人价值引领作用的重要措施，但当前在挖掘和运用课程思政元素的过程中，仍存在一些基本问题，导致课程思政效果不佳。因此，强化高校课程思政建设需要聚焦四个着力点：精准把握思政元素的精度和向度，深入挖掘思政元素的宽度和厚度，全面考量思政元素的信度和效度，注重活化思政元素的温度和鲜度。只有在深刻理解课程思政元素内涵的基础上，才能真正实现思政元素"启人以心智、育人以美德"的教育价值，推进课程思政的创新发展。

关键词： 课程思政；思政课程；思政元素

习近平总书记在 2022 年 10 月 16 日的二十大报告中提出了要办好人民满意的教育，全面贯彻党的教育方针，落实立德树人的根本任务。高校课程思政是实现立德树人和"三全育人"根本任务的重要战略行动，是引人以大道、启人以大智、育人以大德的关键课程。抓好高校课程思政建设，是当前高校的首要任务。为提升课程思政效果，高校应以"准、深、透、活"为四大着力点，有效地挖掘和运用思政元素，使课程思政建设真正落到实处。

一、以目标为导向，挖准高校课程思政元素的精度与向度

课程思政旨在以理服人、以情动人、以课化人，是高校育人的重要途径。教师在挖掘高校课程思政元素时，要在"特质化""同质化"的偏见中保持对课程思政本质内涵的追寻，① 以目标为导向，挖准高校课程思政元素的精度和向度。只有这样，才能进一步挖掘其内在本质和规律，实现课程思政的精进和发展。

（一）根据理工类专业课程的特点，挖准思政元素的精度

高校学科类型繁多，各专业的课程类型不同，因此，对于不同类型的专业课程，教师应根据其特点做出相应的调整，以挖掘最精准的思政元素。在理工类学科中，数理逻辑和准确性常常是被强调的重点，因此，在理工类专业课程教授中，教师应注重精准度和精确度，将科学伦理教育和思维方式的培养统一起来作为教育教学的首要任务，以培养学生不断探索、创新发展的科学家精神。

（二）根据文史类专业课程的特点，把握思政元素的文化厚度

高校的人文社科类课程是涉及意识形态的重要课程，其中，文史类专业课程具有深厚的历史底蕴和人文底蕴，课程思政教育中，文史类专业课程中厚植的历史积淀具有较大的挖掘空间。目前，我国正在大力推进新文科建设，培养"知中国、爱中国、堪当民族复兴重任"②的文科人才，已然成为课程思政育人的应有之义。因此，在授课时，教师应当深刻把握丰富的历史和人文资源，充分挖掘思政元素，通过历史与现实的对比与思考，形成一种整体性、全面性的大历史观，以具体的历史事件为启迪，使学生理解和把握社会主义核心价值观的时代内涵。例如，北京理工大学的军事理论课程是一门教授军事基础知识的专业课程，其中

---

① 张旭，李合亮. 廓清与重塑：回归课程思政的本质意蕴[J]. 思想教育研究，2021（5）：116-121.

② 陈旻. "三同三力"推进高校思政课程与课程思政相结合析论[J]. 思想教育研究，2021（5）：122-126.

的军事思想模块，教师通过讲述我国主要军事思想代表人物的经典故事和我国丰富的军事历史和文化，弘扬中华民族精神，树立学生的科学国防观、战争观和方法论，培养学生健全人格和道德品质，授课效果非常好。所以，在文史类专业课程教学时，教师应充分发挥文化的教育力量，使其与学生产生思想上的共鸣，实现思政元素的文化育人。同时，文史类课程的历史厚度和人文底蕴，具有与生俱来的情境带入性，教师在这种独特文化意境中要充分触发学生心灵深处的民族自豪感，从而树立起学生的文化自信。

（三）根据农、医、教育类专业课程的特点，挖准思政元素的向度

教育学、医学、农学等专业学科拥有人文主义的特点，因此教师在授课过程中应该挖掘农、医、教育类专业课的人文向度。在农学类专业课中，教师要以中国是农业大国为出发点，以中华农耕文明为主线，以粮食安全、畜产品生产、良种繁育、农业基因工程为抓手，精准挖掘具有中国本土特色的农学类课程思政育人元素，经过系统化统筹和模块化的设计，在具体育人过程中培养学生认同"绿水青山就是金山银山"的现代化生态农业理念，激发学生"三农"情感，激励学生坚定"把中国人的饭碗端在自己手中"的奋斗精神。对于医学类专业课程，课程思政教师应将医德医风放在首要位置。同时，教师要根据现代医学技术和生物技术的发展趋势，注重生命伦理教育，不仅培养学生精湛的医术技艺，还要引导学生将人民群众的生命健康放在首位，提高其人文修养。对于教育学专业，高校需要加强师德师风教育，培养传道授业解惑的好教师，将职业理想和规范从教等元素融入"四有"好老师的培养中，实现思政育人的目的。

二、以学理为导向，挖深高校课程思政元素的宽度与厚度

在课程思政的大背景下，教师在课程教学中应当注重理论素养的提升，以加强课程思政教育的实效性。学理作为学科的基石，承载着时代的价值观，为思政元素注入了时代性。因此，教师应当牢固树立学理的价值意识，深入挖掘学理中蕴含的思政元素，将其与理论课堂、实践教学和科研实验有机结合，创造性地发

掘高校课程思政元素的宽度与厚度，为学生成长成才做出更大的贡献。

（一）思政元素与理论课堂应当深度融合

考虑到不同课程的思政元素蕴含量不同，为了实现事半功倍的效果，教师在挖掘不同课程的思政元素时应该有序推进。① 具体而言，有三种方法可以应用：第一种方法是以经典故事为融合点。在专业课教学中，通用的思政元素可以通过融入经典故事来实现课程思政教学的生动性和独特性。教师在教学过程中，可以将专业知识与传统经典故事相融合，如爱国故事、美德故事、奉献故事等，并以此为抓手，在经典故事中挖掘思政元素，赋予思政元素生动性、故事性和传承性。第二种方法是以时事为契合点。时事是有效的理论土壤，也是思政元素挖掘的重要根脉。时政热点具有时代性、话题性和生活性，能够与思政元素进行紧密结合，推动思政育人的实效性和科学性。教师应当不断积累时政热点，在国家大政方针和新闻热点的基础上形成自己的思考，然后将自己所掌握的专业理论与适切的思政热点相结合，赋予专业理论知识的鲜活性和时代指导价值，增强学生对理论知识的信服力，同时使热点时政进入理论学习的范畴，不断丰富学生理性思维与感性思维相结合的能力，使学生养成对"国事家事天下事"的分析和预判能力。第三种方法是以生活现实为切入点。教师可以将自身或是学生的生活经历作为思政素材，将思政元素贯穿于日常生活中。如无偿献血、志愿服务、支边支教、最美教师、感动中国人物等都可以适时、适当、适量地和理论课相融合，来源于生活的鲜活事例、围绕在身边的生动故事、发生在老师和学生身上的真实体验，最容易引起学生的情感共鸣，从而形成一种自觉的学习奋进精神，起到长期育人的效果。所以教师应当鼓励学生在课堂上分享生活体验，在学生的生活经历中深挖思政元素，有效提升思政教育的效果。

（二）思政元素与实践教学应当深度融合

实践教学的特殊性在于"践行"，本质是在教学过程中突出学生的主体性和

---

① 成桂英. 推动"课程思政"教学改革的三个着力点[J]. 思想理论教育导刊，2018(9)：67-70.

能动性。思政元素与实践教学深度融合可以提升课程思政的深度和广度。具体来说，应当从以下四个方面着手：首先，立足于课堂实践教学。课堂实践教学是思政元素渗透教育教学全过程的重要基石。教师应当秉持"学生是主体、实践是基础、课堂是载体"的基本原则，采用多种实践教学方式，如小组自主讨论、课堂分组辩论、案例分析、情景剧等，将奋斗精神、奉献精神、团结精神等思政元素内容渗透于实践活动教学中，使学生将课堂知识与生活实际相结合，并在实践教学活动中提升思想素质，磨炼高尚品质。其次，把握校园实践教学。校园实践活动是构建教育教学第二课堂的重要场域，教师在校园实践教学过程中可以利用校史馆、校内实训基地、校内文化广场、体育场等场所，激发学生的爱国爱校热情和激情，同时设计出不同的实践方案，例如通过红歌歌唱比赛、校园演讲赛、主题征文比赛、微电影比赛等灵活多样的形式，深入挖掘实践活动蕴含的思政育人元素，既实现了实践教学的目的，又在实践过程中实现了课程思政的育人功能。再次，落实社会实践教学。社会实践教学是在校外真实的生活环境中进行的以学生为主体的体验式和感悟式教学，教师应站在为党育人、为国育才的高度，在社会实践教学中搭建专业知识与技能教学相结合的平台，渗透与专业知识、技能相呼应的育人元素，如爱岗敬业、企业家精神、艰苦奋斗精神等。在社会实践教学中，通过学生的切身实践和亲身体会，激发学生的职业认同感和社会责任感。多样化的教学内容更"接地气""聚人气"，既实现了社会实践教学的知识性与生动性的统一，又强化了课程思政教育。最后，重视网络实践教学。随着信息技术迅速发展，网络实践教学已引入高校实践教学环节之中。网络实践教学的时间自由性、空间灵活性、交流便捷性等优势，为思政元素的融入提供了良好的契机。教师可以通过"学习强国"、公众微信号、抖音等平台将具有思政元素的短视频、图片、音乐等注入到网络实践教学中，也可以通过微信群、钉钉群、腾讯会议等宣传国家大政方针，从而实现课程思政与网络实践教学的有机融合。

（三）思政元素与科研实验应当深度融合

科研实验教学是培养学生严谨科研态度、勇攀科研高峰的重要教学阵地。思政元素深度融入科研实践教学既是一个难点，又是一个课程思政教学必须突破的关键点。首先，要树立科研实验课程思政教育理念。教师不能只注重传授实验技能，而忽略了思政教育的重要性。教师应意识到思政教育不仅是思政理论课教师和学生辅导员的责任，也是科研实验教师的事。教师需要将育人元素与实验紧密联系起来，树立思政教育理念，并在课程中贯彻落实，以实现思政育人的根本性目的。其次，要将思政元素融入具体科研实验过程中。具体科研实验是专业课理论教学的重要组成部分，也是思政元素育人的关键点。在开展实验教学时，教师应该充分关注教学与思政元素的独特结合点，并挖掘与该课程理论、实验相关联的育人要素。例如，在无机化学实验、分子定量分析实验等课程中，可以充分发挥化学思政教学要素的教育功能，从而让学生更好地理解和掌握专业知识，同时增强其思想道德素养和社会责任感。最后，要剖析科研带教和服务中包含的思政元素。基于共同的实验目标和科研任务，在科研带教和服务中，实验教师可以将团结协作精神、精益求精态度及实验严谨性、学术道德、实验室伦理等作为重点，树立"久久为功、育心育人"的教育理念，紧紧围绕实验的内容，精准捕捉课程思政与专业技能传授的共振点，利用实验过程中的思政元素和实验室独特的育人资源，实现科研实验课的思政育人目标。

三、以问题为导向，挖透高校课程思政元素的信度与效度

在高校中，课程思政的实施并不是一帆风顺的。教学主体、教学对象和教学环境的不确定性因素会导致一些教师在挖掘和运用课程思政元素的过程中出现理解不深刻、认识不深入、运用不深究等基本问题。为了解决这些问题，教师既要从课程实施的视域出发将课程思政教育作为一种育人方法，同时也要明白课程思政的实施是多种育人手段、方式和程序的组合，它是极具问题指向的系统教育过程。① 教师需要深刻把握思政元素挖掘过程中的问题以及产生问题背后的重要原因。同时，需要在课程思政教学与育人体系中深入挖掘课程思政元素，提高其信度和效度。

---

① 何玉海，于志新. 新时代推进高校"课程思政"建设的四个维度[J]. 思想政治教育研究，2021(2)：132-136.

（一）部分教师教学理念空心化

在高校课程思政育人中，存在部分教师对思政元素理解不深刻、全面育人认识不到位的问题。要使门门学科有思政，教师人人具备思想政治教育能力，就必须充分利用课堂教学这一主渠道，提升课程思政的影响力。当前，专业课教师或许已经足够注重课程思政工作，但却轻视了育人工程的重要性。因此，教师应重视课程思政在育人中的作用，强化立德教育的无形融入，要做到"经师"和"人师"相统一。[①] 克服部分教师课程思政教育理念空心化，就要找准造成空心化的原因。目前造成这种现象的直接原因在于专业课教师进行课程思政教学存在专业知识和思政知识的场域断层，因为不同专业的专业知识与课程思政教育所要传达的隐性知识不是来源于同一场域，但是在实际育人中却由专业课老师一人去承担专业授课和思政育人任务，于是空心化似乎成了一种常态化障碍。学校管理层面必须打破高校专业课教师和思政课教师在育人方面的孤岛效应，[②] 除了加强专业课教师树立课程思政育人理念和为专业课教师提供思想政治学习和培训之外，必须在课程思政师资队伍建设上下功夫，注重建设教学骨干互兼、专业课和思政课教师动态组合的师资队伍，还可以建设一支稳定的兼职师资队伍，如聘请校外技术专家、有影响的能工巧匠、劳动模范、知名企业家等担任兼职教师，形成"课程思政"教育合力。

（二）部分教师教学设计套路化

近年来，课程思政成为高校教学中备受关注的话题。然而，部分教师对课程思政的认识不够深入，对课程思政全要素建设的认识也不到位。为满足文件要求及履行教师义务，一些教师在课堂中急于插入思政元素，在操作中使用同一套路的"模板"完成任务式教学，直接导致教学针对性匮乏，使学生参与兴趣降低，

---

① 李凤. 给课程树魂：高校课程思政建设的着力点[J]. 中国大学教学，2018(11)：43-46.

② 郝德永. "课程思政"的问题指向、逻辑机理及建设机制[J]. 高等教育研究，2021(7)：85-91.

疲于应对课程。习近平总书记曾指出："要用好课堂教学这个主渠道，思想政治理论课要坚持在改进中加强，提升思想政治教育亲和力和针对性，满足学生成长发展需求和期待。"①因此，在课程思政建设中，教师要注重学情分析，注意不同学生的个体差异，甚至要关注班级间的整体差异。不能把网络上或是培训中别人的干货完全"复印"在课堂中传递给学生，让学生在课堂中产生"似曾相识"的体验感。跳出这种套路式的教学设计，需要教学团队认真研究专业课与思政元素相结合的融入点，注重针对不同主题设立多样性、多层次的课程思政目标，②只有运用精准思政思维才能上好一堂思政引领力强的"真课"，让课堂切实发挥出最大效用。要充分发挥教师的教学智慧，避免将专业课和课程思政强行"打包"和"组合"。尤其要以学科和课程特征为出发点，思考何处可以融入思政元素、为何需要融入思政元素、如何融入思政元素，凸显思政元素融入课堂教学的恰当性。同时站在专业发展和学科建设的高度以国际视野、比较视野开展课程思政总体布局和教学设计。这样才能避免仅依赖他人现成经验的套路化设计，提升思政教育的亲和力和针对性，满足学生的成长需求和期待。

（三）部分教师教学能力一般化

高校教师在实施课程思政中扮演着关键的角色。课程思政具有全过程育人的特点，因此，教师在课程思政的设计、组织和实施这三个阶段都需要发挥鲜明的指导作用。课程思政需要依靠教师这一关键主体共塑培根铸魂、启智润心的"大思政"格局，教师个人教学能力与素质成为影响课程思政质量和实效的重要因素。课程思政的建设对教师提出了更为严苛的要求，广大教师既要拥有深厚的专业课理论功底，又要具有在课堂中巧妙添加思政元素的本领。高校教师要以立德树人为初心使命，不断丰富理论知识，不断提高教学创新能力，在各自的专业领域起到课程思政引路人的作用。③教师素质提升不是一蹴而就的事情，当务之急是高

---

① 习近平谈治国理政（第二卷）[M]．外文出版社，2017：378．

② 梅赐琪．遵循三大规律的通识教育课程思政模式创新[J]．思想政治教育研究，2021（3）：99-104．

③ 刘东，赵宁．论高校教师课程思政的能力建设[J]．武汉理工大学学报（社会科学版），2023，35（6）：151-155．

校要站在为党育人的高度，培育一批课程思政建设师资队伍，以学校党委为牵头人，以马克思主义学院为具体执行分工单位，以各学院专业骨干为代表，针对课程思政与专业课相结合之后如何实施教学进行研讨和培训，在较短时间内提升教师对课程思政的积极性、主动性、创造性。同时，通过不同教师间的示范课观摩、集体教学研讨、集体备课，营造良好教风。

四、以艺术为导向，活化高校课程思政元素的温度与鲜度

课程思政教学需要具备艺术性、生动性、实践性，并时刻关注学生的实际情况，在实施课程思政教学时，应将学生置于主导地位，以生活实践为主要载体，以艺术性为主要教学方法。因此，教师应该深入了解课程思政元素的艺术性，活化高校课程思政元素的温度与鲜度。

(一)课程思政元素的挖掘素材需鲜活化

教师应当深刻认识到时政热点和时代精神对于大学生课程思政教育的重要性。一方面，现代大学生热衷于参与时政讨论，具有敏锐的时政判断能力，特别喜欢关注国内外重要动态和热点事件。因此，教师应善于利用时政热点作为思政素材，如俄乌战争、中美关系和共同富裕等热点，深挖其中的有效思政元素，并通过引导学生正确分析和解决问题，提高学生对世界和中国的认知，增强民族自信心和社会责任感。另一方面，随着社会条件和现实环境的不断变化，新一批时代精神不断涌现，包括脱贫攻坚精神、伟大的抗疫精神、中国航天精神等。教师应以此作为鲜活的素材，挖掘时代精神背后的案例故事和人物事迹，将团结、奋斗和创新等精神与课程思政紧密结合，营造良好的育人环境，激励学生弘扬优秀文化和红色血脉，提高学生思想境界和综合素质。

(二)课程思政元素的基本内容需生活化

最好的教育是源于生活的教育，真善美源自对生活的热爱。首先，教师应该树立生活化教育理念，这是为了满足社会发展的需求，并将思政教育的基本内涵

与学生的发展实际相结合，建构起"学校、社会、家庭相互联系、有机统一的生态系统"①，通过挖掘生活中的人物、案例等，将学生的生活案例融入课程思政中，通过整合生活实践与课堂教学，提高学生感知身边生活的温度和热度，激发学生的讨论热情和参与积极性。其次，教师应该关注学生日常生活中的"微事物"。微型媒体的普及让学生的意识形态和价值观念更加多元化，教师可以将微信、微博作为教学载体，使学生在关注身边时事热点的过程中自觉接受思政教育，帮助学生树立正确的思想观念。最后，教师应该挖掘身边生动素材，将自身或学生的生活经历作为思政育人资源，让思政元素贯穿于日常生活中。身边的生活化素材鲜活真实，更容易引起学生的共情效应，比如邻里友善、家庭和睦、尊老爱幼、见义勇为等就是最好的生活化课程思政教育素材，将这些身边的真人真事引入课堂，有利于产生正能量的引领和示范效应。

（三）课程思政元素的运用方式需灵活化

为了提高课程思政教学的针对性和生动性，教师需要采取多种方式将思政元素融入课程之中。第一种方式是通过讲故事的方式将思政元素运用到课程中。改革开放以来我国社会主义建设取得了巨大成就，教师要学会讲好中国故事，在课堂上要讲好共产党初心使命的故事，讲好新时代中国人追梦圆梦的故事，讲好家乡巨变乡村振兴的故事，讲好社会变迁美好生活的故事，同时引领学生讲好"青春是用来奋斗"的故事。通过故事引入引导学生形成正确的价值判断，自觉成长为对社会、对国家有用的人才。第二种方式是通过网络宣传的方式将思政元素融入课程中。当代大学生都是网络原住民，他们习惯于通过网络学习和社交，因此，增强数字资源利用的针对性，选取优质的网络资源，② 通过大数据画像精准分析学生群体特征和个性化特点，建立思政网络育人平台，将大学生喜闻乐见的思政元素植入平台，对学生进行广泛和深入的课程思政教育正当其时。第三种方

---

① 吴轲威，雷娟. 人工智能赋能高校课程思政的价值旨归与核心意蕴[J]. 南京开放大学学报，2023（1）：10-17.

② 李勇. 数字化时代高校课程思政创新发展策略研究[J]. 天中学刊，2023，38（2）：138-142.

在的基础，是事物自身运动的源泉和动力，是一事物区别于其他事物的内在本质，是事物变化的根据，它规定着事物发展的方向，是事物发展的根本原因。而在课程思政的教育教学改革中，其改革成效无不取决于教师这个内在核心要素。

1. 理念先行：坚持教书与育人同频共振

教育家刘佛年曾言："任何事业的复苏与发展都是从观念的变革开始的。"思想观念是行动的先导，有什么样的教育思想、教育观念，就有什么样的教育。课程思政要想落地，教书育人的理念必须先行。教育即是教书育人。教书育人作为一个整体，二者须臾不可离也。法国著名作家雨果曾说：花的事业是尊贵的，果实的事业是甜美的，让我们做叶的事业吧，因为叶的事业是平凡而谦逊的。三寸粉笔，三尺讲台系国运；一颗丹心，一生秉烛铸民魂。踏上三尺讲台，也就意味着开启了一场艰巨而又漫长的"育人之旅"，正所谓"十年树木，百年树人"。课程思政建设工作是由教师开展的，课程思政建设效果如何很大程度上亦是由教师决定的。这就需要广大教师提升课程思政建设的意识和能力，进一步强化育人意识，提升育人能力，确保课程思政建设落地落实、见功见效。

英国哲学家弗兰西斯·培根指出：教师是知识种子的传播者，文明之树的培育者，人类灵魂的设计者。2016 年 12 月，习近平总书记在全国高校思想政治工作会议上强调，高校立身之本在于立德树人。立德树人关系党的事业后继有人，关系国家前途命运，立德树人成效是检验学校一切工作的根本标准，亦是教师努力培养担当民族复兴大任时代新人的责任担当。学校是人才培养的主阵地，而教师是培养人才的主力军。教师作为人类灵魂的工程师，承载着传播知识、传播思想、传播真理，塑造灵魂、塑造生命、塑造新人的时代重任，作为打造中华民族"梦之队"的筑梦人，教师要把学生培养成高质量的优秀人才，不仅要抓好知识教育，更要抓好思想品德教育。"师也者，教之以事而喻诸德者也。"正如习近平总书记在北京师范大学座谈会上所强调的，人才培养一定是育人和育才相统一的过程，而育人是本。人无德不立，育人的根本在于立德。教师是教育的根本，是教育的第一资源，一个优秀的老师，无论是思政课教师也好，还是专业课教师也罢，都应该时刻秉持教书育人的理念，都应该是"经师"和"人师"的统一，既要精于"授业""解惑"，更要以"传道"为己任，以"心中之道"传"学者之道"。

2. 实践落地：坚持言传与身教同向同行

第一，课堂上的言传身教：体现在备课、上课、课堂管理中。腹有诗书气自华。教师自古就被称为"智者"，好老师要有扎实学识，"水之积也不厚，则其负大舟也无力"，掌握精深的专业知识，是教师"传道"的基本前提。扎实的知识功底是教师所应具备的最基本的素质，教师应是学问之师，如果教师知识储备不足、视野不够，教学必不能游刃有余。这就要求教师要树立终身学习的理念，在读书上下功夫，常读书、读好书，要"术业有专攻"，培育学高为师的业务素质，以诗书育浩然之气；要顺应经济全球化的时代大势，立足于百年未有之大变局的当今世界，与时俱进地更新自身的知识体系，始终站在知识发展前沿，在实现自身长远发展的同时引领培育学生走向未来；要顺应信息化时代发展的要求，不断提升自身的信息化教学能力，创新课堂教学模式，推进现代信息技术在课程思政教学中的应用，激发课堂活力。

其实一堂课的好与坏，学生是有明确感知的。教师备课充分，上课就能旁征博引、游刃有余，学生便会对教师产生崇拜感，继而对课堂充满兴趣。高校基本会在每学期末实行"学评教"，学生对教师一学期的授课进行评价，这其实也能在某种程度上反映出学生对教师上课的认同与喜爱。而教师在上课所呈现的效果如何很大程度上与教师课下备课所花的功夫是成正比的，学生对一个教师上课做出肯定评价，其实是对教师爱岗敬业、兢兢业业职业素养的肯定。在学生眼中，老师"吐辞为经、举足为法"，一言一行都给学生以极大影响，"教，上所施，下所效也"，学生对于教师不仅是听其言，更观其行，教师是学生眼中为人的模范。就像布鲁纳曾经说过的："教师是教育过程中最直接的有象征意义的人物，是学生可以视为榜样并拿来同自己作比较的人物。"如若教师都能尽力做到认真备课，为力求呈现好的课堂效果肯于花时间、下功夫，并且保证每节课都不迟到、不早退，那么教师在课堂上的完美呈现与严于律己，会从内心深处激发起学生对老师的崇拜，学生会暗自下决心要以教师为榜样，如此教育必然会起到一种事半功倍的效果。

第二，课堂外的言传身教：体现在日常问好、批改作业中。一个好老师本身就是课程思政最好的资源与素材。比起言传，教师的身教是最有说服力的教育。教师的人格力量是影响教育质量的潜在因素，比言语教育具有更强的心灵渗透力，对学生的影响更生动、更持久、更深远。

首先，广大教师要用好课堂讲坛，用好校园阵地，用自己的行动倡导社会主义核心价值观，用自己的学识、阅历、经验点燃学生对真善美的向往，使社会主义核心价值观润物细无声地浸润学生们的心田，转化为日常行为。我们经常强调学生见面要主动向老师打招呼，但我们却似乎忽略了一点，那就是学生主动向老师打招呼，那么老师不能把其当成是理所当然，老师也需要对学生的问好予以真诚有礼的回应，这既是师生人格平等的一种体现，同时也是教师谦逊有礼的最好表达，无形中会增进教师与学生之间的关系，使师生之间相处更加融洽，为教学赋予更多的人情味。

其次，要抓好批改作业这一教师与学生交流互动的又一架桥梁。画简笔画、盖章、花式评语……厦门个性化批改作业的老师们火了，他们个性化的批改作业方式博得了学生、家长的一片喝彩，不少网友看完后感慨："我都想写作业了！"手工的简笔画相比电脑制作的图画更有生命力，更有温度，老师的多才多艺也使学生对老师多了几分喜爱与敬仰，从而也对教师所授的课程多了几分热爱。其实这些简笔画、盖章、花式评语的背后，恰恰是一个教师认真负责的职业素养的一种体现，事无巨细，无论大小，皆认真对待，虽看似微不足道，但其带给学生的影响却是润物细无声、恒久不变的。这无不给我们所有教师一个启示，教师每次批改作业不要简单地只写一个"阅"字，发自内心地对作业完成质量高的学生予以赞美与表扬，对作业完成相对不是很好的学生予以提醒，这种评语的仪式感会在潜移默化中激发学生向上的力量。

学无止境，作为教师要"吾日三省吾身""见贤思齐"，不断提升道德修养和人格素养，在教育教学、课堂管理、日常生活中严于律己，身体力行，以高尚的师德情操，用模范的言行举止为学生树立榜样，用高尚的人格魅力引领学生，完美诠释"身正为师，学高为范"的师德风范，做到言传与身教相统一，做到知行合一，以便推动课程思政效果在潜移默化中得以实现。

（二）从外因角度——外在约束来看

外部矛盾（即外因）是事物发展、变化的第二位的原因。外因是事物发展变化不可缺少的条件，有时外因甚至对事物的发展起着加速或延缓的作用。课程思政教育教学改革的顺利实施除了教师这个核心要素要发挥重要作用外，还离不开制度层面的约束与实施条件保障这些外部条件来予以保驾护航。

1. 制度保障：顶层设计与评价保障同心同向

首先，加强顶层设计，加强学校党委对课程思政建设的领导。课程思政建设作为一项系统工程，必须加强顶层设计，全面谋划。习近平总书记强调："各级党委要把思想政治理论课建设摆上重要议程，抓住制约思政课建设的突出问题，在工作格局、队伍建设、支持保障等方面采取有效措施。"①抓好课程思政建设也需如此。在新时代的新历史方位之下，顺利完成立德树人的根本任务，仅仅依靠教师的一己之力是不够的，还需要建立学校党委统一领导、有关部门各司其职、各二级学院协同配合的工作格局。学校党委领导班子要从政治高度和大局出发，把课程思政建设提上议程，拿出真招实策，推动课程思政建设落地生根。一方面，学校党委领导要进一步加强学校意识形态阵地建设，严把课程思政的建设方向，加强组织领导，推动"思政课程"与"课程思政"相结合，形成协同效应，确保课程思政建设履行好培养时代新人的神圣使命。另一方面，学校党委领导要加强对教师队伍建设的领导，严格按照习近平总书记对新时代思政课教师队伍提出的"六要""八个相统一"要求，加强对广大教师的人格培养，培养广大教师的家国情怀，引导广大教师用高尚的人格魅力感染学生。

其次，健全评价体系，完善学校评价标准。第一，改革教师评价标准，坚持把师德师风作为第一标准。学校要把师德表现作为教师资格定期注册、业绩考核、职称评聘、评优奖励的首要要求，强化教师思想政治素质考察，推动师德师

---

① 光明日报评论员. 把思政课建设摆上重要议程[N]. 光明日报，2019-03-22.

风建设常态化、长效化。第二，建立健全教师考核指标体系，将课程思政建设作为核心指标纳入到教师的业绩考核评价体系之中，将教师参与课程思政工作情况与教师的年终考核、职称晋升、职务调整、工资待遇相挂钩，明确工作量，实行课程思政工作考核不合格"一票否决"。一方面，改进课堂教学过程管理，提高将课程思政内涵融入课堂教学的水平，定期或不定期实施巡查和督查，检查教师在贯彻落实课程思政建设中是否存在形式主义现象，对课程思政建设落实好的教师予以表彰奖励，以提高教师课程思政建设的积极性，确保教师在教学中将课程思政贯彻落实到位。另一方面，各教师年度育人工作量其实也属于课程思政的一部分，教师承担实践育人工作要计算工作量并纳入年度考核范围内。这就要求教师深入第二课堂实践，不断拓展课程思政建设的方法和途径，既要"读万卷书"又要"行万里路"，不断提高自身的实践育人水平。

2. 资源整合：校内资源与校外资源同向发力

首先，整合校园内部的资源。高校党委应该立足学校内部，整合学校内部的资源。整合课程思政建设的校内资源，使之形成最大合力，是高校党委加强课程思政建设的中心工作。第一，统一思想，整合教师资源。高校教师都有立德树人的使命，课程思政是时代发展的必然趋势。虽然党中央和高校党委已高度重视，但并不是所有的高校教师都高度重视。在课程思政建设的进程中，高校党委要让全校所有教师在课程思政上形成统一的共识，让全校教师充分认识到课程思政的重要意义以及每个教职工立德树人的使命，保证全体教师的思想都达到高度的整合和统一，为课程思政建设的顺利开展作好充足的思想准备并打下坚实的基础。第二，分类挖掘，整合课程资源。"高等教育的根本任务是立德树人"，"高等学校各门课程都具有育人功能"，各门课都具有相应的"思政元素"。课程思政建设是一项涉及各个学科专业的工程，对各个学科专业课程思想政治教育资源的挖掘也就成了先决条件。高校党委在统一思想后，要通过专题讲座、教学交流等途径，促进各个学科专业的教师对自己课程中的思政元素进行充分挖掘并有效融合。需要指出的是，各个学科专业课程思想政治教育资源的挖掘必须坚持两个原则，一是坚持马克思主义的指导思想，二是坚持与各学科专业的属性特征相适应。

其次，整合校园外部的资源。课程思政建设是一项系统工程，需要所有高校、所有教师共同努力。各高校和教师要积极贯彻落实《高等学校课程思政建设指导纲要》，第一，加强培训交流。高校要鼓励与支持教师"走出去"参加课程思政建设的相关培训，在分享交流课程思政建设的经验中，学习借鉴其他高校课程思政建设的优点与长处。第二，充分利用现代化信息技术手段，促进优质课程思政建设资源在各区域、各层次、各类型的高校间共享共用。

四、结　语

百年大计，教育为本；教育大计，教师为本。对课程思政核心要素的再认识，有利于抓住"课程思政"建设的实质，真正打破长期以来思想政治教育与专业教育相互隔绝的"孤岛效应"，更好地落实立德树人的根本任务，从而为社会主义现代化建设和中华民族伟大复兴源源不断地提供德才兼备的时代新人。

医学类高校"思政课程"与"课程思政"良性互动的模式研究

刘玉山

温州医科大学马克思主义学院

摘要：本文从"思政课程"与"课程思政"协同育人的生成逻辑，建立和完善协同育人制度与保障机制，增强"思政课程"与"课程思政"教师素养，加强专业知识与思想政治教育知识融合等方面，并以温州医科大学为例，就医学类高校"思政课程"与"课程思政"的良性互动模式进行了深入探讨。

关键词："思政课程"；"课程思政"；医学高校；协同育人

习近平总书记强调，要使"各类课程与思想政治理论课同向同行，形成协同效应""'大思政课'我们要善用之"。习近平总书记的重要论述，为"思政课程"与"课程思政"的良性互动模式理论与实践研究，提供了根本依据和基本遵循，有利于系统认识高校思政工作。本文在系统研究"思政课程"与"课程思政"的基础上，通过二者在管理机构、师资队伍建设、教学内容组织、教学方法创新等方面的良性互动，构建系统优化的"大思政课"格局，有利于整体提升高校思政实效性。现实中，一些高校特别是医学类高校较为普遍地存在着把专业课中的"课程思政"当成"思政课程"、"课程思政"与"思政课程"呈现两张皮现象，致使高校思政工作事与愿违，难以达成预期效果。

总体上说，"课程思政"目前在实践研究上积累了一定经验，并在学理上进行了方法论阐释。在研究方法上逐渐凸显学科合作与跨学科融合，在实现课程合力育人的运行效果上有所提升。但研究力度和深度还有待提升，在以下方面需要进一步强化：(1)二者互动研究的学理性真的就已经到了"穷尽"的地步了吗？显然没有；(2)对于一些典型属类的高校如医学院校、农林院校、军事院校、职业院校等，这类高校的"思政课程"与"课程思政"之间是否有更鲜活的东西可以挖掘？或者说是否有区别于普通高校不一样的特殊性，这种特殊性是否可以成为某种优势？这些均值得感兴趣的老师作进一步探讨。

一、"思政课程"与"课程思政"协同育人的生成逻辑

(一)历史逻辑

坚守主阵地，打赢"主战场"，充分发挥"思政课程"主渠道作用，挖掘其他课程蕴含的思政元素，发挥"课程思政"的思政教育功能，实现知识传授和价值引领相统一，这是培养社会主义合格建设者和可靠接班人的必然要求，也是扎根中国大地办好中国特色社会主义大学的历史逻辑所决定的。

新中国成立之初，毛主席就提出了社会主义的教育方针：我们的教育方针，应该使受教育者在德育、智育、体育几方面都得到发展，成为有社会主义觉悟的有文化的劳动者。这一方针的确立为我国教育事业尤其是高校思想政治工作的建设发展奠定了坚实的理论基础。从社会主义建设时期我们党提出将爱党与爱社会主义相结合，培养具有爱国主义精神、国际主义精神和共产主义道德品质的社会主义建设者，到改革开放初期提出培养具有社会主义觉悟、树立无产阶级世界观，有理想、有道德、有文化、有纪律，为社会主义革命和社会主义建设服务的新人；从1980年底提出培养出来的大学生、研究生，应当有坚定正确的政治方向，爱祖国、爱社会主义，拥护共产党的领导……为实现具有中国特色的社会主义现代化而献身，到《国家中长期教育改革和发展规划纲要(2010—2020年)》提出"坚持教育为社会主义现代化建设服务，为人民服务，与生产劳动和社会实践相结合，培养德智体美全面发展的社会主义建设者和接班人"，再到中共十八大以来，提出以立德树人为根本，以理想信念为核心，以社会主义核心价值观为引

领，培养又红又专、德才兼备、全面发展、担当民族复兴大任的时代新人，70多年来，虽然我们党在育人目标的具体表述上不断变化，但根本指向始终如一，那就是把立德树人放在培养社会主义建设者和接班人这一教育生命线的首位。从教育基本方针的确立到教育核心工作的提出再到教育根本任务的确定，不仅表明高校思想政治工作在高等教育中的地位变化，更说明这是一项重大政治任务和战略工程，绝不是思想政治理论课一类课程所能完成的任务，必须将显性教育与隐性教育相统一，充分调动各类课程的育人功能，使各类课程与思政课同向同行，形成协同效应。2014年，在全国高等学校党的建设工作会议上，习近平总书记指出，办好中国特色社会主义大学，要强化思想引领，牢牢把握高校意识形态工作领导权。在2016年全国高校思想政治工作会议上，习近平总书记着眼于党和国家发展的现实目标和未来方向，提出了高等教育必须牢牢把握为人民服务、为中国共产党治国理政服务、为巩固和发展中国特色社会主义制度服务、为改革开放和社会主义现代化建设服务的"四为"方针。在2019年学校思想政治理论课教师座谈会上，习近平总书记又针对思政课存在的思想性、理论性、亲和力和针对性不强，思政课与其他课程协同性不够等问题，提出了八个"相统一"，并将政治性和学理性、建设性和批判性相统一放在了首要位置，强调要传导主流意识形态，直面各种错误观点和思潮。从以上论述可以清晰地看出，强化主流意识形态教育，维护高校意识形态安全是十八大以来党中央加强和改进高校思想政治工作的立足点和出发点。

回顾改革开放以来40多年高校思想政治工作的发展历程，这条政治主线贯穿始终。早在1978年，邓小平在全国教育工作会议上就指出："毫无疑问，学校应该永远把坚定正确的政治方向放在第一位。"①以全国教育工作会议为分界点，党中央根据不同历史时期的教育工作任务和时代特点，大力加强高校思想政治工作。1985年8月，中共中央印发《中共中央关于改革学校思想品德和政治理论课程教学的通知》。在这个文件的基础上，当时的国家教育委员会出台了《关于进一步改革高等学校马克思主义理论课(公共课)教学的意见》《关于高等学校思想

---

① 邓小平文选(第二卷)[M]. 人民出版社，1994：104.

教育课程建设的意见》等多个配套文件，逐步形成了思政课整体建设方案（"85 方案"）。中共十五大后，为适应高校思想政治工作形势变化，1998 年 6 月，中共中央宣传部、教育部联合制定《关于普通高等学校"两课"课程设置的规定及其实施工作的意见》，对思政课课程设置和教学要求进行了调整，形成了更加突出时代特征的新建设方案（"98 方案"）。进入 21 世纪后，伴随着世界多极化和经济全球化加速推进，国际范围内的意识形态斗争不断深化，为加强马克思主义意识形态教育，引导大学生正确认识世情、国情、党情，根据 2004 年中共中央印发的《关于进一步加强和改进大学生思想政治教育的意见》要求，2005 年 2 月，中共中央宣传部、教育部制定了《关于进一步加强和改进高等学校思想政治理论课的意见》和具体实施方案（"05 方案"）。通过"85 方案""98 方案""05 方案"的接续实施，我国高校逐步建立并形成了马克思主义理论教育和思想道德教育并举的基本架构，以及以思政课为核心的课程体系、教材体系、教法体系、学科体系等，而贯穿始终的基本方针就是坚持和巩固马克思主义在高校意识形态领域的指导地位。坚持党的教育方针尤其是高校思想政治工作基本方针在实践上有两条路径，即充分发挥马克思主义主流意识形态凝聚力、引领力的正向功能和用马克思主义主流意识形态批判、消弭各种错误理论思潮的批判功能。

经过新中国成立 70 多年尤其改革开放 40 多年的建设发展，中国特色社会主义进入了新时代，中华民族和中国人民实现了从站起来到富起来再到强起来的历史飞跃，我国经济实力、科技实力、国防实力和综合国力进入世界前列，我国的国际地位实现前所未有的提升，党的面貌、国家的面貌、中华民族的面貌发生了前所未有的变化，当代中国的马克思主义和 21 世纪的马克思主义彰显了强大的理论生命力和巨大的实践指导能力，这为高校主流意识形态教育提供了强有力的现实证据和丰富的教育资源；此外，当今世界正处于百年未有之大变局，各种思想理论此消彼长，各种风险挑战相互叠加，意识形态领域斗争依然复杂严峻。因此，要实现高校主流意识形态正向教育效能最大化，客观上要求思想政治理论课要坚持在改进中加强，同时其他各门课都要"守好一段渠""种好责任田"，使各类课程与思想政治理论课同向同行，形成协同效应。

（二）理论逻辑

1. 马克思主义理论为"思政课程"与"课程思政"提供了理论根基

马克思主义是科学的世界观与方法论，是课程思政教育理念的指导思想和理论精髓，进行课程思政建设就要从根本上坚持马克思主义指导地位，育人铸魂。马克思主义经典作家关于人的全面发展学说为课程思政教育理念提供了根本性的目标导向。马克思在《1844 年经济学哲学手稿》中就深刻批判了资本主义社会的异化劳动对人类生命的戕害、尊严的践踏，形象地揭露出处于异化劳动状态之下的"人"的工具性形象。马克思、恩格斯在《德意志意识形态》和《共产党宣言》等著作中进一步批判了资本主义异化劳动，指出人的全面发展才是未来共产主义社会的基本原则，打破了资产阶级旧社会所营造的阶级对立格局。"代替那存在着阶级和阶级对立的资产阶级旧社会的，将是这样一个联合体，在那里，每个人的自由发展是一切人的自由发展的条件。"①所谓全面发展，其内涵在于人的身体健康、精神愉悦，人在自身的个体能力与社会关系中处于一种彼此依赖、互动和谐的关系之中。这种和谐状态的实现必须通过教育的手段才可以达到。换言之，教育不仅是提高社会生产的一种方法，而且是造就全面发展的人的唯一方法。马克思主义经典作家的这些论述为当前高校开展课程思政建设提供了根本性的目标导向。

2. 中国共产党的百年思政教育理念为"思政课程"与"课程思政"提供了理论滋养

开展好思想政治工作一直是中国共产党的优良传统。在革命战争时期，中国共产党就把思想政治工作比作革命军队的生命线；在改革开放时期，我们党着重强调思想政治工作是一切工作的生命线，是把全党全国各族人民团结在一起，完成党和国家各项任务的中心环节，是党的重要政治优势。思想政治工作之所以有这么重要的地位，是由中国共产党的性质和宗旨决定的，也是被历史和经验所证

---

① 马克思恩格斯选集(第 1 卷)［M］. 人民出版社，2012：422.

明了的。纵观党的百年奋斗史，中国共产党不仅对思想政治教育的重要意义有清晰明确的认知，在实际工作中，更是对思想政治教育的方法进行了创造性总结和概括。毛泽东同志强调实事求是的方法论原则，邓小平同志强调思想政治教育需要坚持疏导、说理、不搞争论的基本原则，进入新时代，中国共产党在思想政治教育方法上更是坚持显性教育与隐形教育相统一、理论教育与实践教育相统一。这些不同时期的思想政治教育资源具有深厚的实践根基和理论涵养，为新时代做好"思政课程"与"课程思政"建设提供了理论滋养。

3. 国外德育理论为"思政课程"与"课程思政"提供了理论借鉴

西方发达国家高度关注学生的公民意识和政治素养教育，通常采取公民教育的形式开展思想政治教育。通过对西方国家公民教育的研究可以发现，西方国家普遍重视学生政治素养的教育，通常会采取社会实践的教育形式。比如公民教育是美国学校最重要的课程之一。美国将公民教育分解为爱国主义教育、法制教育、权利与义务教育、品格教育等多个方面，其优势表现在：一方面，对公民的爱国情怀进行了全方位的培育，美国高校通过开设美国历史、宪法教育等课程，引导学生对美国历史及其政治制度形成高度的认同；另一方面，重视采取隐性化的教育模式，美国的公民教育并不局限于课堂之上，而是渗透于美国社会的方方面面，这种隐性的教育模式使得美国人潜移默化地接受了美国的政治、社会和文化模式。英国充分利用实践教学模式开展公民教育，课堂内开展知识传授，课堂外通过组织校内模拟选举活动，让学生理解自身在社会生活中的权利和义务，能够辩证地思考问题并提出有价值的论点，从而调动其参与政治的积极性。西方国家的公民意识和政治素养教育模式为我国"思政课程"与"课程思政"建设提供了一定理论借鉴和模式参考。同时，我们也应该看到西方国家公民教育存在的一些问题，如课程体系不完善、师资队伍不足、教育资源不均衡等，需要予以辩证的借鉴与吸收。

（三）现实逻辑

西方加紧对我国实施和平演变战略和意识形态渗透，大学生成为意识形态争夺的主要对象,高校成为意识形态的前沿阵地。因此,优化整合各种高校思政工作资源,善用"大思政课",整体提升高校思政工作成效,是一项任务艰巨、意义重大的系统工程。进入新时代,面对国际国内发展大势,习近平总书记提出"两个大局"的重大论断,并就新时代思政课建设如何顺应"两个大局"带来的变化进行准确定位做出重要指示。"两个大局"构成高校思想政治教育的时代背景和实践场域,对人才培养质量提出了更高的要求,因此,构建思政育人大格局、守住高校意识形态"责任田"成为"思政课程"与"课程思政"协同育人的现实诉求。

1. 守好高校意识形态"责任田"的职责使然

从世界百年未有之大变局看,无论是全球经济重心、世界政治格局,还是国际力量对比、全球治理体系,都发生了前所未有的深刻变化。面对"世界怎么了"这一问题,各个国家都在迷茫中探寻新的方向、制定新的方案、做出新的选择。因此,各种不稳定性、不确定性因素骤然增加,各种思潮相互激荡,意识形态斗争更为复杂,大变局调整的广度和深度超过以往任何历史时期。从中华民族伟大复兴战略全局看,我国正处于近代以来最好的发展时期,前所未有地接近伟大复兴的目标,但是改革进入深水区,发展进入新阶段,机遇和挑战都发生新的变化,危与机并存,民族复兴面临的艰巨性和复杂性超过以往任何历史阶段。在这样的时空场域下,青年大学生能否在迷眼乱花中保持清醒头脑,能否在爬坡过坎中保持坚定脚步,最关键的就是要守住高校意识形态主阵地。那么,这个阵地怎么守?谁来守?课程是高校育人的主要载体,教师是教书育人的主导力量。因此,所有课程都是意识形态"责任田",所有教师都是"守田人"。

高校的根本任务是培养德智体美劳全面发展的社会主义建设者和接班人,这一目标对高等教育的发展方向、指导思想、人才标准都做出了本质性的规定:社会主义是道路和方向,须臾不可偏离;德智体美劳是人才标准,强调以德为先;我们培养的是建设者和接班人,而不是旁观者和掘墓人,所以要始终坚持马克思主义指导思想。这是我国高等教育最鲜亮的底色,要保证永不变色。而要实现这一目标,绝不是单凭思想政治理论课就能达到的,它需要所有教师共担使命,通过各类课程立起意识形态的安全屏障,守好自己的"责任田"。思政课程是意识形态教育的显性课程，要理直气壮地传播马克思主义立场、观点和方法，同时要旗帜鲜明地批判各种错误观点和思潮，教育引导学生端起伟大真理的望远镜，分清真假黑白，从而坚定"四个自信"。课程思政则是意识形态教育的隐性方式，将以"育人"为根本任务的思政教育融入以"育才"为导向的各类专业课程教学，通过寓教于课、以文化人、以文育人，形成主旋律昂扬的文化氛围，教育引导学生筑牢思想防线、提高政治觉悟、强化责任担当，从而把爱国情怀化为报国行动。课程思政与思政课程应有机结合、同向发力，共同守住意识形态高地，坚决防范错误思潮在高校抢滩登陆，给学生正确的方向指引和思想引领，使学生既不被乱花迷眼，也不被浮云遮眼，成长为党和国家需要的合格人才。

2. 构建"三全育人"新格局的客观要求

"两个大局"相互交织、相互激荡、相互影响，给我国带来严峻风险挑战，也带来重大战略机遇。高校不但要守好意识形态"责任田"，确保为党育人、为国育才，更要引导学生正视时代责任和历史使命，为党和国家培养出堪当大任的合格人才。那么，如何培养？谁来培养？"三全育人"是落实立德树人根本任务的有效途径，客观上要求课程思政与思政课程协同融合、互构互通。全员育人，需要打造学科互撑、合力共进的教师队伍，形成育人的"宽度"。"全员"是从教育主体的角度出发，意味着高校所有教育工作者都肩负着育人职责，其中教师是主力军。随着"三全育人"理念的提出，全体教师使命共担的育人职责被唤醒，组建一支学科互撑、合力共进的教学团队，形成思政课教师与专业课教师常态化交流机制成为协同育人的关键。每一位教师都应成为教书育人的"大先生"，为协同育人"精准护航"。全程育人，需要构建全面覆盖、全程衔接的课程体系，形成育人的"长度"。"全程"是从教育历程的角度出发，意味着学生从入学到毕业的整个高等教育过程都要贯穿思想政治教育这条生命线，需要统筹推进课程育人。无论是思政课还是其他各类专业课，从培养目标、教学计划到教学设计、课堂呈现，每个环节都要将理想信念、家国情怀、人格塑造、职业素养等营养因子播撒于学生心田，为协同育人"长距护航"。全方位育人，需要搭建多源合流、互联互通的育人平台，形成育人的"广度"。"全方位"是从教育空间的角度出发，意味着充分利用各种教育载体，通过各种育人渠道，各个环节协同发力，将育人工作覆盖到学生思想、学习、生活中的各个方面，构筑起学生思想成长的"立交桥"。因此，要将第一课堂与第二课堂相贯通，将"读万卷书"与"行万里路"相结合，做到学思结合、知行统一。同时，线下课堂与线上课堂相联通，多源合流，充分利用现代信息技术，实现"线上线下"互通互享，实现思政资源"云集"、育人途径"联通"，叠加传播效能，为协同育人"全面护航"。

二、"思政课程"与"课程思政"同向同行，形成良性互动，要建立和完善协同育人制度与保障机制

学校应从政策导向、制度建设、机制保障等方面推进课程思政建设，实现"思政课程"与"课程思政"的持续发展，加强党对"思政课程"与"课程思政"的统一领导，建立纵向贯通、横向融合的统筹机制。

（一）落实"思政课程"与"课程思政"建设的主体责任，形成立德树人、铸魂育人的协同合力

以温州医科大学为例，马克思主义学院主动出击，目前已经与药学院、检生学院、精神医学学院、基础医学院、第一临床医学院等院系结成了"课程思政"联盟，马院充分利用自身在理论建设、教学建设及价值引领方面的优势，派出精兵强将，对兄弟院系进行"一对一"指导，未来计划再与学校其他兄弟院系结成对子，从而形成全校"全覆盖"。

（二）建立健全保障体系

加强政策协调配套，统筹各类资源，从人力、物力、财力等各方面加大对"思政课程"与"课程思政"协同育人建设的保障。比如温州医科大学对"课程思政"非常重视，学校以科研课题的方式每年都会出台不少的项目，尤其向有"课程思政"传统、实践效果不错的院系倾斜。

（三）完善考核评价机制和监督检查机制

有效的评价机制和监督机制，具有引领功能、导向功能和激励功能，有效激励教师推动"思政课程"与"课程思政"协同育人深入、持续、有效开展。

三、"思政课程"与"课程思政"同向同行，形成良性互动，要增强"思政课程"与"课程思政"教师的素养

（一）增强"课程思政"教师的思政素养

首先，增强专业课教师的育人意识。专业课教师要强化育人意识，明确专业课程在医学院校立德树人中的地位与作用。深挖专业课程建设的价值定位，在教学的各个环节融入思政教育引导学生树立正确的世界观、人生观和价值观。

其次，专业课教师必须加强政治理论学习，明确政治立场，加强理论修养，把爱国情感、社会责任、理想信念、职业道德等相关内容传授给学生。

最后，增强教师的课程思政培训，目的是改变教师的教学观、育人观，将课程思政纳入教师岗前培训、在岗培训、教育教学能力专题培训等，提高专业课教师将专业和育人相结合的能力。目前温医大的经验是，马院思政专业课教师全程介入专业课教师岗前、在岗的培训等，但这种力度和实际效果还有待进一步完善，下一步，马院将在这方面制定新的规划，推出一些有创新性的举措。

（二）增强"思政课程"教师的专业素养

思政课教师在"课程思政"建设中的作用至关重要，思想政治理论课教师一定要具有坚定的马克思主义信仰，如果没有坚定的马克思主义信仰，在"课程思政"建设中就不能起到引领作用、导学作用和助力作用。增强思政课教师专业素养是"课程思政"推进的关键环节，一是要增强医学院校思政课教师的积极进取意识，二是增强医学院校思政课教师的职业认同感和职业获得感。思政课教师的马克思主义信仰坚定了，积极性加强了，"思政课程"与"课程思政"协同育人就

有了坚强的后盾。

四、"思政课程"与"课程思政"同向同行，形成良性互动，要加强专业知识与思想政治教育的融合

(一)以"思政课程"为主体，根据不同专业需求融入相关知识

1. 在"思政课程"中引入医学资源

医学院校欲保证思政课更具有针对性和亲和性，思政课教师应对思政课内容进行教学改革，有机注入医学元素，参照和吸取其他医学院校的思政课教学经验，推进"思政课程"的教学模式改革。设计和实施思政、医学的教育模块与路径，按照医学学生成长规律与医学教育的阶段性递进原则，设计模块化教育内容，在教学的不同阶段、学生专业教育的不同时段，逐步导入教育模块。

2. 引入一系列富含思政元素的品牌项目

以温州医科大学为例，学校引入或实施了一系列的富含思政元素的项目，获得了广泛的社会好评。比如体现人类命运共同体的"特奥服务"和非洲助产士助理培训项目；体现"医乃仁术"的仁爱精神和人文关怀，融入拼搏精神和青春使命的"明眸工程(2009 年启动，2 万多患者获益，8200 余名眼病患者重获光明，与中西部 13 个省市区 22 家医院进行结对帮扶)"，"微笑联盟(已免费帮助 2200 名唇腭裂患儿绽放幸福微笑)"，"生命相髓(2005 年启动，已有近 3400 人加入造血干细胞捐献队伍，13 名志愿者成功捐献"造血干细胞"，志愿服务项目入选教育部培育和践行社会主义核心价值观典型案例)"，"当代白求恩行动(足迹到达贵州、郑州、青海等 26 个城市，坚持为医疗欠发达地区提供无偿医疗救助)"，"川藏青高原光明行(从 2012 年启动，走进青海玛多、久治，四川色达、理塘、康定、塔公、壤塘，西藏拉萨等地，共完成眼病筛查 2 万余例、眼科手术近 2000 例，为藏区贫困眼疾患者带去光明)"，"大拇指工程(相继走进云南、贵州、陕

西、新疆、河南、新疆、重庆、宁夏等地区，已对125名患儿开展慈善救助，救助金额达117万元）"，"博时急救（走进全国13个省、9个少数民族地区，普及急救知识、急救技能800万余人）"，践行"一带一路"倡议的"医带医路（走进24个"一带一路"沿线国家，开展244场预防保健知识讲座、173场专业医疗技能培训、72场乡村医疗义诊。获得加纳总统、莱索托首相、尼泊尔前总统秘书等多国元首及官员肯定）"。

目前温医大马院正计划整理出版《温州医科大学身边的"课程思政"案例选编》，提供给马院思政课教师与其他学院专业课教师使用，包括上面提到的温医大医护人员多年来的思政素材事迹，都会选编其中。

（二）深度发掘学校现有思想政治教育教学资源，为专业课程融入思政教育内容赋能

温州医科大学虽然是一所地方本科医学院校，但学校一直以来时刻不忘用专业医学知识服务社会，这方面的思政元素非常多，医学院校的相关社会服务与行动一方面是专业课程的延伸，同时为自身专业课"课程思政"提供了绝佳的素材来源；另一方面，这些附着在"课程思政"上的思政元素又为"思政课程"提供了身边最近、最鲜活，也最有说服力的思政素材。"课程思政"与"思政课程"在这里交汇，融聚成一股宏大的思想政治教育洪流。

1. 在"课程思政"中融入医德元素

温医大在"课程思政"中积极引入医德元素，深入挖掘医学课程体系中爱国情怀、人文精神、科学精神、奉献精神，比如医者仁心、大医精诚的医学人文要素和思政要素，在此基础上提炼并升华，编写医学人文和思政教育的相关教学案例，以研讨式、案例式的教学形式开展教学，将时代的、社会的正能量引入医学课堂，"润物细无声"地激励学生成长成才。比如把弘扬红医精神作为当代医学生思想政治教育的必修课，思政课要旗帜鲜明地讲好红医精神，思想道德与法治课要讲好红医故事，中国近现代史纲要课要讲好红医精神的形成和发展史，马克思主义基本原理课要讲好红医精神的内在逻辑和时代价值，毛泽东思想和中国特

色社会主义思想概论课要讲好红医精神的思想内涵和当代传承;① 临床医学积极培养学生科学严谨的科学家精神、大国工匠精神;中医学培养学生传承祖国优秀传统文化的责任感、自豪感与紧迫感;法医学培养学生秉公执法、坚守正义、一丝不苟的精神等。目前温医大由教务处牵头,正在着力精心打造一批示范课堂,目的是鼓励专业课教师积极参与课程思政中,使医学专业课程在思政教育和医学人文教育中守好一段渠、种好责任田,将课程蕴藏的医德精神升华为学生的内在精神涵养和价值追求。

2. 组织教师挖掘学校有影响的专家事迹,进一步总结和概括学校的医学文化特征和精神内涵

这些思政内容包括:温州医科大学凭借"无中生有"的创新精神,使眼视光学异军突起,形成了集教学、医疗、科研、产业、公益、推广于一体的眼视光发展体系,被国际学界称为眼视光学"中国模式";培养全科医生助力医疗卫生事业健康发展的"温医模式";发明国家标准视力表的缪天荣;著作《腹部外科学》曾影响过中国一代人的外科医生,被原卫生部副部长黄洁夫称之为"枕边书"的钱礼教授;发明宫颈癌疫苗的优秀校友周健;致力生长因子研究,为我国重组基因药物发展树立典范的李校堃校长;航班上乘客突发疾病温医大医生万米高空紧急施救的卢中秋等。

3. 加强思政课教师与专业课教师的合作

积极构建医药院校思政课教师与专业课教师交流对话的平台,除了上文提到的温医大马院与各个学院结成"思政联盟"以外,马院还每学期派出至少一名教师去专业学院讲授"课程思政"理论与方法,马院老师亲自参与专业学院"课程思政"相关课题申报书的撰写修改,比如马院与药学院合作,使得药学院在课题申报方面中标率显著提高。下一步马院计划每学期召开与专业课教师联合备课会一次,对专业课教师进行培训一次,以便适应新时代对医学院校教师队伍素质的新

---

① 吴永刚. 对红医精神涵养医学生"初心"的思考[J]. 中国医药导刊, 2022(13):81.

要求，夯实立德树人的基础。

五、结　　语

医学院校要汇聚契合思想政治教育的总体目标以及内在诉求的各方面要素，将思想政治教育与医学专业教育相融合，形成在医学专业教育中贯穿思想政治教育，在思想政治教育中体现医学专业特色的协同育人路径，使思政课程和专业课程改革相得益彰，实现二者融通互补，使思想政治教育融入医学教学过程各个环节，切实发挥思政课程协同专业课程推进"课程思政"建设的合力效应，培养坚定不移听党话、跟党走的时代新人，使青年医学生把国家发展、社会进步、个人利益紧密联系起来，树立使命在肩、奋斗有我的精神，在为人民健康的不懈奋斗中书写人生华章！

探索边界：ChatGPT 与思政课教学的未来连接①

郑萌萌　　徐　彪

中国矿业大学马克思主义学院

摘要： 由 OpenAI 公司研发的生成式人工智能聊天机器人 ChatGPT 一经问世便引起轰动和广泛热议。ChatGPT 是一款基于对话式人工智能技术的大型语言对话模型，具有深度学习性、强人机交互性和拟人化的特征。ChatGPT 在思政课教学的应用重塑了教学目标，助力教师因材施教，实现精准思政教学；优化了教学活动，提升教师教学效率，促进教师扩展边界；创新了教学评价，引领个性化与智能化教学反馈的变革。科技发展具有两面性，ChatGPT 在思政课教学的应用也会使教师出现信息迷航，削弱教师专业发展的内驱力；师生关系异化，阻碍师生之间的互动交流和情感碰撞；伦理问题凸显，算法歧视加剧了意识形态安全风险。为此，思政课教师需要厚植信仰，不断提升立德树人的意识；与时俱进，积极探索 ChatGPT 与思政课教学的融合；重塑角色，强化思政课教师的情感在场。

关键词： ChatGPT；思政课教学；教学潜能；教学风险

当前，数字化技术正迅速渗透到社会各个角落，正在以新理念、新业态、新模式深刻影响着生产生活的各领域和全过程，已成为推动社会、经济和文化进步的引擎，给人类生产生活带来广泛而深刻的影响。习近平总书记在党的第二十次

---

①　本文系国家社科基金项目"网络意识形态新变化及应对策略研究"（项目编号：18BKS037）的阶段性成果。

全国代表大会报告中明确指出："教育、科技、人才是全面建设社会主义现代化国家的基础性、战略性支撑。"①这次报告首次提出了对教育、科技和人才进行"三位一体"整体规划和协同推进的战略构想，并提出了"推进教育数字化"的战略目标，对推进教育数字化做出了战略部署，为我们在新时代进一步推动高等教育数字化改革提供了明确的方向和可行的指导原则。2023 年 2 月，北京举行了以"数字变革与教育未来"为主题的世界数字教育大会。此次大会聚焦于教育数字化转型、数字学习资源的开发和应用、师生数字素养的提升，以及高等教育等多个领域。此次大会还发布了《中国智慧教育蓝皮书（2022）》以及 2022 年中国智慧教育发展指数报告，详细阐述了中国在智慧教育领域的发展现状、趋势和政策方向，为教育决策者、教育工作者和研究者提供了重要的信息资源。同年 6 月，教育部召开了全国教育数字化现场推进会议，会议强调了要站在中国式现代化的视角下充分认识教育数字化的战略重要性，抓住历史机遇、把握发展规律，充分利用现代技术手段，加速推动教育、科技和人才的一体化发展。

在中国式教育现代化和教育数字化转型的大环境下，积极推动高校思政课的数字化改革已成为一种势不可挡的趋势，也是思政课教育教学发展的必然要求和改革的前进方向。思政课是对学生提供思想引领和价值导向的专门课程，承担着立德树人、铸魂育人的关键作用，是思想政治教育的主渠道，发挥着不可替代的作用。习近平总书记在学校思想政治理论课教师座谈会上指出："思政课是落实立德树人根本任务的关键课程，思政课作用不可替代，思政课教师队伍责任重大"②，强调办好思想政治理论课的核心在于教师，要充分激发教师的积极性、主动性和创造性。当下，美国人工智能公司 OpenAI 推出的 ChatGPT 火爆出圈，引起了全球范围内教育领域的广泛讨论和高度关注。ChatGPT 的出现也给思政课教学带来了新的机遇和挑战，如何让思政课也拥有智能"范儿"，成为思政课教师面临的实践课题。

① 习近平．高举中国特色社会主义伟大旗帜，为全面建设社会主义现代化国家而团结奋斗——在中国共产党第二十次全国代表大会上的报告[M]. 人民出版社，2022：33.
② 习近平．论党的青年工作[M]. 中央文献出版社，2022：181.

一、ChatGPT 的概念与主要特征

ChatGPT 是一款基于对话式人工智能技术的大型语言对话模型，代表了最新一代的人工智能技术。作为一种新兴的人工智能工具，ChatGPT 融合了自然语言处理的前沿技术，被公认为目前全球范围内最先进的人工智能技术之一，同时也是功能最强大的多模态预训练模型之一。OpenAI 作为美国顶级的人工智能公司，在长达 8 年的技术研发后，在 2022 年 11 月正式发布了 ChatGPT，并将其定位为人工智能聊天机器人。ChatGPT 的名字由两部分组成。首先，"Chat"表示聊天，这是其主要功能之一，它能够与用户进行自然而流畅的文本对话。其次，"GPT"是"Generative Pre-trained Transformer"的缩写，指的是一种生成式预训练模型。ChatGPT 背后的 GPT 模型采用了 Transformer 架构，这是一种先进的神经网络结构，通过大规模的预训练技术，GPT 模型能够自主学习大量自然语言文本的结构和规律，因此可以应用于文本生成、问答、翻译等多种自然语言处理任务。简而言之，ChatGPT 是一款聊天机器人程序，可以理解人类输入的文本，并以文本形式回应问题和指令，从而通过自然语言实现人机交互。短短两个月内，使用 ChatGPT 的用户数量已经过亿，一跃成为历史上用户增长最快的消费应用。除此之外，更加令人震惊的是，ChatGPT 在发布后的第 4 个月便完成了技术迭代，即完成了 GPT-3.5 到 GPT-4 的升级换代。根据 OpenAI 官网发布的信息，GPT-4 在本质上具有更接近人类的通用智能，拥有像人一样处理分析视觉输入的能力、像人一样处理分析超长文本的能力等，其智能程度将远超人们当前的所有想象，人类可能就此打开了一个充满无限可能并且极具颠覆性的"潘多拉魔盒"。然而，要更深入地理解 ChatGPT，我们需要探讨它独特的特点和优势。

（一）深度学习性

ChatGPT 本质上是一个建立在深度学习框架之上的强大神经网络模型，其核心特点是在深度学习方法的引导下，通过两个关键阶段的训练来实现其出色的自然语言处理能力。首先，它经历了预训练的过程，通过处理互联网上的大规模文

本数据，建立了一个广泛而丰富的语言知识库。这个初步的训练阶段使 ChatGPT 具备了对文本理解的基本能力。其后，ChatGPT 进入了自我学习和强化理解的阶段。这一阶段的关键在于用户反馈的数据信息。ChatGPT 不仅是一个被动的信息处理工具，它会循环往复地接受用户的信息输入，还根据这些输入来不断地调整自己的模型和理解能力。在这个过程中，ChatGPT 与用户之间进行循环的信息输入和输出，不断地动态调整其对需要回应的数据信息的理解和处理，从而能够在多个领域和主题上与人类进行深入的对话。用户的输入信息被传递给 ChatGPT，它会解析这些信息并生成相应的回应。随着对话的进行，ChatGPT 不断地调整和更新自己的模型，以更好地满足用户的需求。这个过程就像一个不断迭代的循环，使得 ChatGPT 能够从用户的反馈中不断改进自己，逐渐变得更智能、更灵活。这种自我学习和强化理解的机制使 ChatGPT 具备了适应不同领域和主题的能力。它可以与人类用户就各种问题展开深度对话，不论是科技、文化、历史还是社会问题，都能够提供有价值的信息和见解。ChatGPT 的模型不断更新，使得其能够更好地满足用户的需求，提供更准确的回应。

深度学习的本质特点为 ChatGPT 赋予了强大的自然语言理解和生成的能力，通过识别文本中的语法、语义和上下文，从而产生更加准确和人类化的文本输出，使其在广泛的应用场景中都能取得卓越的成就。ChatGPT 是一个与用户互动并不断进化的智能系统。这种持续性的动态调适使得 ChatGPT 能够与人类就各种主题进行深度对话，为用户提供有深度和广度的信息支持，还能够更好地满足用户的需求和提供个性化的服务。

(二)强人机交互性

人机交互是一门研究人类与计算机系统之间的交互过程的技术。它关注如何设计、评估和实现使用户与计算机系统之间的交互更加高效、自然和愉悦的技术和方法。它涵盖了计算机科学、心理学、设计学、人类工程学等多个领域，旨在使计算机系统适应用户的需求、能力和偏好，而不是要求用户适应计算机系统。ChatGPT 表现出高度的智能性和适应性，它不再是仅仅回答问题的工具，而是一个能够与用户进行深入互动、主动追求对话连贯性的伙伴，不仅代表了人机交互的未来，还以其强大的交互性特点重新定义了这一领域的标准。

首先，ChatGPT 具备自然语言理解和生成能力。这意味着它能够理解用户以自然语言提出的问题和指令，并以相同方式回应。自然语言理解能力是实现交互的关键，使其能够准确解释用户以自然语言提出的问题和指令。无论用户提出何种查询、请求或问题，ChatGPT 都能够迅速理解并做出相应的回应，就像与另一个人进行对话一样。这种无须学习特定命令或语法的自由性，让用户能够更加自然地与 ChatGPT 互动。自然语言生成能力使其能够以相同的方式回应用户。它不仅可以提供精确的答案，还能够以连贯和富有表现力的方式进行回复。这意味着与 ChatGPT 的对话将更富有互动性和真实感，仿佛在与一个有思想、有感情的伙伴交流。其次，ChatGPT 具备支持连贯性对话的强大能力。与传统的人工智能聊天机器人相比，它在这一方面呈现出明显的优势。ChatGPT 能够在一个对话中多次引用上下文信息，从而实现连贯性对话。这意味着用户不再需要反复提供相同的背景信息或问题背景，ChatGPT 能够记住之前的对话内容，确保对话的连贯性。这对于长时间对话或复杂话题的讨论至关重要，用户可以更自由地深入探讨各种主题，而不必担心信息的中断或遗漏。而且，这种连贯性对话的能力使用户能够与 ChatGPT 进行更有深度的互动。用户可以提出一系列相关问题，ChatGPT 能够准确地理解问题之间的联系，并做出相应的回应。这种深度的对话方式不仅有助于用户更好地理解复杂的问题，还能够提供更全面的信息和见解。最后，ChatGPT 还具有主动发问的能力。ChatGPT 的主动发问能力使其不仅仅局限于被动地回答用户的问题。当 ChatGPT 在面对用户的指令或问题时感到困惑或觉得答案不够准确时，它能够主动向用户追问，以获取更多信息以提供更准确的回应。这种主动发问的特性增强了交互的质量。通过主动追问，ChatGPT 能够更好地理解用户的意图和需求，从而提供更有针对性的回应。这种精准性有助于用户获得满意的答案，而不必在交互过程中多次澄清或修正问题。

(三)拟人化

当前，人工智能技术正在迅速蓬勃发展，技术设备的智能化程度使其能够执行越来越复杂的人类命令，从而呈现出越来越多的"拟人化"互动特征。在人工智能领域，拟人化是指人工智能语言模型被设计成具有与人类相似的特征、动机、意图或情感倾向，同时表现出类似用户的"行为"和"语言"等个性化特质，以更紧密地与用户互动。拟人化技术在人机互动中发挥着重要作用，它有助于消除信息不对称障碍，减少传统人机互动中常见的"陌生感"，进一步提升用户与人工智能之间的"亲切感"。然而，当考虑到人类在认知和抉择的过程中涉及情感时，问题变得更加复杂。在这个背景下，我们需要探讨以下问题：机器是否能够感知个体的情绪，以及是否具备根据不同情绪采取不同回应策略的能力？这种"智能体共情"能力被视为机器实现"拟人化"互动的基础条件。

ChatGPT 在应用过程中显现出的拟人化特征可以分为两个主要方面：一方面，认知共情。ChatGPT 展现出了卓越的认知共情能力，即它能够像人类一样学习和思考。作为一种深度学习模型，ChatGPT 依赖自我注意力机制，能够搜集、整合互联网空间内的大量数据。借助这一功能，它能够与用户进行深度互动，并通过不断学习上下文，精确捕捉用户所需的有效信息。这种认知共情能力赋予 ChatGPT 出色的问题理解和信息处理能力。ChatGPT 不仅能够回答问题，还能够理解问题的背景和语境，从而提供更具深度和个性化的回应。这使得在思政课教学中，ChatGPT 能够更好地理解学生的提问，提供更富有洞察力的答案。另一方面，情感共情。ChatGPT 在其应用中显现出了引人注目的情感共情能力，即它能够通过上下文学习并"感知"人类的情绪。与传统的人工智能聊天系统不同，ChatGPT 更具备"懂你"的能力。它通过深度学习和自我进化不断地分析用户的需求和喜好。这种强大的学习和理解能力使得 ChatGPT 更能站在用户的角度，以一种具有同理心的方式感知人类的情感需求。ChatGPT 的情感共情能力不仅表现在它能够识别用户输入中的情感内容，还在于可以针对不同情感做出相应的回应策略。这意味着 ChatGPT 能够更深入地理解用户的情感状态，能够在面对用户的愉快、悲伤、焦虑等不同情绪时，做出恰如其分的反应。在思政课教学中，这一特点尤为重要，因为它使 ChatGPT 能够更好地理解学生的情感需求，提供情感上的支持和指导，从而增强教育过程的情感互动性和个性化。

二、正向效应：ChatGPT 赋能思政课教学的潜力

ChatGPT 的运作逻辑是基于"大数据+大算力+大算法＝智能模型"的理念。它采用了"基于人类反馈的强化学习"训练方式，通过扫描并分析海量的网络内容，不断改进和迭代，以生成一种模仿人类语言模式的回应方式。这一语言模型的发展与演进，为思政课教学带来了新的前景与机遇。

(一)重塑教学目标：助力教师因材施教，实现精准思政教学

思政课是落实立德树人根本任务的关键课程，从事这一关键课程教学的新时代思政课教师承担着更为直接、全面、重大的落实立德树人根本任务的历史责任，其角色和使命在新时代变得更加严峻而光荣。助力思政课教师因材施教，实现精准思政教学，是在当前教育环境背景下备受重视的任务。随着社会发展的迅速变化，传统的思政课教学方式已经难以满足教育的需要。此时，ChatGPT 的引入为思政课的教学目标重塑提供了新的可能性，不仅促进了思政课的改革，也有助于思政课教师更好地因材施教，实现精准思政教学。

首先，ChatGPT 结合大数据，为思政课教师提供了更全面的学生信息。学生来自不同的背景、拥有不同的兴趣爱好和学习方式，这意味着一刀切的通识教育模式已经不再适用。通过实时收集和分析学生的学习数据，包括学习进度、兴趣偏好、知识掌握情况等，ChatGPT 可以帮助教师更深入地了解学生的学习特点和需求。这种精确的学生画像为个性化教学提供了基础。思政课教师可以根据学生的差异性，制定针对不同学生的学习计划和教育方案，确保教学更加富有针对性，最终实现真正的个性化教育。这样的教育方式能够更好地满足学生的学习需求，激发学习兴趣，提高学习效果，使他们更容易理解和吸收思政课中的重要概念。例如，对于对某一道德伦理领域特别感兴趣的学生，ChatGPT 可以推荐深入的学习材料和讨论话题，从而激发他们更深层次的学习热情。

其次，ChatGPT 具有生成性智能的特点，可为思政课教师提供丰富多样的教学工具和资源。它可以辅助教师创建教学软件、教学平台、教学视频等教育资

源，这些资源可以根据学生的学习特点和需求进行个性化的配置和使用。例如，它可以生成与不同学生需求相匹配的教材、练习题，或者为学生提供专属的在线学习资源。这有助于思政课教师开展多样化的教学方案，满足学生的个性化需求，更好地实现因材施教。

最后，ChatGPT 在个性化指导方面发挥了重要作用。在全程参与教学过程中，ChatGPT 能够根据学生的学习情况和需求，以智能生成、对话理解和数据分析为支撑，为学生提供有针对性的帮助和指导。它可以回答学生的问题，解释复杂概念，还可以为学生提供个性化的学习建议。这种个性化指导不仅可以提高学生的学习效率，还可以激发学生的学习兴趣，使他们更加积极地参与思政课学习。同时，ChatGPT 还可以帮助教师更好地跟踪学生的学习进展，及时调整教学策略，确保因材施教的实施。

（二）优化教学活动：提升教师教学效率，促进教师扩展边界

思政课教师承担着铸魂育人的光荣使命，是开展思想政治工作和思政课建设的关键主体和一线责任人，是思想政治教育改革创新的主体力量。优化思政课教学活动，提升思政课教师教学效率，促进思政课教师扩展教育边界，是当代思想政治教育领域的迫切需求。思政课作为培养学生综合素质和道德伦理观念的重要教学环节，其教育任务之繁重和涉及面之广泛，使思政课教师面临着繁重的工作任务，同时科研任务的加重也使思政课教师身心俱疲。在这一背景下，ChatGPT 的应用在思政课教学中发挥了关键作用，不仅能够优化教学过程，还有助于提升教师的工作效率，推动思政课教育向着更高效、多元化的方向发展。

首先，ChatGPT 为思政课教师提供了强大的支持。在教案设计方面，ChatGPT 可以协助思政课教师制订详细的教学计划，包括明确的教学目标、全面的教学内容、巧妙设计的教学步骤。这种自动化生成教案的能力有助于教师更加专注于教学过程的改进和实践，提高了教育质量。同时，ChatGPT 还可以收集和整合大量的教育资源，为教师提供各种拓展资料和可借鉴的教学材料。这为思政课教师提供了更多的资源选择，可以更好地满足学生的不同学习需求和兴趣，增强教学的多样性和吸引力。

其次，ChatGPT 可以帮助思政课教师提高教学效率。思政课的教育目标包括培养学生的道德伦理观念、公民素养和社会责任感，这些都需要在课堂上进行深入的讨论和引导。ChatGPT 可以实现对思政课教学过程的动态化管理，能够自动化批改学生的课堂作业和试卷，记录学生的出勤情况和成绩等信息，从而减轻了思政课教师的繁重工作负担。同时，ChatGPT 作为一种强大的工具，可以帮助思政课老师设计互动性课程，极大地丰富思政课教学中的互动体验，从而激发学生更积极的参与。

最后，ChatGPT 有助于思政课教师扩展教育的边界。传统的教育往往受限于教室和教材，但 ChatGPT 可以为教育带来全新的维度。通过虚拟教室、在线课程等方式，思政课教师可以将教育延伸到全球范围内的学生。这种跨地域的教育推动跨文化交流和合作，为学生提供了更广泛的知识和视野。ChatGPT 还可以推动跨学科的教育，促进思政课教师与其他学科领域的合作，为学生提供更多元化的学习机会。

（三）创新教学评价：引领个性化与智能化教学反馈的变革

教学反馈与评价在教育实践中具有至关重要的地位，其有效性直接影响学生的学习效果与理解水平。精准有效的评价不仅是衡量学生的重要指标，也是教育质量提升的驱动力。充分发挥教学反馈的潜力，不仅有助于学生的学术成长，还可以确保整体教育质量的提升。在思政课教学中，教学反馈不仅关乎学生的认知水平和学术成就，更涉及学生的道德观念和社会价值观。传统思政课教学评价由于缺乏过程性数据，往往影响评价的科学性，然而，ChatGPT 技术的应用为思政课的教学评价带来了新的可能性，使其更为准确、个性和科学。

首先，ChatGPT 评价能够快速、准确地完成评价任务，从而提高了评价效率。与传统的教学评价需要人工处理且耗时费力相比，ChatGPT 的评价过程充分依赖其强大的自然语言处理和机器学习能力，能够以更精确的方式分析和理解复杂的学术信息，更迅速地分析大量数据并提供有价值的反馈。这意味着教育者能够依赖更可靠的数据和评估结果，支持其教学决策和改进教育策略。

其次，ChatGPT 评价通过大数据分析，实现了对思政课教师教学质量的客观和公正评估。ChatGPT 评价方法的公正性表现在其不受人为主观偏见的影响，与传统评价方式可能受到评估者的个人偏好或主观判断的干扰不同，ChatGPT 在评价过程中坚守客观性原则，根据数据和事实进行分析和评估。这有助于确保评价结果的公平性，使每位思政课教师都有机会根据其实际表现接受公正的评判，从而消除个人主观偏见的影响，使教学评价更为客观和可信。

最后，ChatGPT 评价能为思政课教师提供更多反馈和建议，帮助他们更好地了解自己的教学优势和不足之处。这种高度个性化与自动化的教育评价方式将推动思政课教学向着智能化和个性化的方向迈进，有助于教师实现专业化的成长和发展，提高他们的教学能力和水平，更好地满足学生的学习需求，从而有针对性地调整教学方法和内容，提高教育质量，培养更具道德情操和社会责任感的新一代学生。

在这一层面上，ChatGPT 技术的应用不仅提高了思政课教学评价的科学性和准确性，还促进了思政课教师的专业化发展，有望改善思政课堂中的师生互动效果，使其不再仅限于知识传授，还能够为学生提供未来人生发展方向和人生建设的有价值建议，体现思政课的亲和力和针对性。

三、负向效应：ChatGPT 赋能思政课教学的风险

习近平总书记强调："古往今来，很多技术都是'双刃剑'，一方面可以造福社会、造福人民，另一方面也可以被一些人用来损害社会公共利益和民众利益。"①ChatGPT 在给思政课教学带来新的机遇时，也带来了对思政课教学的挑战。

（一）教师信息迷航：削弱教师专业发展的内驱力

ChatGPT 作为一种强大的自然语言处理模型，被引入思政课教学中，旨在提供更丰富的教学资源和互动体验。然而，这一新技术的引入可能会导致思政课教

---

① 习近平. 论党的宣传思想工作[M]. 中央文献出版社，2020：202.

师信息迷航，削弱他们专业发展的内驱力。

首先，ChatGPT 的应用可能导致思政课教师陷入信息迷航。ChatGPT 所提供的信息量庞大，面向广泛，思政课教师可能难以有效筛选出核心内容和重要信息，因此，他们可能在信息洪流中感到茫然无措，难以定位所需的关键信息。而且，ChatGPT 打破了不同学科领域中知识的壁垒，促使知识的有效融合。虽然这种特性在一定程度上减轻了思政课教师的机械信息搜集负担，但也可能导致基于多个数据源和多学科生成的知识可能存在信息冲突，使得思政课教师在信息海洋中更易迷失方向。ChatGPT 生成的文本质量不稳定，有时可能包含不准确的信息、偏见或不合适的内容。思政课教师需要付出额外的精力来审核和修正这些内容，以确定哪些内容适用于思政课教学，哪些不适用，以确保其符合教育目标和道德标准。

其次，ChatGPT 的应用可能导致思政课教师忽略了知识的加工与再生过程。ChatGPT 作为自然语言处理模型，能够快速生成文本，但这也可能导致思政课教师对知识的深入理解和分析产生依赖。因为它能够生成"高质量"的文本，这可能使思政课教师忽略了对生成的知识进行深入分析、理解并与已有认知建构联系的过程，这种情况下，思政课教师可能缺乏对知识进行加工和重构的动力，错失了构建和拓展自身知识体系的机会，并导致思政课的教学内容变得同质化。思政课应该培养学生的独立思考能力和批判思维，但如果教师过度依赖外部工具，可能使课程变得刻板和缺乏创新。这将削弱思政课的吸引力，使学生难以产生浓厚的兴趣。

最后，ChatGPT 的广泛应用可能削弱了思政课教师的专业发展内驱力。虽然这一技术为思政课教师提供了高效的工具，但也带来了依赖性。思政课教师在短时间内能够完成各项任务，但这也意味着他们失去了自主探索、不断思考和开拓创新的机会，进而忽视了对专业知识的深入研究和理解。ChatGPT 的存在似乎使思政课教师在技术的掌控下丧失了自我驱动力，使他们难以找到实现专业发展的内在动力。

(二)师生关系异化：阻碍师生之间的互动交流和情感碰撞

ChatGPT 在思政课教学领域的应用尽管带来了一系列的创新和便利，如自动化批改作业、提供个性化学习建议、解答学生疑问等，但也可能正是这些便利导致师生关系的异化，阻碍了思政课教师与学生之间的互动交流和情感碰撞。思政课的独特之处在于它不仅仅是知识传递，更重要的是在学生内心引发价值观和思考方式的变化。这通常需要思政课教师与学生之间进行深入互动，让学生更好地理解和感受到伦理和社会问题的复杂性，促使他们在思考中表达自己的观点和情感体验，以引发深刻的思考和情感共鸣。

首先，在传统思政课堂上，思政课教师与学生之间的深入互动是推动学生价值观培养和思维能力提升的重要途径。通过面对面的提问、回答问题、讨论等，思政课教师能更好地了解学生的思维方式、价值观念以及对社会和伦理问题的看法，从而有针对性地引导他们进行批判性思考和价值观塑造。然而，ChatGPT 通过提供便捷的在线答疑和学习辅导功能，使得学生更倾向于使用电子设备与机器进行互动，而不是与思政课教师进行面对面交流，寻求思政课教师的指导和建议，使得思政课教师在学生学习生活中的角色被边缘化，互动和情感交流的机会减少，导致课堂氛围的冷漠和学生与教师之间的疏离感。

其次，ChatGPT 是一种自动化系统，它的回应通常基于模型和数据的计算，缺乏真正的语言理解和推理能力，无法真正理解文本背后的含义和逻辑关系，也无法进行逻辑推理和判断，缺乏真正的情感和思考，可能导致思政课堂上的互动变得机械和缺乏情感。学生可能感受不到与教师真实而深刻的互动，教学过程可能变得单调和冷漠，而且，ChatGPT 的应用也可能对思政课教学中的情感碰撞产生一定程度的影响。思政课旨在深入挖掘学生内心深处的思考，激发情感共鸣，并引导他们积极思考社会和道德问题。然而，人工智能技术无法真正体验情感，它的回应通常是依赖模型和数据的计算，缺乏情感的真实性。这可能导致思政课教学中的情感体验变得相对肤浅，难以触发学生的深刻情感共鸣和深刻思考。

(三)伦理问题凸显：算法歧视加剧意识形态安全风险

思政课具有强烈的意识形态属性，有着鲜明的价值导向。ChatGPT 的西式特点可能引发意识形态渗透的风险。虽然 ChatGPT 在回答自然科学问题方面表现出同质性，但在处理人文类问题时，它可能呈现出中西方之间的差异，这种差异虽然不能直接归因于算法设计，但却显露出潜在的不当利用特征。人类文明的演进历程跨越了数千年，各个地域的人性在遗传和环境影响下逐渐形成了各自独特的特质，这些特质在不断的遗传和环境塑造下得以巩固和强化。而 ChatGPT 无法获得类似人类的长期生活经验，因此其特性在很大程度上受到了设计者、制造者甚至使用者的影响，尤其是在大规模的个性化预训练和反馈学习的情况下。换言之，由西方社会研发的 ChatGPT 不可能具备中国特色，特别是在经过大量个性化的预训练之后，ChatGPT 的认知和输出模式至少在当前阶段肯定是带有西方特质的。ChatGPT 算法的数据训练反映了一定的社会偏见，这可能导致生成的内容带有潜在的歧视偏见。因此，当 ChatGPT 介入思政课教学时，思政课教师和学生可能会在与 ChatGPT 的互动中受到隐蔽误导，尤其是在涉及意识形态价值观的传递和教育时，可能引发不正确的信息传递。带有偏见或歧视的信息可能严重干扰学生的思考，影响学生的判断，甚至误导他们形成不正确的价值观，且 ChatGPT 的输出受到其预训练数据和反馈机制的设计，这可能导致其在思政课教学中传递出西方特定的观点和价值，与当前的主流意识形态不符。

ChatGPT 的论证能力可能带来错误思潮传播的潜在风险。ChatGPT 是通过大规模的互联网文本数据进行训练的，而互联网上的信息充斥着各种偏见、歧视、虚假等不良内容。在思政课教学中，传授价值观和道德观念是一项重要任务，但 ChatGPT 生成的文本可能包含了这些不良特质。而 ChatGPT 具备强大的论证能力，它会对所生成的内容进行合理的论证，从而增强文本的可信度。在未经仔细核对和验证的情况下，思政课教师和学生很容易受其误导，这使 ChatGPT 具有潜在的误导特性。错误思潮通常被视为主流意识形态的"主要敌人"，其根本目的是扰乱人们的思维和价值观。当心怀不良意图的人将历史虚无主义、新自由主义、"新闻自由"、宪政民主等错误思潮以设计或反馈的方式渗入 ChatGPT 的算法或数据集时，ChatGPT 的论证能力不仅能够引导受众，甚至可能让不了解内情的个体成为错误思潮的传播工具。在这种情况下，ChatGPT 不仅会成为错误思潮的助推器，还可能误导人们，进一步强化了错误思潮的传播和影响。

四、防微杜渐：ChatGPT 赋能思政课教学的应对策略

（一）厚植信仰，不断提升立德树人的能力

习近平总书记在思想政治理论课教师座谈会上提出的"六要"，即政治要强、情怀要深、思维要新、视野要广、自律要严、人格要正，进一步明确了思政课教师的职责和要求。"政治要强"作为对思政课教师的首要要求，其核心在于政治信仰，即坚定的马克思主义信仰。

厚植信仰是思政课教师应对 ChatGPT 带来的挑战的重要基础。在信息爆炸的时代，ChatGPT 可以迅速提供大量信息，但这并不代表这些信息都是真实、可靠的，更不代表它们符合道德和伦理的标准。马克思主义信仰不仅是一种政治信仰，更是一种世界观和方法论，它为思政课教师提供了坚实的理论基础和实践指南。同时，政治信仰也赋予思政课教师在思想政治理论课教育中的特殊使命。他们不仅是知识传授者，更是道德引导者。这种信仰使思政课教师深刻理解马克思主义的核心观点，如历史唯物主义、阶级斗争和社会主义建设等，从而能够将这些理论融入到教学内容中，引导学生正确理解和分析复杂的社会现象和问题。只有拥有坚定的政治信仰，才能使教师在面对各种思想观念和价值观念的冲击时保持清醒和坚定，不受外界干扰，始终坚守自己的信仰和原则，确保教育的客观性和中立性。因此，政治要强的要求不仅是对思政课教师的一种期望，更是思政课教师肩负的历史使命。

立德树人是新时代思政课教学的根本任务，也是思政课教师教育教学工作的核心导向。立德树人的内涵意味着思政课教学的根本在于"育"人，培养具备德智体美劳全面发展的社会主义建设者和接班人。而育人的根本在于"立德"，这一过程的基础在于培养良好的道德品质，包括个人品德、社会公德，以及为国家和人民服务的高尚道德。ChatGPT 等技术虽然可以提供信息，但无法替代思政课教师在品德培养方面的作用。思政课的目标不仅是传递知识，更是培养学生的道德情操和思想素养。思政课教师应注重不断提升自身的政治理论水平，不断探索

教育教学的新方法和新途径，以更好地履行立德树人的职责，培养出思想政治素质高、具有坚定信仰的新时代人才。同时，也应注重培养学生的独立思考和批判性思维能力，引导他们深入思考伦理和道德问题，而不是仅仅依赖 ChatGPT 生成的信息。只有通过积极参与、深刻思考和亲身示范，思政课教师才能更好地完成立德树人的使命。

（二）与时俱进，积极探索 ChatGPT 与思政课教学的融合

随着科技的迅猛发展，数字信息技术已经深刻地渗透到了现代社会的方方面面，成为我们生活和工作中不可或缺的一部分。在这个数字化时代，人工智能（AI）技术的不断进步已经成为当今世界的一大趋势。ChatGPT 作为一种自然语言处理技术，具有强大的信息检索和处理能力，能够迅速获取海量的信息资源，作为 AI 技术的杰出代表，其是过去十年中 AI 领域取得的显著成果之一，也标志着人类社会迈入了信息技术的新时代，即工业 4.0 时代。思维具有明显的时代性，正如恩格斯所强调的，每一个时代的理论思维都是历史的产物，其形式和内容都会随着不同的时代而发生变化。随着人工智能时代的到来，教育领域也必然需要适应新的思维方式来应对新的挑战和机遇。思政课作为教育的重要组成部分，思政课教师更需要树立一种新的思维方式，以更好地适应当前时代的需求。在这个新时代背景下，将 ChatGPT 与思政课教学深度融合已经成为我国推进高校思政课数字化改革的必然要求。这并非是一时的热点，而是教育领域应对社会科技进步的必然选择。

思政课教师应以开放包容的心态拥抱 ChatGPT，了解 ChatGPT 的基本原理和功能，掌握如何有效地利用这一工具。在日常教学中，思政课教师可以通过利用 ChatGPT 帮助学生获取更广泛的知识，提供实时的答疑解惑，此举不仅丰富了教学资源，使学生更容易理解和掌握复杂的思政课内容，还有助于提高学生的学习兴趣和主动性，更好地激发他们的思考能力和创新潜力。同时思政课教师还可以通过 ChatGPT 自动生成问答、作业和测验，使教学更加高效，根据学生的学习进度和需求，个性化地生成教育内容，满足不同学生的学习需求，提高教学的灵活性和适应性。此外，思政课教师还应积极参与 ChatGPT 与思政课教学的研究和实

践，不断探索教学方式和方法的创新，包括设计适合思政课的 ChatGPT 应用场景、开发个性化教育方案等。然而，ChatGPT 虽然可以提供丰富的信息，但不能代替思政课教师在课堂上的互动和引导。思政课的核心是培养学生的思考能力和价值观，这需要思政课教师的引导和启发。思政课教师需要合理控制 ChatGPT 在教学中的使用，确保教师的核心作用。

（三）重塑角色，强化思政课教师的情感在场

思政课的本质是讲道理，要注重方式方法，把道理讲深、讲透、讲活，老师要用心教，学生要用心悟，达到沟通心灵、启智润心、激扬斗志的效果。思政课讲道理的过程是一项涉及思想引领与价值导向的复杂过程。通过课程设计和教学实践，思政课教师努力提升思想引领的力度，促使学生深入理解和内化马克思主义理论，这是思政课教学内在的追求。然而，随着现代科技的迅猛发展，特别是 ChatGPT 的出现，我们不得不重新审视教育的未来走向。ChatGPT 可以被看做一位数字导师，能够在思政课教学中为教师提供有力支持。然而，在 ChatGPT 与思政课教师的互动中，必须明确双方的角色、任务和责任。ChatGPT 在思政课教学中扮演的是辅助性的角色，具体而言，ChatGPT 提供了强大的技术支持，有助于思政课教师进行教学内容的传递、教学场景的打造以及教学效果的评估等方面工作，为思政课的提质增效提供了强有力的支持。然而，我们必须保持高度清醒，始终认识到 ChatGPT 的作用仅仅是辅助性的，ChatGPT 是一种外部工具，它能够辅助思政课教师的教学工作，协助学生的学习过程，但无法代替教育的本质过程。在思政课教学中，教师和学生始终应该是主体。ChatGPT 作为人工智能技术的代表，其定位应该是教师和学生的助手和工具。

就人的本质来说，情感是人最基本的属性。马克思曾指出：人是一个有激情的存在物。这一观点凸显了情感在人类行为和认知中的重要性。在教育领域，特别是在思想政治教育中，情感的作用愈发凸显。思政课教学的核心任务之一是培育学生的价值观念，而在判断和塑造价值观时，情感因素起着至关重要的作用。学生的情感体验、情感态度将深刻影响他们对于价值观的理解与接受。因此，未来思政课教学中的一个重要特征将是情感化教学，这意味着思政课教师需要更多

地关注学生的情感需求，积极引导情感体验，培养积极向上的情感态度。随着 ChatGPT 在思政课教学中的应用，教育的方式和角色发生了变革，传统的知识传授逐渐被机器所替代，这为思政课教师提供了更多的时间和精力来关注学生的情感需求。在这个新的教育格局中，思政课教师的情感交流和陪伴将愈发重要，他们应成为学生的心灵导师和知心朋友，提供情感上的支持与关怀。师生之间的情感化互动将成为思政课教学取得实效的重要关键。因此，思政课教师需要不断提升自身的情感素养，积极进行情感表达，以更好地满足学生的情感需求。只有通过建立真挚的情感联系，思政课教师才能更好地引导学生，促进他们的全面发展，从而使思政课教学更富有温度、更有深度。

参考文献

[1]习近平. 高举中国特色社会主义伟大旗帜，为全面建设社会主义现代化国家而团结奋斗——在中国共产党第二十次全国代表大会上的报告[M]. 人民出版社，2022.

[2]焦建利. ChatGPT 助推学校教育数字化转型——人工智能时代学什么与怎么教[J]. 中国远程教育，2023(4).

[3]周洪宇，李宇阳. ChatGPT 对教育生态的冲击及应对策略[J]. 新疆师范大学学报(哲学社会科学版)，2023(4).

[4]张震宇，洪化清. ChatGPT 支持的外语教学：赋能、问题与策略[J]. 外语界，2023(2).

[5]冯雨奂. ChatGPT 在教育领域的应用价值、潜在伦理风险与治理路径[J]. 思想理论教育，2023(4).

[6]郑燕林，任维武. 实践观视域下 ChatGPT 教学应用的路径选择[J]. 现代远距离教育，2023(2).

[7]王佑镁，王旦，梁炜怡，等. "阿拉丁神灯"还是"潘多拉魔盒"：ChatGPT 教育应用的潜能与风险[J]. 现代远程教育研究，2023(2).

［8］王少. ChatGPT介入思想政治教育的技术线路、安全风险及防范［J］. 深圳大学学报（人文社会科学版），2023（2）.

［9］焦建利. ChatGPT：学校教育的朋友？还是敌人？［J］. 现代教育技术，2023（4）.

高校思政课开展法治价值观教育面临的干扰与纾解[①]

袁 芳

中国政法大学马克思主义学院

摘要：当前中国特色社会主义进入新时代，法治在推进国家治理体系和治理能力现代化进程中具有核心地位和战略意义，这驱动我国法治教育进入一个新的发展阶段，树立"尊崇法治"的价值观成为高校思政课的重要任务。而法律工具主义、法律虚无主义、法律功利主义对大学生法治价值观的形成和发展带来诸多干扰。正视各种思想干扰，强化大学生对法治的信任感、敬畏感和责任感，对全面推进依法治国意义重大。

关键词：思政课；法治价值观；法治价值观教育；突破

法治作为一种治国方略，是人类社会政治文明发展的重大成果。当前中国特色社会主义进入新时代，法治在推进国家治理体系和治理能力现代化进程中具有核心地位和战略意义，这驱动我国法治教育进入一个新的发展阶段。2013年党的十八届三中全会通过的《中共中央关于全面深化改革若干重大问题的决定》确认了"法治中国"这一概念，强调尊法、学法、用法和守法等各个方面的全面推进，尤其将"尊法"放在首位；2014年，党的十八届四中全会提出"将法治教育纳入国民教育体系"；2017年，党的十九大报告提出把"提高全民族法治素养"作为

---

① 本文系2021年教育部社科司高校思政课教师研究专项一般项目——《民法典》育人元素融入高校思政课研究(21SZK10053001)的阶段性成果。

"坚持全面依法治国"的重要内容。由此，树立"尊崇法治"的价值观，为全面推进依法治国提供观念共识和价值引导，是当前我国思政课开展法治教育刻不容缓的任务。正视当前法治价值观教育的隐忧，推进新时代法治教育的转向，对我国加快推进法治国家、法治政府、法治社会一体化建设意义重大。

一、法治作为社会主义核心价值观的意义

法治价值虽然作为法学理论的重要议题，取得了丰富的研究成果。但法治价值观研究尚处于起步阶段，法学家对法治作为社会主义核心价值观的观照并不多见。然而，法治作为价值观何以可能？法治作为社会主义核心价值观何以可能？是当前我们开展法治价值观教育的逻辑前提。

目前，在西方法理学的视域中，法治是否可以成为价值观，是一个存在争议的问题。自然法学派承认法治蕴含的公平、正义等价值，而实证法学派则认为法治和价值是相分离的。同时，许多西方法学家认为社会主义和法治是不相容的概念，甚至武断地判断社会主义是反法治的。在西方法治观的影响下，当法治作为社会主义核心价值观内容体系之时，部分学者表现出诧异和怀疑的态度。然而，法治如果仅仅停留在治理、策略和方法的层面，只是承载统治阶级的价值期待，而没有上升到全民价值层面，将难以发挥法治的应有作用。法治本身是包含价值的，法治本身就是评判社会进步的标准之一，自由、平等、正义、民主、秩序等法律价值都可以成为终极目标，因此法治可以作为价值观。新时代法治价值观教育是我国全面依法治国、加快推进国家治理向法治转型的基础工程；是深入开展社会主义核心价值观教育的重要内容；是全面贯彻党的教育方针，培养社会主义合格公民的客观要求。基于中国特色社会主义法治的人民性、实践性和全面性，法治成为社会主义核心价值观实属题中应有之义。

（一）中国特色社会主义法治的人民性决定了法治是社会主义制度的价值理念

立足唯物史观，马克思主义的法治观超越了西方抽象的法治观，阐明了法的

物质决定性、阶级意志性和历史发展性。马克思、恩格斯在《共产党宣言》中指出："你们的观念本身是资产阶级的生产关系和所有制关系的产物，正像你们的法不过是被奉为法律的你们这个阶级的意志一样，而这种意志的内容是由你们这个阶级的物质生活条件来决定的。"①由此，抛开了对物的占有上的不平等，仅仅谈论"法律面前人人平等"不过是一种形式上的平等，是把一部分无产者排除出去之后的"法律平等"，而实质意义上的法律平等、政治平等都不能脱离经济平等。同时，马克思提出："只有当法律是人民意志的自觉表现，因而是同人民的意志一起产生并由人民的意志所创立的时候，才会有确实的把握。"②列宁曾提出"人民的利益是最高的法律"，即无产阶级政党领导人民制定的法律必须以人民的意志和根本利益为出发点和根本宗旨。

我国对法治中国建设的决心，不是对人民的一时的短暂说服，而是中国特色社会主义建设长期的奋斗目标。③ 在我国，人民是依法治国的主体和力量源泉，这决定了法治理应成为社会主义制度的价值理念，体现了政党和政府要实现的价值理想。"法治贯穿整个社会主义时代。因此，它不是几个所谓的法学家捣鼓出来的，不是法律界的一厢情愿；它是中国百余年来'图存振兴'的历史发展的必然逻辑，也是中共执政几十年经验教训中有切肤之痛的生命体验和认识总结。"④由此，社会主义法治的本质特征在于执法为民，社会主义现代化建设只有在法治的轨道上推进，才能维护最广大人民群众的根本利益。

（二）中国特色社会主义法治的实践性决定了法治是我国全面深化改革的价值目标

习近平总书记提出："国际国内环境越是复杂，改革开放和社会主义现代化建设任务越是繁重，越要运用法治思维和法治手段巩固执政地位、改善执政方

---

① 马克思恩格斯选集(第1卷)[M]. 人民出版社，2012：417.

② 马克思恩格斯全集(第1卷)[M]. 人民出版社，1995：349.

③ 陈金钊. 对法治作为社会主义核心价值观的诠释[J]. 法律科学(西北政法大学学报)，2015(2).

④ 温晓莉. 法治价值与西方文明因子[J]. 西南民族大学学报，2003(2).

式、提高执政能力，保证党和国家长治久安。"①伴随着我国全面深化改革的推进，执政党对于法治推动改革重要性的认识日趋成熟，运用法治凝聚改革共识，重大改革要于法有据，强调社会主义市场经济的本质是法治经济。同时，法治也是政治体制改革的目标和内容，推进我国治理方式和治理体系的现代化本质上就是管理体制和治理能力的法治化。习近平总书记提出："法治政府建设是重点任务和主体工程，要率先突破，用法治给行政权力定规矩、划界限，规范行政决策程序，加快转变政府职能。"②各级党组织和党员、干部要强化依法治国、依法执政观念，提高运用法治思维和法治方式深化改革、推动发展、化解矛盾、维护稳定、应对风险的能力。③这表明，过去以捍卫权责为本位的人治统治方式已经不适合当下中国发展的需要，只有法治才能以最小的成本实现改革，法治思维和法治方式应该成为化解社会矛盾的主要手段，由此各个领域的法治化改革势在必行，法治成为全面深化改革的价值目标。

（三）中国特色社会主义法治的全面性决定了法治是全党全社会的价值共识

中国特色社会主义法治的全面性主要表现为法治国家、法治政府、法治社会的一体化建设，由此实现"法治中国"的建设目标。社会主义法治作为党的主张和人民意愿的统一体现，不仅需要党带领人民制定法律、实施法律，还需要带头遵守法律，这是党的领导力量的集中体现。习近平总书记提出："必须坚持实现党领导立法、保证执法、支持司法、带头守法，健全党领导全面依法治国的制度和工作机制，通过法定程序使党的主张成为国家意志、形成法律，通过法律保障

①　习近平在中央全面依法治国工作会议上强调 坚定不移走中国特色社会主义法治道路 为全面建设社会主义现代化国家提供有力法治保障［EB/OL］.（2020-11-17）. http://www. xinhuanet.com/2020-11/17/c_1126751678.htm.

②　习近平在中央全面依法治国工作会议上强调 坚定不移走中国特色社会主义法治道路 为全面建设社会主义现代化国家提供有力法治保障［EB/OL］.（2020-11-17）. http://www. xinhuanet.com/2020-11/17/c_1126751678.htm.

③　习近平. 推进全面依法治国，发挥法治在国家治理体系和治理能力现代化中的积极作用［J］. 求是，2020(22).

党的政策有效实施，确保全面依法治国正确方向。"①同时，一个社会能否真正实现法治，一个重要的先决条件在于普通民众有无尊崇法治的文化和心理，法治教育能否培养民众追求法治的信念。在广大人民群众中全面普及中国特色社会主义法治文化的核心在于法治价值观教育，依法治国应成为全党全社会的价值共识，由此必须提升全民法治素养，增强全社会学法尊法守法用法意识，使法律为全党全社会所掌握、所遵守、所运用。

二、高校思政课开展法治价值观教育面临的主要干扰

当前，"把法律当作管理群众的手段""法律是摆设""只要结果不问过程"等落后观念和认识偏差时有发生，高校思政课开展法治价值观教育，必须正视和澄清法律工具主义、法律虚无主义、法律功利主义对学生带来的思想干扰。

(一)我国根深蒂固的特权观念和人治思维影响下的法律工具主义

我国法治文化形成发展的土壤并不肥沃，尤其是根深蒂固的人治和特权思想造成了对法治的排斥，看不到法律承载的文明理念和价值追求。在我国历史发展的长河中，虽然先秦法家提倡"以法治国"的思想，但本质上仍是法律工具主义的专制思想。以儒家思想为主导的治国理政主要推崇人治和德治，造成法治观念的先天不足。人们常常将德治和法治的关系界定为"两手论"，即德治和法治"两手"都要抓、"两手"都要硬。然而，这一逻辑在实践过程中容易背离法治的本质要求，人们往往将"两手抓"等同于"平均抓"。法治成为当前我国治国理政的基本方式，德治是治国理政的重要方式，法治更强调治官，而德治更偏重治民。德治也要在法治的轨道上运行，否则仍然会陷入人治之中。此外，新中国成立初期对苏联法律工具主义、教条主义思想的全面移植，造成"唯权""唯尊""唯上"等人治观念普遍存在。在现实生活中，权大于法的观念普遍存在，法律成为一种治理工具，"以言代法"的情况时有发生。要克服法律工具主义的思想倾向，需要

---

① 习近平在中央全面依法治国委员会第一次会议上的讲话[N]. 人民日报, 2018-8-24.

思政课教师引导学生形成对法治的独立思考和判断，自觉克服人治思维。大学生在进入社会后，极有可能具体行使党的执政权和国家立法权、行政权、监察权、司法权等，因此，大学生能够尊崇法治、敬畏法律、了解法律、掌握法律、捍卫法治，以实际行动带动全社会尊法学法守法用法，有助于强化整个社会对法治的认同和信任。

（二）多元价值思潮影响下的法律虚无主义

当前，公开否定法律作用的法律虚无主义不复存在，但这并不代表着法律虚无主义在我国已经消失。亨得利（Kathryn Hendley）在《谁是俄罗斯的法律虚无主义者》一文中指出，法律虚无主义指缺乏对法律的尊重。更直白地说，法律虚无主义者方便时就遵守法律，不方便时就视若无物。受多元价值思潮的影响，当前我国的法律虚无主义思潮不再是过去历史上的"无法可依""无法无天"的状态，而是"有法不依""执法不严""违法难纠""法外操作"等破坏法律权威的现象十分盛行。在我国历史上，崇德轻法的观念一直盛行，造成当前我们对道德教化非常重视，提倡大公无私的道德行为，但忽视见义勇为行为人的权利保护，不重视法律的严格执行。一些地方政府在应付检查中清洗小广告，等到检查结束又允许贴上；一些地方政府为了促进经济发展而制定"红头"文件，对一些群体赋予特权，规则意识欠缺，将法律作为可有可无的存在。

近年不少法院所推行的民事案件先调解再立案、不调解则不立案的做法，造成对当事人诉讼权利的极大破坏。因为根据我国现行《民事诉讼法》的相关规定，不存在立案之前须经先行调解的限制性条件，这意味着只要当事人的起诉符合法定条件，人民法院就应该而且必须立案受理。这种司法改革没有法律依据，极大地冲击了现行法律的权威。此外，由于社会处于不断的变动中，法院和法官仍不可避免地面临法律空白与漏洞问题，尤其是法律不合目的性与法律滞后性等适用法律方面的障碍，每一位司法者如果不能尊崇法治，将带来法外司法、违法司法等现象，必将加剧法律虚无主义的盛行。

（三）西方自由主义法治观影响下的法律功利主义

在西方自由主义的法律传统下，"权利本位学说"决定了法的道德基础是利已的。尤其是以人权为核心内容的西方法治观认为，人的生命是独一无二的价值，因此人对其他生命采取任何行动都具有合理性。在西方自由主义的法治观看来，法治就是维护个人自由的产物，将抽象意义上的人权作为绝对真理，甚至认为自由权高于生命权。

这种法治观造成对自由的片面理解，将国家和政府视为"恶"的存在，将社会治理中的一切难题都归结于国家权力，一谈自由就讲个人的权利，而不讲个人的义务，从而割裂权利和义务的辩证统一关系。现实生活中，不少大学生具有很强的维权意识，但缺乏义务观念和责任意识。这种割裂权利和义务、只谈权利而不谈义务的观念误区将导致"社会意象"①的负面性，让青年大学生患上"公民唯私主义综合征"，即将"权利"作为善行的代名词，将维权作为维护个人享受的借口，而责任、信任和协商等集体行为较难付诸实施，极大地阻碍了法治的有效实施。尤其是部分大学生对法律采取实用主义态度，认为法律是对人不对己的，要求别人守法而自身却随意破坏法律。在马克思主义的自由观看来，自由是一种行动、一种关系，不仅要在认识世界的过程中实现自由，更要在改造世界的过程中实现自由。马克思指出："自由不在于幻想中摆脱自然规律而独立，而在于认识这些规律，从而能够有计划地使自然规律为一定的目的服务。……自由就在于根据对自然界的必然性的认识来支配我们自己和外部自然。"②由此，自由不是抽象的事物，人类追求的自由是一种历史现实中的自由，自由包含自由的权利，更包含自由的义务。权利和义务是对立统一的关系，不能只谈自由的权利而忽视自由的义务。

三、高校思政课开展法治价值观教育的纾解路径

当前，推进国家治理现代化的时代发展背景要求高校思政课在更高水平上开展法治教育，不仅体现为在认知层面对法治的理解和认识、在情感层面和实践层

---

① "社会意象"即"社会成员想象、理解和憧憬以及自身社会存在的方式，涉及如何相处、应当抱持何种期待以及支撑此类期待的深层观念和意象"。

② 马克思恩格斯选集(第3卷)［M］. 人民出版社，2012：491-492.

面对法律的自觉遵守和遵从，更表现为在价值层面对法治理念的自觉尊崇和践行，将法治内化为一种价值观、一种生活方式。由此，法治不仅仅是一种工具和手段，更是不可替代的内在价值；法治不仅仅是国家的价值目标、社会的价值取向，更是全体人民的价值准则。"只有作为价值主体的个体的确立，才有可能在市场经济为基础的新的社会模式下谈及权利、谈及权利基础上的民主和以民主为前提的法治。以个体的自由、平等为基础的法治社会是现代社会的本质特征。尽管普及这一新的思维方式和价值观念的事业仍任重道远。"①当前，我国社会主义法治国家的建设还需要经历一个长久的过程，高校思政课需要强化大学生对法治的信任感、敬畏感和责任感。

(一)思政课开展法治价值观教育目标的转向：从理想到现实

在马克思主义价值哲学的语境中，价值是主客体之间的需要关系，本质是人的生存意义问题。价值关系体现的是主体作用于客体的实践过程，价值观源于主体的需要，同时在主体对象性实践活动中得以形成和发展。"全部社会生活在本质上是实践的"②，实践是人的存在方式。遵从人民是法治价值的主体地位，法治价值观教育应从理想转向现实，立足广大人民群众的思想实际，避免国家层面和大众层面的落差，否则法治理念将停留在"悬浮的理论"和"抽象的说教"之中，难以落地生根。应在法治实践活动中切实增强大学生的法治价值认同，激发法治建设的动力，提升法治建设的信念。正如习近平总书记提出："一种价值观要真正发挥作用，必须融入社会生活，让人们在实践中感知它、领悟它……我们要注意把我们所提倡的与人们日常生活紧密联系起来，在落细、落小、落实上下功夫。"③由此，法治价值观教育的目标必须从社会发展和人的需要满足的角度来引导大学生尊法学法守法用法，真正将法治融入大学生的日常学习和生活之中，引导大学生从主体需要的视角理解法治、感受法治、认同法治，从而筑牢法治的实

---

① 冯平. 中国价值论研究范式的现状与转型[J]. 哲学动态，2014(4).

② 马克思恩格斯选集(第1卷)[M]. 人民出版社，2012：135.

③ 习近平. 把培育和弘扬社会主义核心价值观作为凝魂聚气强基固本的基础工程[N]. 人民日报，2014-02-26.

践根基。比如《民法典》中规定了"绿色原则"，这意味着在物质生产活动和处理社会交往以及组织管理社会关系的过程中要践行绿色生产和绿色生活，只有将绿色原则作为经济发展实践和社会治理的重要内容，推动绿色原则从法律条文转化为实践行动，才能彰显法治真正的生命力和感染力。

(二)法治价值观教育内容的转向：从片面到全面

价值观作为事实和价值的结合体，要形成法治价值观，当然离不开对法律知识体系的认知和了解，但这并不是法治观念教育的核心要务，因为法律知识体系只是传递法治价值观的载体和途径，法治观念教育的最终目的在于传递关于法治价值观念和价值取向。由于思想政治教育的形态是多种多样的，并不局限于思想观念教育，还包括精神教育、规范教育、信仰教育等。① 因此，法治价值观是蕴含法治观念教育、法治精神教育、法治规范教育、法治思维教育、法治信仰教育之中的。思政课开展法治教育的内容迫切需要实现从片面向全面的转变，引导启发大学生愿意学习、内化和践行法治，尤其需要启发"情境感""参与感"和"意义感"的法治价值体验，深刻理解今天的中国社会为何需要提倡法治，中西方法治价值观有什么区别，法治价值观对于中华民族的长远发展有何意义，作为新时代的中国公民如何认同和践行法治价值观等。

法治价值观教育具有多方面的内容：一是马克思主义的法治理论和马克思主义中国化的法治理论成果，尤其是习近平法治思想的指导意义；二是中国特色社会主义的法治建设的价值目标；三是中国共产党法治建设的历史和经验；四是社会主义核心价值观中的法治内涵及其特点。新时代法治精神教育的内容呈现多样性和时代性，主要包括中华民族法制文明发展过程中的精神品质、中国共产党人在革命和改革中形成发展的法治精神。新时代法治规范教育蕴含丰富的内涵，包括法律规范、制度规范和纪律规范等，不仅要求人们自觉遵守法律规范、宣传法律规范，还要求主动维护法律规范。新时代法治思维教育即通过学习和实践，运用法律知识和方法思考、分析、解决问题的思维和能力的培养。习近平总书记提

---

① 刘建军. 论思想政治教育内容的基本形态[J]. 思想理论教育导论，2020(9).

出："谋划工作要运用法治思维，处理问题要运用法治方式，说话做事要先考虑一下是不是合法。"①新时代法治信仰教育即将法治作为一种信仰加以培养、传递和激发，形成对法治的认同感、归属感、敬畏感、崇尚感，并进一步转化为法治思维和法治行为。

（三）法治价值观教育过程的转向：从认知到践行

学法懂法是守法用法的前提，因此学习法律是法治价值观教育的首要内容。而宪法作为中国特色社会主义法律体系的核心内容，应贯穿法治价值观教育体系的始终，民众应树立宪法至上的法治观念。习近平总书记提出："法治权威能不能树立起来，首先要看宪法有没有权威。必须把宣传和树立宪法权威作为全面推进依法治国的重大事项抓紧抓好，切实在宪法实施和监督上下功夫。"②由此，必须首先引导大学生将宪法作为基本内容学好、学透，不断增强宪法意识，维护宪法至上权威。尤其要学习同自己所从事的职业密切相关的法律法规，引导大学生在未来的职场合理行使权力，自觉反对和克服特权思想和特权现象，处理好公和私、情和法、利和法的关系。

高校思政课在法治价值观教育的实施过程中，除了进行以法律具体规定为内容的教育之外，更要重视法治精神的培育，在法治践行中不断纠正大学生对法治的认识偏差。法治精神培育可以从最为基本的权利观念培养入手，使大学生认识到法治正是自己日常生产和生活需要的，不断激发大学生践行法治的主体意识和责任意识。习近平总书记提出："法治观念、法治素养是干部德才的重要内容。……要抓紧对领导干部推进法治建设实绩的考核制度进行设计，对考核结果运用作出规定。"③由此，德才兼备的干部选拔标准中应包含法治素养这一重要内容，要将法治素养作为青年大学生思想政治素质评价的重要指标，将评价结果作为衡量业绩的必要依据。

---

　　① 习近平在省部级主要领导干部学习贯彻十八届四中全会精神　全面推进依法治国专题研讨班开班式上发表重要讲话[N]. 人民日报，2015-02-02.

　　② 习近平关于全面依法治国论述摘编[M]. 中央文献出版社，2015：47.

　　③ 习近平关于全面依法治国论述摘编[M]. 中央文献出版社，2015：127.

（四）法治价值观教育方式的转向：从单一到多元

高校思政课开展法治价值观教育，要结合当代青年大学生的思想特点，创新方式方法，采取针对性措施，全面提高教育的实效性。首先，要推进理论学习和实践运用相结合。价值观的形成不能通过强制性手段，需要在实践活动中认可法治、信赖法治，逐步将法治作为自身行动的价值取向。由此，法治价值观的形成，离不开个体的实践经历。这启发我们，除了开展法治理论学习以外，还需要引导大学生在守法用法的过程中形成尊法的意识，可以探索参与式、互动式、体验式法治教育模式。比如组织青年大学生走进法庭，参与法庭旁听，把法庭庭审现场作为法治教育课堂。尤其要引导大学生在社会公德建设和家庭美德建设中，带头遵守法律法规，形成良好的社会示范和引领作用。其次要推进网外法治教育和网内法治教育相结合。应注重运用互联网传播平台，加强新媒体新技术的运用，拓展法治宣传教育的渠道与途径，开办学法用法网校，充分发挥信息化在法治教育中的作用。最后要推进榜样示范和氛围营造相结合。通过榜样示范的方法可以推动法治教育从虚到实，把学到的法律知识运用到对现实生活的认识和判断中；利用国家宪法纪念日等开展法律宣传活动，培养尊法守法的仪式感，强化法治认同感。

习近平总书记关于思政课教师素养重要论述的基本要义①

于玲玲

对外经济贸易大学马克思主义学院

摘要：思政课是落实立德树人根本任务的关键课程，关系到中国特色社会主义事业后继有人这一根本问题，必须在改进中加强。高素养教师是实现新时代思政课改革创新的重要支撑力量。习近平总书记关于思政课教师素养重要论述的基本要义，主要包括理论渊源、核心内容和价值意义等方面。深入分析习近平总书记关于思政课教师素养重要论述的基本要义，对新时代背景下提升思政课教师素养、增强思政课实效性和亲和力、培养堪当中华民族复兴大任的时代好青年具有重要且深远的现实意义。

关键词：新时代；思政课；教师；素养

中国特色社会主义进入新时代以来，以习近平同志为核心的党中央，把握国内外发展全局，聚焦实现中国式现代化，培育堪当民族复兴重任的时代好青年，做出了一系列有关思想政治理论课（以下简称"思政课"）改革创新的战略部署。其中，思政课教师及其素养是习近平总书记高度关注的重要问题。2019 年 4 月，《普通高等学校思想政治理论课教师队伍培养规划（2019—2023 年）》提出要建设一支素质优良的高校思政课教师队伍。2020 年 8 月，习近平总书记对思政课教师

---

① 本文系教育部社科司 2022 年度高校思想政治理论课教师研究专项一般项目"习近平总书记关于思政课教师队伍建设的重要论述研究"（22JDSZK005）的阶段性成果。

提出"政治要强""情怀要深""思维要新""视野要广""自律要严""人格要正"六点要求。2022年4月，习近平总书记考察中国人民大学时强调："对教师来说，想把学生培养成什么样的人，自己首先就应该成为什么样的人……努力做精于'传道授业解惑'的'经师'和'人师'的统一者。"①习近平总书记关于思政课教师素养的重要论述，对加强新时代马克思主义理想信念教育、推动思政课守正创新、强化思政课教师队伍建设、培育时代好青年具有重要的指导意义。

一、习近平总书记关于思政课教师素养重要论述的理论渊源

"历史从哪里开始，思想进程也应当从哪里开始。"②习近平总书记关于思政课教师素养的重要论述，以中华民族尊师重教的优良文化传统为历史渊源，以马克思主义关于教育者的相关论述为理论基础，以中国共产党思政课教师队伍建设思想为思想来源，其形成与发展具有深厚的理论渊源。

（一）中华民族尊师重教的优良文化传统是习近平总书记关于思政课教师素养重要论述的历史渊源

作为中华民族的精神命脉，中华优秀传统文化蕴含的尊师重教思想，是习近平总书记关于思政课教师素养重要论述的历史渊源。其一，教师的地位：治国之本。如："当其为师，则弗臣也。"（《学记》）"君师者，治之本也。"（《荀子·礼论》）"国将兴，必贵师而重傅；国将衰，必贱师而轻傅。"（《荀子·大略》）等。其二，教师的任务："传道""授业""解惑"。作为教师，在人才培养上肩负"传道""授业""解惑"三重使命，既要传授基本知识，也要培养良好品德，更要为学生答疑解惑。如："古之学者必有师"，"师者，所以传道授业解惑也"（《师说》）。其三，教师的灵魂：师德为本。如："经师易求，人师难得。"（《周书·列传》）"师也者，教之以事而喻诸德者也。"（《礼记·文王世子》）"善歌者，使人继

---

① 习近平在中国人民大学考察时强调：坚持党的领导传承红色基因扎根中国大地 走出一条建设中国特色世界一流大学新路[N]. 人民日报，2022-04-26.

② 马克思恩格斯选集(第2卷)[M]，人民出版社，2012：14.

其声；善教者，使人继其志。"(《礼记·学记》)

（二）马克思主义关于教育者的相关论述是习近平总书记关于思政课教师素养重要论述的理论基础

马克思主义关于教育的历史性与阶级性、教育者与环境的辩证关系、无产阶级教育者的任务等论述是习近平总书记关于思政课教师素养重要论述的理论基础。其一，社会物质生产方式决定教育，教育具有历史性和阶级性。马克思、恩格斯在《德意志意识形态》中指出："思想、观念、意识的生产最初是直接与人们的物质活动，与人们的物质交往，与现实生活的语言交织在一起的。人们的想象、思维、精神交往在这里还是人们物质行动的直接产物。"①教育作为人类社会物质生产方式的产物，受社会物质生产条件和社会关系制约，不同时代条件下具有不同的教育方针、内容和方法。在阶级社会中，教育也表现为阶级性。不同阶级利益代表有着不同的教育思想和要求。正如马克思恩格斯指出："统治阶级的思想在每一时代都是占统治地位的思想……支配着物质生产资料的阶级，同时也支配着精神生产资料，因此，那些没有精神生产资料的人的思想，一般地是隶属于这个阶级的。"②其二，教育者和环境相互统一在变革的实践中。马克思认为："而教育者本人一定是受教育的……环境的改变和人的活动或自我改变的一致，只能被看做是并合理地理解为革命的实践。"③马克思从辩证唯物论出发，认为环境塑造人（教育者），人（教育者）也主观能动地改变环境，人（教育者）和环境辩证统一于社会实践中。其三，无产阶级教育者的根本任务是实现人的自由全面发展。马克思认为，最先进工人阶级的未来"完全取决于正在成长的工人一代的教育"④。马克思、恩格斯运用历史唯物主义原理，揭示出人的自由全面发展是使"全体社会成员"在体力智力、个性才能和社会关系上得以充分发展，使个体能够按照自身本性把不同的社会职能当作相互交替的活动方式，成为社会真正的主

---

① 马克思恩格斯选集（第1卷）[M]. 人民出版社，2012：151.
② 马克思恩格斯选集（第1卷）[M]. 人民出版社，2012：178.
③ 马克思恩格斯选集（第1卷）[M]. 人民出版社，2012：134.
④ 马克思恩格斯全集（第16卷）[M]. 北京：人民出版社，1964：217.

人。而作为无产阶级教育者，要引导受教者在改造主观世界和客观世界的实践中挖掘其内在本质，对社会发展、人类命运予以关怀，扩展人发展社会关系的能力。

（三）中国共产党思政课教师队伍建设思想是习近平总书记关于思政课教师素养重要论述的思想来源

在百年奋斗的光辉历史中，中国共产党形成的思政课教师队伍建设思想，是习近平总书记关于思政课教师素养重要论述的直接思想来源。其一，坚定的马克思主义信仰是思政课教师的灵魂。在革命战争年代，毛泽东一贯主张"没有正确的政治观点，就等于没有灵魂"①，政治课教师要坚定马克思主义信仰和共产主义理想，与中国共产党的事业共进步。诚如他指出的，教职员与课程是"抗大"的革命与进步的关键所在。毛泽东勉励"抗大"教师，首要的是提高马克思主义理论水平，用共产主义的立场和方法观察问题、研究学问、处理工作、训练干部，通过思想斗争提高政治水平和鉴别是非能力，消灭感情冲动、粗暴浮躁、没有耐心等小资产阶级意识。由此，"抗大"教师坚持党的领导这一办学的根本原则，用马克思主义武装头脑，坚定革命理想信念。他们为了夺取抗日战争的胜利，坚守岗位，克服困难，不怕牺牲，有的甚至为此献出了生命。在新中国成立初期，文化教育战线的知识分子广泛开展自我教育和改造运动。毛泽东要求包括教师在内的知识分子通过思想改造，学习马克思主义，确立无产阶级世界观。正如他所说："为了建成社会主义，工人阶级必须有自己的技术干部的队伍，必须有自己的教授、教员、科学家、新闻记者、文学家、艺术家和马克思主义理论家的队伍。"②其二，培养信仰坚定、品德高尚、业务精湛的思政课教师。自改革开放至党的十八大，中国共产党从培养社会主义建设者和接班人的战略高度，重视建设思政课教师队伍。"85方案""98方案""05方案"及《关于进一步加强高等学校思想政治理论课教师队伍建设的意见》一以贯之地重视思政课教师队伍建设，

---

① 毛泽东文集(第7卷)[M]. 人民出版社，1999：226.
② 建国以来重要文献选编(第十册)[M]. 中央文献出版社，1994：491.

培育高素质思政课教师。如："85 方案"指出，建设坚持党的路线、有马克思主义觉悟和理论修养……热心青少年思想理论教育工作的师资队伍。"98 方案"指出，要加强师资培训，发挥教师的积极性和创造性。"05 方案"指出，思政课教师要坚持正确的政治方向，加强思想道德修养……不断完善知识结构，提高教育教学能力。2008 年 9 月，《关于进一步加强高等学校思想政治理论课教师队伍建设的意见》从"政治坚定、业务精湛、师德高尚"三方面诠释了思政课教师的核心素养。

二、习近平总书记关于思政课教师素养重要论述的核心内容

在继承与发展的基础上，站在新时代的历史方位，习近平总书记关于思政课教师素养的重要论述，深刻回答了"新时代思政课教师应具备什么素养、为什么要加强素养以及怎样加强素养"等一系列重大问题。

(一)新时代思政课教师素养的基本内容

习近平总书记提出的"政治要强""情怀要深""思维要新""视野要广""自律要严""人格要正"六点要求，言简意赅、审时度势、高瞻远瞩，全面总结新时代思政课教师的核心素养，其基本内容和精神实质，与中国共产党对思政课教师素养的一贯要求既一脉相承又因时而新，是新时代中国共产党教师理论创新的新成果，为推动新时代思政课教师队伍建设，增强新时代思政课的实效性提供了纲领性的指导。

其一，正确的理想信念居首要地位。正确的理想信念是立德树人的指明灯，直接关系着思政课根本目标的实现与否。习近平总书记指出："我们的教育……培养的是社会主义事业建设者和接班人。"[1]"思政课教师……也要遵守政治纪律和政治规矩。"[2]基于此，思政课教师应当筑牢理想信念之基，不忘立德树人的初

---

[1] 习近平. 做党和人民满意的好老师——同北京师范大学师生代表座谈时的讲话[M]. 人民出版社，2014：5.

[2] 习近平. 思政课是落实立德树人根本任务的关键课程[M]. 人民出版社，2020：15-16.

心，牢记为党育人、为国育才的使命，自觉做共产主义远大理想和中国特色社会主义共同理想的忠实信仰者和坚定践行者，掌握思政课教学的主导权，敢于直面问题，用马克思主义武装学生头脑，强化思政课的意识形态性。

其二，全面的知识结构是看家本领。习近平总书记指出："思政课教学涉及马克思主义哲学、政治经济学、科学社会主义……这样的特殊性对教师综合素质要求很高。"①基于此，思政课教师要有过硬的专业性知识，"以深厚的理论功底赢得学生"②，同时也要有广博的通识性知识，在课堂中要用过硬的专业性知识和宽广的通识性知识为学生答疑解惑，引导学生全面掌握马克思主义基本理论，学会运用马克思主义立场观点分析当代中国社会问题。尤其在信息化时代，思政课教师要有强烈的求知欲和宽广的学术视野，既授人以鱼，又授人以渔，让学生深刻感受到思政课教师的人格魅力和学术素养；与此同时，也要在纷繁复杂的网络信息中，科学回答学生的思想困惑，"既不封闭保守，也不崇洋媚外"③，引导学生正确认识"中国式现代化"发展战略，坚定"四个自信"，引导学生全面认识当代中国和外部世界，在中西对比中明辨是非、感悟真理。

其三，高尚的道德情怀是重要组成部分。正所谓"亲其师，信其道"，教师的真情是打动学生、引导学生的一剂良药，只有真情才能共情，只有共情才能信服。思政课教师首先应忠诚于自己的教育事业，履行好自己的教育职责，真正热爱、倾心投入；其次要自觉做良好道德情操的信仰者和践行者，传承中华民族传统美德，践行社会主义核心价值观，用实际行动和奉献精神感召学生；最后要"诲人不倦"，结合新时代新变化新问题，认真讲好每一个教学重难点，增强思政课的理论性和说服力，让学生深刻感受到马克思主义理论的现实力量，使学生在思政课教学中真正获益。

其四，较强的创新意识是"互联网+"时代的基本要求。习近平总书记指出：

---

① 习近平. 思政课是落实立德树人根本任务的关键课程[M]. 人民出版社，2020：10-11.

② 习近平. 思政课是落实立德树人根本任务的关键课程[M]. 人民出版社，2020：16.

③ 习近平. 思政课是落实立德树人根本任务的关键课程[M]. 人民出版社，2020：15.

"做好高校思想政治工作，要因事而化、因时而进、因势而新"①讲马克思主义基本理论，不是闭门造车，要与当代世界发展局势紧密联系，分析解决当代中国社会发展中的现实问题，因而思政课要开拓创新、与时俱进，思政课教师要常讲常新、精益求精。首先树立创新意识，以学生的获得感为出发点，更新教学环境等。其次更新教学方法。思政课要根据新形势新特点，坚持以课堂教学为主、线上课堂与线下课堂相结合的方法，多采用研讨式、启发式、交互式的教学方法，注重理论联系实际，直面思政课教学重难点。最后更新教学载体。新时代是信息化、智能化、多元化的时代，教育领域也进入了"互联网+"时代，思政课教师学会运用现代教育技术是必备的教学素质。在思政课教学中，教师应充分运用现代教育技术手段，全面掌握教学资源，拓展教学空间，使教学内容不仅局限于学校、教材和课堂；突破单一的内容呈现形式，使教学内容更加丰富多彩、生动形象，教学内容呈现形式更加图文并茂、声情并举；师生的交往方式也更为快捷便利、及时有效。

（二）新时代加强思政课教师素养的重要意义

作为学校思政课的关键力量，思政课教师坚守立德树人的初心使命，全面系统开展马克思主义理论教育，积极引导学生树立正确的人生态度，在推动思政课守正创新、提升职业素养、培育中国特色社会主义好青年方面具有突出重要的意义。

其一，推动学校思政课守正创新。当前，人类已进入互联互通的"命运共同体"时代，世界经历深度变革，以互联网、大数据、云计算等为代表的现代科学技术正深刻改变着人类的思想和行为方式，机遇与挑战共存、合作与竞争共在，人类面临百年未有之大变局。目前，我国改革开放事业进入攻坚期，全面开启建设社会主义现代化国家新征程，正向着第二个百年目标奋力迈进。面对风云变幻的世界发展局势和国内改革攻坚战，新机遇新挑战共生并存，作为社会主义意识

①　习近平在全国高校思想政治工作会议上强调：把思想政治工作贯穿教育教学全过程开创我国高等教育事业发展新局面[N]．人民日报，2016-12-09．

形态教育的主渠道，思政课比以往任何历史时期都要更加注重发挥思想政治理论教育的主阵地作用。在这个主阵地上，教师是发动者、组织者和实施者，其综合素养直接关系着思政课的实效性和学生的获得感。

其二，提升思政课教师职业素养。习近平总书记指出："讲好思政课不容易，因为这个课要求高。"①思政课老师需要树立"终身学习"理念，虚心求教、总结教训、积累经验；以习近平总书记提出的"六要"标准严格要求自己，坚定马克思主义信仰，夯实专业基础理论，培养良好的道德情操，全面提升教学素质，成为可为、敢为、有为的马克思主义理论教育者。

其三，培育有理想、勇担当、能吃苦、肯奋斗的新时代好青年。在思政课教学中，教师（施教者）与学生（受教者）是基本要素。教师发挥主导作用，注重理论与现实相结合，以深厚的马克思主义理论素养，分析解决中国社会的现实问题，努力成为青年学生的知心人、热心人和引路人，让学生深刻感受到马克思主义理论的科学性和真理性，使学生逐步树立崇高的理想信念，形成科学的马克思主义世界观、人生观和价值观，把青春奋斗融入党和人民事业，让青春在全面建设社会主义现代化国家的生动实践中绽放光彩。

（三）新时代加强思政课教师素养的实现路径

习近平总书记关于加强思政课教师素养重要论述的实现路径，可总结为：坚持重点培养和全面发展相结合、坚持专业化与多元化相结合、坚持理论学习与实践锻炼相统一、坚持全面评价与重点激励相结合，不断提升新时代思政课教师素养。

其一，坚持重点培养和全面发展相结合，从质与量双维度探索提升新时代思政课教师素养的方法。一方面，树立榜样、突出典型、正形定心，在全国范围内推选出政治立场坚定、学术素养深厚、科研成果丰硕、教学能力突出的思政课教师，形成良好的示范效应。另一方面，壮大规模，配齐建强思政课教师队伍，吸纳相关学科的名师专家、党政干部和优秀辅导员，推动全国思政课教师队伍协同

① 习近平. 思政课是落实立德树人根本任务的关键课程[M]. 人民出版社, 2020: 10.

发展、凝心聚力。

其二，坚持专业化与多元化相结合，全面提升新时代思政课教师队伍的整体质量。一是重点培养专业化思政课教师队伍，提升其专业理论素养。正如《普通高等学校思想政治理论课教师队伍培养规划（2019—2023年）》所指出的，"实施马克思主义理论学科博士、硕士层次人才培养专项支持计划……推动马克思主义理论本、硕、博一体化人才培养"，培养高质量、专业化的思政课教师后备人才。二是倡导多元化发展，吸纳政治学、教育学、哲学、历史学等名师专家充实思政课教师队伍，深化学科交叉融合，全面提升思政课教学质量。

其三，坚持理论学习与实践锻炼相统一，拓宽新时代思政课教师素养培育路径。一方面，注重理论学习，引导思政课教师研学马克思主义经典原著，夯实马克思主义理论基本功。其原因在于，无论是"政治要强""情怀要深"还是"思维要新"，都必须牢固地建立在扎实的马克思主义理论认知的基础上。另一方面，注重实践锻炼，通过专题理论轮训、示范培训、项目资助、考察学习等形式多样的实践培训，深刻洞察新时代中国社会发展特征，全面提升思政课教师知识素养和能力素养。正如《新时代高等学校思想政治理论课教师队伍建设规定》指出的，高等学校应当拓宽思政课教师培训渠道，设立思政课教师研学基地，定期安排思政课教师实地了解中国改革发展成果，组织思政课教师实地考察和比较分析国内外经济社会发展状况，创造条件支持思政课教师到地方党政机关、企事业单位、基层等开展实践锻炼。

其四，坚持全面评价与重点激励相结合，推动形成全党全社会努力办好思政课的良好氛围。一方面，紧紧围绕着"政治关""师德关""业务关"来全面评价思政课教师，逐渐形成与思政课教师职业特点相匹配的评价标准。另一方面，充分运用项目培养、物质奖励、岗位任职、树立典范等激励机制，提升思政课教师的职业认同感、荣誉感和责任感。

三、习近平总书记关于思政课教师素养重要论述的价值

习近平总书记关于思政课教师素养的重要论述，敏锐地把握新时代新形势新

特征，系统阐述了新时代思政课教师素养的基本内容、重要意义和培育路径等重要课题，是马克思主义关于教育者重要论述在中国发展的最新成果，具有重要的理论和现实意义。

(一)是新时代马克思主义关于教育者相关论述的最新成果

习近平总书记关于思政课教师素养的重要论述，是马克思主义关于教育者相关论述在当代中国的最新成果。其一，丰富拓展了对新时代思政课教师素养的认识与要求。习近平总书记从民族复兴和教育发展的战略高度，着眼立德树人根本任务，守住意识形态的前沿阵地，从理想信念、道德人格、知识结构、创新思维、国际视野等诸多方面揭示思政课教师应具备的核心素养，且突出强调筑牢思政课教师信仰之基，对新时代思政课教师素养的认识和要求更具深刻性、全局性和战略性。其二，深刻回答了新时代思政课教师应具有什么素养、如何加强思政课教师素养等重要问题。习近平总书记紧紧围绕思政课立德树人的根本任务，结合学校思政课新形势和当代学生新特征新需求，深刻揭示新时代思政课教师素养的精神实质和培育路径，进一步彰显新时代思政课教师在马克思主义科学理论教育、培养社会主义建设者和接班人方面的崇高使命，进一步丰富发展了新时代马克思主义关于教育者的相关论述。

(二)是推动新时代思政课改革与创新的重要指南

习近平总书记关于思政课教师素养的重要论述，为推动新时代思政课改革创新提供了重要指南。其一，教师是思政课改革创新的重要支撑力量。习近平总书记指出，教师是思政课越办越好的关键。思政课教师应遵循"因事而化、因时而进、因势而新"的基本原则，坚持"乐为、敢为、有为"的精神，实现教研一体化，推动思政课改革创新。其二，思政课教师要坚持"八个相统一"，推进思政课高质量发展。在思政课教学中，教师要坚持政治性和学理性、价值性和知识性、建设性和批判性、理论性和实践性、统一性和多样性、主导性和主体性、灌输性和启发性、显性教育和隐性教育相统一的要求，适应"求新求变"的青年学生特点，注重"灵活教学、科技创新、智慧课堂"相结合，全面提高思政课的质量和水平。

（三）是加强新时代思政课教师队伍建设的基本依据

习近平总书记关于思政课教师素养的重要论述，是在新时代思政课教师队伍建设守正创新的基础上深刻总结而成的，为新时代思政课教师队伍建设提供了根本遵循。其一，指明了提升新时代思政课教师素养的基本方向。习近平总书记所指出的要让信仰坚定、学识渊博、理论功底深厚的教师来讲思政课，"努力做精于'传道授业解惑'的'经师'和'人师'的统一者"①以及思政课教师"六要"的素养要求等，为提升思政课教师素养指明了根本方向。其二，明确了新时代思政课教师队伍建设的着力点。习近平总书记从全面建设社会主义现代化国家和培育新时代好青年的战略高度，深入挖掘思政课教师的核心素养，基于此，我们应着力从重点培养和全面发展相结合、专业化与多元化相结合、理论学习与实践锻炼相统一、全面评价与重点激励相结合等路径，不断提升新时代思政课教师队伍的整体素质。

（四）是提升新时代思政课教师素养的根本遵循

习近平总书记关于思政课教师素养的重要论述，为进一步提升新时代思政课教师素养提供了根本遵循。其一，凸显教师在新时代思政课守正创新中的关键地位。习近平总书记首次从强化马克思主义意识形态教育、中国特色社会主义教育后继有人的高度，突出强调思政课教师的基础性、战略性地位。其二，彰显正确理想信念在思政课教师素养中的基础性地位，即习近平总书记所讲的"严把政治关"。对于思政课教师来讲，政治立场是第一位的，要发挥好政治引领和价值引领作用。只有教师高度认同马克思主义，才能讲得深、讲得透、讲得有底气，学生才有更多获得感，即"只有首先在思政课教师心中扎下根，才能在学生心中开花结果"②。其三，提升思政课教师的综合素质。适应新形势、解决新问题，习

---

① 习近平在中国人民大学考察时强调：坚持党的领导传承红色基因扎根中国大地　走出一条建设中国特色世界一流大学新路[N]．人民日报，2022-04-26．

② 习近平．思政课是落实立德树人根本任务的关键课程[M]．人民出版社，2020：12．

近平总书记从多重维度深刻总结思政课教师的综合素质，对新时代思政课教师寄予更殷切的期望，提出更全面的要求，深刻体现出以习近平同志为核心的党中央对中国特色社会主义教育事业发展、保证党和人民的事业后继有人的拳拳之心和殷切期盼。

关于强化高校思政课程引领课程思政建设的思考

张 洁

浙江同济科技职业学院

摘要：思政课程作为立德树人的主要阵地，与课程思政既是同向同行、协同育人的关系，更是引领、指导、支持的关系，具有思想价值引领、理论知识引领、思政人才引领作用，对课程思政建设具有重要意义。但目前各高校思政课程对课程思政建设的引领作用重视不够，存在角色缺位、理论融入度不够、内容单一等问题，造成思政课程引领作用发挥不足。因此，思政课程要主动发挥作用，以师资为关键，提升思政课教师引领课程思政建设的意识与能力；以过程为导向，创新课程思政教学方法；以理论为抓手，完善课程思政资源体系建设；加强两者之间合作共融，实现同向同行、协同育人。

关键词：思政课程；课程思政；引领

2020年教育部印发的《高等学校课程思政建设指导纲要》（以下简称《纲要》）提出，要"把思想政治教育贯穿人才培养体系，全面推进高校课程思政建设，发挥好每门课程的育人作用，提高高校人才培养质量"，"结合不同课程特点、思维方法和价值理念，挖掘课程思政元素"，"使各类课程与思政课程同向同行"。课程思政不是具体的某一门课程或某一类教学活动，它要求每一位教师和每一门课程都应承担育人责任，强调将思政教育融入各类课程教学各个环节，让所有课程都种好"责任田"，使课程思政与思政课程同向同行、协同育人。思政课程作为立德树人的主要阵地，发挥着思想政治教育"主渠道"的作用。课程思政是贯彻习近平新时代中国特色社会主义思想，落实"立德树人、铸魂育人"根本任务，不断推进理念创新和实践创新，培养全面发展的有责任、有担当的社会主义建设者和接班人的重要途径。因此，思政课程既与课程思政是同向同行的关系，更是引领、指导、支持课程思政建设的关系，在课程思政建设过程中发挥着重要的引领作用。

一、高校思政课程引领课程思政的重要性

高校思政课程之所以要引领、能引领课程思政建设是由其内在特点所决定的，主要表现为思想价值引领、理论知识引领、思政人才引领，为课程思政建设提供指导与支持。

（一）思想价值引领，为课程思政建设提供方向保障

"培养什么人、怎样培养人、为谁培养人"是教育的根本问题，立德树人成效是检验高校一切工作的根本标准。思想政治教育是高校进行价值培养、知识教育、能力培养的重要途径，思想政治理论课以学生的理想信念教育为核心，涵养学生高尚情操为基础，实现学生全面发展为目标，是高校实现育人目标的"主渠道"。充分发挥思政课程对课程思政的引领作用，具有重要的价值逻辑。从高校巩固马克思主义鲜明底色的角度来看，思政课程是强化学生对马克思主义科学真理认识的主要渠道，是帮助学生树立科学唯物史观，形成正确世界观、人生观、价值观的主干课程。而课程思政是将思政课程所包含的精神追求、价值理念等思政元素充分融入各类专业课程中去，从而达到同向同行的效果。在课程思政建设过程中，充分发挥思政课的政治引领作用，才能巩固好马克思主义意识形态在高校思想前沿阵地的地位，保障各类专业课真正实现教书和育人的统一，共同培养马克思主义坚定信仰者、传播者和践行者的新时代人才。

此外，从新时代高校教育理念革新的角度来说，高校立德树人和协同育人的过程中，思政课是"主渠道"，处于贯通全局和全程的地位，其他各类课程处于

"一段渠"和"责任田"的地位，这就要求必须充分加强和发挥好思政课程对推进课程思政建设的引领作用，在深入挖掘各类课程思政元素的基础上，把"思政之盐"融入各类课程中，让学生在知识学习、技能提升的过程中，更深层次地将爱国情、报国志融入中华民族伟大复兴的征程中，才能培养德才兼备、全面发展的社会主义建设者和接班人。

（二）理论知识引领，为课程思政建设提供理论武装

马克思在《德意志意识形态》中指出："只有在共同体中，个人才能获得全面发展其才能的手段，也就是说，只有在共同体中才可能有个人自由。"①马克思主义的全面发展理论对人的发展做出了科学回答，对新时代高校人才培养质量提出了新要求。新时代高校人才培养目标不仅要求有真学问、真本领，更要有坚定的信仰、正确的价值、美好的道德等。课程思政以学生全面发展为指导，充分发挥不同课程优势，为课程思政建设提供理论武装，有助于推动人才培养质量的提升。此外，从马克思主义系统观的角度来看，思政课和各类专业课是高校教育的不同形态，思政课侧重于系统地向学生传播马克思主义理论知识，课程思政是在马克思主义系统观的指引下，把思政课的德育与专业课的育才有机结合起来，从而促进高校人才培养质量提质增效。

（三）思政人才引领，为课程思政建设提供专业力量支持

课程思政建设工作成效如何，关键要看思政课对课程思政的引领、指导、支持作用发挥得如何。思政课教师是思想政治教育的教育主体之一，应更多介入思政课程中，为课程思政提供专业人才支持。从构建课程思政育人体系来看，思想政治理论课是全面贯彻落实党的方针政策，落实高校立德树人的关键课程，以立德树人为主线，在准确把握和分析各类课程特点和性质的基础上，明确各类课程的育人侧重点，以思政课程为核心，以思政人才为引领，指导课程思政从教材体系走向教学体系的优化，实现课程思政的落地生根。从优质育人资源的挖掘来看，思政课教师能

---

① 马克思恩格斯选集(第 1 卷)［M］. 人民出版社，2012：199.

有效指导和支持课程思政建设，例如越来越多的思政课教师在实践教学中发挥作用，将思政元素愈加深入地融入课堂教学和课外教学中去，形成第一课堂和第二课堂合力育人局面，有效利用各类红色基因场馆、思政教育基地等，积极引导学生自主参与、体验感悟，深入开展社会实践、志愿服务、创新创业活动等，不断拓展课程思政教学新途径，有效推动了课程思政建设工作的展开。

二、高校思政课程引领课程思政建设的不足分析

育人工作是一项系统工程，需要各个主体、资源、环节的相互支持、协同发力，但是，目前各高校在思政课程与课程思政的研究理论和实践方面仍存在"两张皮"现象，课程思政有明显的滞后感、脱离感，课程思政建设缺少思政课程的引领、指导和支持，究其原因主要在于课程思政建设缺乏人才、理论、资源的支撑，思政课程的引领效用未得到充分发挥。

(一)思政课教师引领课程思政建设的角色缺位

思政课程是引领课程思政建设的源头活水，但是思政课教师在新时代课程思政建设的引领地位尚未得到足够重视，加上其他课程的教师思政素养不足而难以实现把知识传授与价值引领相统一，尤其是一些专业课程教师对思政教育方面的认识不足、意识不强，他们往往只负责传授专业知识，或者简单地挖掘一些思政元素，甚至有人认为课程思政加重了课程负担，在这种观念影响下，他们的课堂教学活动无法真正融入价值观指导，从而在课堂教学过程中出现知识传授与价值传播割裂现象，弱化甚至忽略了课程所应具有的思政价值。这种不足的症结在于缺乏思政人才的支撑，其中与思政课教师对课程思政引领的意识不到位、在课程思政建设中的角色缺位有关，造成思政课教师对课程思政建设的引领、指导、支持的作用没有很好地发挥出来。

(二)思政课程引领课程思政建设的理论融入度不够

马克思认为："人的本质不是单个人所固有的抽象物，在其现实性上，它是

一切社会关系的总和。"①随着马克思主义系统观的不断发展和完善，其逐步被运用到多学科的研究中去，成为推动不同学科、教育主题协同育人的重要理论依据。思政课程以思想政治理论各门必修课程为主要载体，侧重于马克思主义理论知识的传播，以培养学生高尚的道德情操和正确的价值观念为目标，具有鲜明的"道德教育"功能，是一种强大的思想资源。而"课程的思想资源，是课程资源中最为核心的要素，指的是影响和参与课程活动各类人员所具有的思想观念"②。但是课程思政更加侧重于专业理论知识的学习，教学目标是培养某一专业领域学生解决实际问题的能力，其更多地承担知识培养任务和实践锻炼任务，这就必然出现理论融入广度和深度的问题。如何把思想政治理论课强调的马克思主义理论、思想政治教育的理论知识有机地融入、渗透到专业课教育中也就成为一个较为困难的问题，也是在开展"协同育人"过程中必须思考的现实难题。

（三）思政课程挖掘课程思政建设的内容单一

思想政治理论课包含思想道德与法治、毛泽东思想和中国特色社会主义理论体系概论、马克思主义基本原理概论、习近平新时代中国特色社会主义思想概论、中国近代史纲要、形势与政策等必修课程，所传递的理论知识和精神价值极其丰富，为课程思政建设提供了丰富的资源供给。而"挖掘什么资源——如何挖掘资源——如何激发资源的思想政治教育效果"这一思维路向，构成了课程思政中思想政治教育资源挖掘的问题逻辑。③ 这种问题逻辑在当前的其他专业课思政元素的挖掘上表现得更加直观，目前有些思政课教师参与的协助其他专业课教师所能挖掘的思政元素和资源有一定的局限性，比如大多停留于"职业道德"层面，如工匠精神、团结精神等，课程特色不明显，内容挖掘较单一，这显然不足以支撑思政课程所要传递的比较完整的价值理念，无论是从文化挖掘和精神培育上都

① 马克思恩格斯选集(第 1 卷)[M]. 人民出版社，2012：139.
② 范兆雄. 课程资源系统分析[J]. 西北师大学报(社会科学版)，2002(3)：101-105.
③ 卢黎歌，吴凯丽. 课程思政中思想政治教育资源挖掘的三重逻辑[J]. 思想教育研究，2020(5)：74.

显得比较单薄，这种内容单一的现象与思政课程的引领作用发挥不足有着直接关系。

三、高校思政课程引领课程思政建设的强化策略

（一）以师资为关键，提升教师引领课程思政建设的意识与能力

全面推进课程思政建设，教师是关键。思政课程的教师要更多地发挥作用，通过充分发挥思政课教师的引领作用，来加强专业课教师的课程思政能力。一是聚焦能力培养，在思政课教师参与的情况下，引领专业课教师开展对专业课程中所蕴含的思政元素的挖掘和运用，从思政教学视角对这些元素进行审核，引导教师提升思想政治理论修养和思政教学能力，增强对习近平新时代中国特色社会主义思想、优秀传统文化等的认识，实现对各专业课程中所蕴含的育人资源的有效调动。二是重视教学过程之间的合作，打造思政课教师和专业课教师之间的协同育人机制，通过对话交流平台，实现各种教育活动的充分合作。例如通过思政课教师与专业课教师常态化集体备课或者是共建教学资源的方式，实现教学过程的合作，建立相互听课机制，或思政课教师主动走到各专业院系中，帮助专业课老师丰富思政知识，进行课程思政教学的备课工作，通过相互交流和学习实现优势互补，共同提升，充分发挥思政教育的引领、指导作用。三是开展教研或科研合作。采用项目研究的方式带动双方的对话，通过成立互助小组推动协同育人机制的运行，实现对资源的有效挖掘和运用。

（二）以理论为抓手，完善课程思政资源体系建设

以思想政治理论为引领，积极打造课程思政资源体系，形成资源矩阵，充分发挥思想政治教育理论引领作用，推动思政课程与课程思政"明线""暗线"的有机融合，发挥育人效用。一方面各高校要结合地方省情省史，在思想政治理论指引下，开发具有特色的课程教材资源，让理论知识扎根于中华大地，激发学生的

民族意识与爱国情怀。同时要讲好用好"马工程"重点教材，充分发挥思政课教材的理论引领作用，明确政治方向引领。比如带领学生参加岗位实习时，将中国特色社会主义、中国梦、社会主义现代化建设等理论在中国的伟大实践融入学生教育中，让学生在知识技能学习的过程中完成思想行为认同的内在转化。另一方面各高校应完善课程思政资源建设，以思政理论为依据，建设一批提高大学生思想政治理论素养、道德修养、人文素质、科学精神、宪法法治意识、国家安全意识和认知能力的优秀教学资源课程，注重在潜移默化中坚定学生理想信念、厚植爱国主义情怀、加强品德修养、增长知识见识、培养奋斗精神，提升学生综合素质；增强思政课程与课程思政的理论融合深度与广度，从显性教育与隐性教育结合中实现思政课程与课程思政的同向同行。

（三）以过程为导向，创新课程思政教学方法

课程思政是一种全新的教育理念，不应只立足课堂或者课外实践，而应将"三全育人"理念融入到课程思政建设中去，以思政课程为宏观引领，在教学过程中带动和支持课程思政教学创新，以马克思主义理论宏观引领专业课程进一步标准化、数据化、规范化，并运用马克思主义基本理论、中国特色社会主义理论多维度测评学生课程内容掌握情况、个人能力提升情况、行为规范改变情况、思想认识提高情况，形成更加完善的测评体系。例如在大学生创新创业课程上，专业课教师除了讲授创新、创业理论知识，列举丰富创业案例外，还可以在课堂设计中加入科技强国、创新型国家建设等理论，提高学生思想站位，并在结果测评中增加学生的行为反馈（参与就业创业比赛、思政微课比赛等）、思想反馈等，通过融入式、嵌入式、渗透式的隐性教育方式，将思政课程隐性教育作用从课堂内走向课堂外。

课程思政建设是新时代教育改革发展的重要举措，为实现"立德树人、铸魂育人"目标提供了坚实的实践支撑，在习近平新时代中国特色社会主义思想的指导下，各高校应充分发挥思政课程的重要引领作用，努力打通专业教育和思政教育深度融合的"最后一公里"，使"思政课程"与"课程思政"全面协同、融合发力、

协同育人。

参考文献

［1］张瑞芳，徐鹏杰. 新时代高校思政课程引领课程思政建设的逻辑理路［J］. 教育理论与实践，2022，42（6）：44-47.

［2］卢黎歌，吴凯丽. 课程思政中思想政治教育资源挖掘的三重逻辑［J］. 思想教育研究，2020（5）：74.

［3］范兆雄. 课程资源系统分析［J］. 西北师大学报（社会科学版），2002（3）：101-105.

［4］任敏. 把思政元素融入专业课堂［N］. 北京日报，2019-04-15.

系统思维视角下高校专业课教师与思政课教师协同育人机制探究

余杭佳

杭州电子科技大学马克思主义学院

摘要：系统思维具有整体性、关联性、多元性等系统性特征。当前高校专业课教师和思政课教师协同育人机制建设工作因缺乏统筹规划的系统思维，面临协同育人理念缺乏整体性、协同育人资源缺乏关联性、协同育人方法缺少多元性等诸多现实困境。因此，在系统思维的科学指导下，通过构建统筹的理念引导机制、左右联动的资源整合机制、多元化的平台建构机制，可以有效促进高校专业课教师和思政课教师协同育人，从而推动课程思政与思政课程同向同行，实现立德树人效能的最优化。

关键词：专业课教师；思政课教师；协同育人；机制；系统思维

"培养什么人、怎样培养人、为谁培养人"是教育的根本问题，立德树人成效是检验高校一切工作的根本标准。落实立德树人根本任务，既要发挥"思政课程"的主渠道作用，又要发挥"课程思政"的育人功能，使课程思政与思政课程同向同行，形成协同效应。专业课教师与思政课教师作为育人的主体，加强二者的协同育人，是确保立德树人根本任务落实的基础与关键。在"大思政"背景下，各个高校都在踊跃开展课程思政建设，但在试行和探索过程中也存在诸多问题，为此我们要系统全面地加以梳理，以思政课程为引领，运用系统思维构建专业课教师与思政课教师协同育人机制，形成"课程思政"与"思政课程"协同育人、同向同行的"三全育人"新格局。

一、系统思维视域下高校专业课教师与思政课教师协同育人机制的价值意蕴

协同思想由来已久，系统的协同理论最早起源于 20 世纪 70 年代初联邦德国著名的理论物理学家赫尔曼·哈肯创立的协同学，"主要研究各种不同的系统如何通过自组织的形式形成某种稳定性，以及各组织之间如何通过协同合作形成宏观有序的时空结构的机理和规律"①。育人即对教育对象进行德智体美劳各方面的培养，促进受教育者全面协调发展。育人本质在于思想价值引领，各课程都要抓住这一主线，发挥各自的育人功能。协同育人的理念以协同理论为基础，是协同学在教育领域的创新运用，并为教育的发展开拓了新的实践方式。

系统是由相互作用和相互依赖的若干组成部分组合成的具有特定功能的有机整体，系统论的创始人贝塔朗菲将系统定义为"相互作用的诸要素的复合体"②。系统思维的核心要义是从整体上把握对象，把对象放在普遍联系的系统中来把握，以此促进系统成为互促互进的有机整体。因此，在"大思政"背景下，系统思维方式为构建高校专业课教师和思政课教师协同育人机制提供了理论基础。

从系统思维角度看，专业课教师与思政课教师作为大系统构建的组织者和管理者，二者是否目标统一、步调一致、相互促进，形成育人的合力，对于课程思政育人目标的实现具有十分重要的现实意义。

(一)落实立德树人根本任务的应有之义

高校是立德树人的主阵地，要注重营造良好的育人环境和氛围，形成立体、全面的育人格局。教师作为立德树人的引路人，必须始终秉持育人为本、德育为先的理念。无论是专业课教师还是思政课教师都要将"立德"贯穿教学的始终，

---

① 叶琳. 协同创新视域下高校人才培养研究[M]. 中国水利水电出版社，2018：57.
② 乌杰. 系统哲学基本原理[M]. 人民出版社，2014：81.

发挥课程"树人"的作用。

一方面，思政课程是落实立德树人的关键课程。思政课程承担着主要职责，发挥主渠道作用，按照集中、系统的教学安排，对学生进行世界观、人生观、价值观、政治观、道德观等内容的教育。另一方面，专业课程内在蕴含着立德树人的知识元素。这类课程主要是根据学科和专业的性质进行设置，在深入挖掘专业课程内部思政元素的基础上，在向学生传授专业理论、专业技能和专业价值的过程中，承担着渗透和实现思想政治教育、价值观引领和人文精神激励的功能的使命。例如，军事类高校，军事类专业设置、国防史等军事类思政资源挖掘成为突出的特色，这是综合性高校和其他行业特色高校不具备的优势。在系统思维视角下，尽管思政课程和课程思政在功能定位和教学方法上存在差异，但在育人目标上都指向立德树人，二者协同的逻辑起点和逻辑终点是一致的。因此，促进专业课教师和思政课教师协同育人，是实现立德树人的重要保障。

(二)实现教书和育人有机统一的必然选择

苏联著名教育家苏霍姆林斯基反对将"教书"和"育人"相割裂，痛斥把知识教成"冷冰冰的真理"。因此，为避免现实教学中知识传授与价值引领相脱节，就要发挥教师的教育主导作用，使各有教育侧重的专业课教师与思政课教师协同育人，相互取长补短，从而真正做到教书与育人的高度统一。

一方面，失去价值引领的知识传授缺少依托。习近平总书记在参加中国人民大学师生代表座谈会时，提出教师要做"'经师'和'人师'的统一者"[1]。教师教学最重要的是进行价值观的正确引导，因为传授的知识可能会被学生遗忘，但交给学生为人处世的道理却让学生终身难忘，一辈子受益。所以，以价值观和道德标准作为知识传授的依据，才能发挥出知识的无穷力量。另一方面，离开知识传授的价值引领缺乏支撑。对学生进行正确的价值观教育，要以科学知识为基础，让知识的真理性为价值观引导提供客观可感的依据和支撑，使抽象的价值观念、思想观点变得具体生动，这样学生才能更容易接受，从而进一步形成自身内在的

---

[1] 习近平在中国人民大学考察时强调：坚持党的领导传承红色基因扎根中国大地　走出一条建设中国特色世界一流大学新路[N].人民日报，2022-04-26.

价值观，进而指导实践。总之，知识传授和价值引领是缺一不可的，二者相互促进，相互渗透，如同一鸟之双翼，相互依赖。

（三）促进大学生自由全面发展的内在需要

人的全面发展理论是马克思主义关于人的未来发展状态的价值追求。新时代的大学生正处于人生成长的关键期，价值观塑造尚未形成，亟须正确引导。这就需要高校落实课程思政，发挥专业课教师和思政课教师的协同育人作用，助力大学生成长成才。专业课教师和思政课教师协同育人，站在提升大学生综合素质和能力的高度，双管齐下提升大学生的综合竞争力，为大学生更好地融入社会奠定坚实基础。

同时，人的全面发展还包括个体的个性发展，其中不仅包括基本的物质需要，还包括更高层次的精神需要和自我价值实现的需要。高校在注重对大学生专业知识、能力培育的同时，也要更加重视大学生精神世界的需要。在课程思政的实施下，专业课教师对学生的主体性认识更加深刻，更加尊重学生的差异性和特殊性，用思想政治教育的智慧关怀学生，增进与学生的交流，成为学生的良师益友，促进教育事业的发展和社会的进步。总之，在高校教育中，开展专业课教师与思政课教师协同育人，对于引导学生更好地适应社会从而成为推动社会发展的建设者和接班人意义重大。

二、高校专业课教师与思政课教师协同育人机制构建的现实困境

在系统思维指导下，构建高校专业课教师和思政课教师协同育人机制，必须首先了解当前协同育人机制存在的问题。通过对高校课程思政的文献梳理，我们发现高校专业课教师和思政课教师协同育人机制主要存在以下几个问题。

（一）协同育人理念欠缺整体性

协同育人理念欠缺整体性，体现在缺乏系统性统筹和顶层设计。高校专业课教师和思政课教师协同育人机制构建离不开对协同理念进行系统规划，目前，同

向同行、协同育人理念并没有系统体现在高校课程思政建设的整体规划中。从学校层面看，没有完全树立起"三全育人"的课程思政理念。一些高校还存在着重智育轻德育、重专业知识技能轻人文社科知识和素养、重知识传授轻价值引领等问题。

从教师层面看，主要存在育人意识和能力薄弱问题。其一，专业课教师缺乏思想政治教育相关理论知识。挖掘思政元素以及进行价值引导要求教师具备一定的马克思主义理论和思想政治教育素养，然而部分专业课教师由于科研和教学等工作压力，忽视了对思想政治教育相关理论的学习，这就导致教师缺乏相应思政理论知识无法完成寓思政教育于专业教学之中的育人任务，从而制约课程思政工作的开展。其二，专业课教师尚未深入贯彻课程思政理念。习近平总书记提出，办好中国特色社会主义大学，要坚持立德树人，把培育和践行社会主义核心价值观融入教书育人全过程。然而，各高校很多专业课教师并没有深刻认识到自身担负的育人使命，在思想政治教育建设上不能正确认识专业知识学习和价值引领的重要关系，认为传授思政方面的知识与自身毫无关联，这些都是思政课教师与辅导员的工作，学生的德育培养仅仅是思政课教师的职责，远离时事，不问政治，致使只"教书"不"育人"，只"授业"不"解惑"的状况一直存在。其三，许多思政课教师只关注知识传授，缺乏与专业课教师协同育人的意识。在实际的思政课教学中，思政课教师认为只要完成政治理论知识的传授即可，不关心学生专业学习情况，不与专业课教师沟通成为普遍现象，这就导致理论与实践脱节，弱化育人效果。由于理念和认知上的缺乏，学校没有形成协同育人机制，专业课教师和思政课教师没有形成合力，导致大学生思想政治教育未能达到预期效果。

（二）协同育人资源缺乏关联性

系统内部各要素之间是一种相互关联又相互制约的关系。系统内部各要素只有通过关联性结合在一起，才能真正形成一个特定性能的系统。当前，在高校课程思政建设过程中，课程思政资源与思政课程资源分散、教师资源缺乏贯通，割裂了课程思政与思政课程之间的关联性和衔接性，影响了专业课教师和思政课教师协同育人的效果。

其一，课程资源缺乏关联性。各门课程没有充分挖掘思政资源。虽然有的专业课也发挥了育人功能，但都是无意识的、自发的、零散的，没有形成有组织的自觉的行为，没有形成合力。首先，课程教学存在"课程"+"思政课"两张皮现象。课程思政要求将思政元素有机融入课程教学中，达到"溶盐于汤"的效果。目前来看，部分教师在课程设计以及授课过程中达不到预期状态，把课程思政异化成"课程"+"思政课"，将思政知识硬性加入课程教学中，把专业课上成了思政课，使得思政走向了泛化。① 其次，课程思政缺乏一体化建设。在推进课程思政建设过程中，大多是专业课教师个体从所讲授的课程中挖掘思政元素，融入价值引领；专业负责人未能有效整合自己所负责专业的所有课程，进而重点地挖掘思政元素；学科负责人也未能站在学科高度上有效动员教师挖掘和梳理学科范围内各专业及其课程所包含的思政元素，不能合理统筹不同思政元素在不同课程中的讲授，课程思政建设未能实现"课程—专业—学科"一体化建设。

其二，教师资源缺乏关联性。目前高校基本上是按照专业类别对教师实施管理，专业课教师和思政课教师分属不同部门，横向沟通和交流比较少，这就导致专业课和思政课教学资源缺乏整合。虽然课程思政理念提出后各高校都在不断倡导协同育人理念，但是思政课教师与专业课教师"各行其是"现象仍然普遍存在，专业课教师和思政课教师没有团结协作、同向同行，因此课程育人便无法真正实现。

系统思维启示我们只有让要素基于共同目标建立起关联，才能让系统发挥出单一要素所不具备的功能，实现更好的协同效应。在高校课程思政建设过程中，要把握协同育人机制系统中各要素之间的相互关系，注重加强各类课程之间的关联性，逐步解决各类专业课程与思政课程分离以及专业课教师和思政课教师交流沟通和资源共享的问题。在发挥思政课程关键作用的同时，充分发掘和运用好专业课程蕴含的思想政治教育资源，实现专业课教师和思政课教师的协同育人。

---

① 郭根. 高校课程思政建设的理论内涵、实践偏差与经验检视[J]. 国家教育行政学院学报，2023(6)：52-60.

（三）协同育人方法缺少多元性

系统思维具有多元性的根本特性。多元化的协同育人方法机制是高校专业课教师和思政课教师协同育人机制的重要子系统。但由于高校协同育人还处于探索初期，实践经验比较欠缺，尚未形成系统完善的课程思政理念，所以专业课教师和思政课教师协同育人方法还比较单一和陈旧。

其一，教师教书育人模式单一。无论是专业课教师还是思政课教师，基本上都是采取单向灌输的方法，缺少与学生的交流和互动。这种传统的教育方法无法调动学生学习的积极性和主动性，教育效果大打折扣。尤其在数字化、智能化发展迅速的新时代，充分利用好信息化平台资源对于高校育德育才具有深远意义。然而思政课教师一般采取在课堂上传授理论知识，受条件限制，社会实践少之又少，没有做到理论知识和实践运用的有机统一。专业课教师在传授专业知识的同时渗透开展思想政治教育，也局限于第一课堂，没有充分发挥专业实习"第二课堂"的育人功能。因此，课堂教育单一的渠道大大束缚了思想政治教育的开展，影响了立德树人的效果。

其二，专业课教师与思政课教师沟通平台单一。目前专业课教师和思政课教师之间一般是通过座谈会的方式进行简单的信息交流，具体而深入的沟通机会和平台很少，因此难以全面了解和掌握学生的思想状况，也难以探讨出协同育人的有效方法。同时各职能部门也没有进行很好的联动协作，缺乏线下线上交流，缺少在线协同作业的网络交互工具，不同部门间横向和纵向信息的融会贯通成为纸上谈兵，这不利于专业课教师和思政课教师彼此深入理解和认同。

三、系统构建高校专业课教师与思政课教师协同育人机制

在系统思维的指导下，各要素的功能和作用得以有效发挥，实现整体大于部分的系统功能。高校在建构协同系统过程中，要在诸多制约条件中找准协同主体、资源和平台这三个实践要点，用核心要素架构起协同系统。

（一）统筹的协同理念引导机制

系统具有整体性特征，只有当系统内部的各个要素相互配合组成一个系统时，系统的整体性能才能得以发挥。协同理念引导机制作为高校专业课教师和思政课教师协同育人机制大系统中的重要子系统，要构建协同育人机制，就要抛弃单向度思维，对协同理念引导机制这个子系统中的各要素进行统筹规划。立德树人是高校根本任务，也是高校立身之本。因此，高校要充分认识大学生思想政教育中协同育人的重要性，充分发挥教师的主力军作用。

其一，不断提升专业课教师的马克思主义理论素养。具备一定的马克思主义理论素养，掌握一定的思想政治教育方法，是教师推进课程思政工作的前提和基础。高校可以依托线上和线下各类培训平台对教师进行马克思主义理论培训，不断提升教师理论素养。同时教师自身在空余时间也要强化理论学习，深入贯彻学习领悟习近平总书记关于教育的重要论述，掌握开展思想政治教育的方式方法，确保课程思政建设落地落实、见功见效。

其二，专业课教师需树立育德育才思想观念。高校所有教师都担负着育人使命，专业课教师需要进一步强化育人意识，转变思想观念。在新时代，做好大学生思想政治教育工作不单单是思政课教师和政工干部的任务，而是需要各类教师相互配合、同心协力，要教书，更要育人；要传道授业，更要解惑，不断强化学生对党的理论的认同和践行，提升大学生的思想道德水平和思想政治觉悟。

其三，加强专业课教师与思政课教师的沟通交流。专业课教师大都精于自身的专业领域，对思政教育的理论和方法不够了解，如何充分挖掘和利用好专业课程中的思政资源，需要专业课教师与思政课教师在强化交流过程中了解并掌握思政教育特有的育人价值导向，熟悉并遵循思政学科的教学规律和方式方法，以此提升专业课教师的思政素养。但在特色行业高校，如果思政课教师对该类学校的建校背景、行业特色及专业领域不熟悉，就无法将各个专业领域的特点与思政教育有机融合，育人目标也难以达成。这就要求思政课教师在实施教育活动前对接专业课程教师，汲取行业类专业课程中的思政元素，结合专业特点进行教学，不断拓展思政教育的路径，以此提高思政课的育人针对性和时效性，从而达到思政教育价值的最大化。

(二)左右联动的资源整合机制

系统内的各部分之间是相互关联的。同一系统的不同元素之间按一定方式相互联系、相互作用，不可能把系统划分为若干彼此孤立的部分。构建高校专业课教师和思政课教师协同育人机制应加强课程资源和师资力量之间的关联性。

一方面，强化课程建设"主战场"。首先，课程教学要实现"溶盐于汤"的效果，就需要在专业课中讲出思政味，在课程教学中要根据每门课程的知识和特点把职业理想、家国情怀、人类关怀等思政元素潜移默化地融入其中，如同把思政这把"盐"溶解到课程这碗"汤"中，以实现价值引领。① 其次，加强"课程—专业—学科"课程思政一体化建设。每个专业包含不同课程，但存在不同专业课教师在不同课程中挖掘的思政元素是雷同的甚至完全相同的现象，这就需要专业负责人站在专业层面从整体上统筹各门课程的思政元素融入点，更需要学科负责人从学科层面统筹各个专业及其所开设课程，科学设计，把思政元素合理分布到各门课程中，实现专业课程的精准嵌入。

另一方面，抓住师资队伍"主力军"。高校课程思政的建设关键在教师，教师对课程思政的认同度直接关系着协同育人机制的实现程度。高校可以通过新上岗教师培训、督导听课评价、教学竞赛评比等环节加强教师协同育人意识，打破教师"各自为战"的处境，实现全员育人的思想政治工作格局。同时，加大经费投入，开展全校性、学科性、专业性等多层次、立体化的培训活动，为教师提供优质的教学资源。高校立德树人使命的完成需要高校各科教师"守好一段渠"，相互配合，挖掘思想政治教育资源，发挥协同育人作用。各科教师之间的关系越协调，育人机制系统的整体性功能体现得越明显。在系统思维视域下，各高校应以系统思维的协同性为指导，对各个学科的教师资源聚集整合，创建多学科背景协同合作的师资队伍，形成专业课教师与思政课教师同向发力的协同育人长效机

---

① 姜涛，孙玉娟. 高校课程思政建设存在的问题与对策探讨[J]. 学校党建与思想教育，2022(20)：44-46.

制，实现专业课教师与思政课教师共挑"思政担"，最终实现课程思政与思政课程相互促进、交相呼应的效果，共同为立德树人服务。

（三）多元化的平台建构机制

系统由多个元素组成，多元性是系统的根本特征之一。构建多维度的平台建构机制，有利于系统整体性功能的发挥，促进高校专业课教师和思政课教师协同育人机制的构建。

第一，创新授课模式，协同第一课堂和第二课堂。第一课堂和第二课堂在育人重心和育人方式上存在差异：第一课堂重结果，以系统性、理论性知识旗帜鲜明地告诉学生课程目标，并以单一的评价标准测量育人结果；第二课堂重过程，以特色化活动让学生在课外活动中学习、感悟和成长，其测量标准是多样的。尽管如此，两种课堂有着高度统一的育人目标。两课堂如何相互补充、衔接，影响协同育人目标的实现程度。此外，协同学校、学院和实习单位，打通知识运用和场域局限的阻隔是实现协同育人的重要基础。校外实验实习活动本身就是一门真实感十足的思政课程，学生在这个过程中会刷新对专业课程和思政课程的认知，也会明白课程思政和思政课程协同推进的深刻意义。

第二，拓宽沟通渠道，构建全方位信息交流平台。专业课教师同思政课教师沟通畅通与否需要全校所有职能部门的协商与协作。学校组织部、宣传部、统战部、人事处、财务处、教务处、科技处等党政部门和各院系要结合自身职能，提升思想政治理论课建设协同管理能力，将整体性和系统性思维贯穿构建高校"协同育人"共同体的全过程。例如教务处要协调马院与其他学院在课程建设上的联动，与社科处做好相关学科建设、项目支撑等方面的沟通合作；学生处应与各二级教学单位建立密切联系，及时推进学生思想反馈与各学科教学工作的有效调整。此外，要适应互联网时代的工作机制，积极发展线下线上交流及信息化建设，通过在线协同作业的网络交互工具，分享教学案例、工作经验、感悟反思等，实现不同部门间横向和纵向信息流的融会贯通，以此增进对彼此的认识和理解，促进各方主体价值目标的统一。

四、结　语

　　"课程思政"的提出是对新时代思想政治教育理念和实践的创新发展，今后还有很长的路要走。在"课程思政"建设中，需要高校提高站位，整体规划，创新思路，特别是要发挥教师主力军作用，构建专业课教师与思政课教师同向同行、协同育人的新格局。教师在实际的授课过程中，仅仅靠简单的理论灌输以及功利化的实践是远远不够的，必须坚持马克思主义的科学方法论，强化政治引领、落实主体责任、创新协作机制、统筹各类资源，在多方协同育人系统中实现立德树人的融通互构、彼此支撑、相得益彰，以新视角、新理念、新思维增强课程思政工作的实效性，让思政理念深化教学，教学构筑精神之基，实现课程思政实效最优化，努力培养德智体美劳全面发展的社会主义建设者和接班人。

中篇

生成逻辑：案例经验

立德树人背景下思政课程与课程思政的协同育人研究

——以高职物流管理专业为例

赵效萍

台州科技职业学院马克思主义学院

摘要：立德树人是高等教育的根本任务。本文以高职物流管理专业为例，依据系统理论，从高职物流专业思政课程与课程思政协同育人存在的系统问题出发，分析立德树人背景下思政课程与课程思政协同育人的系统架构，探索推进思政课程与课程思政"三进三融"协同育人模式的实践进路，为高职院校推进思政课程和课程思政改革，提升立德树人育人实效，实现高质量发展提供创新范式。

关键词：立德树人；系统论；思政课程；课程思政；系统育人

2016年习近平总书记在全国高校思想政治工作会议上指出："要坚持把立德树人作为中心环节，把思想政治工作贯穿教育教学全过程……要用好课堂教学这个主渠道……使各类课程与思想政治理论课同向同行，形成协同效应。"①2018年5月2日，习近平总书记在北京大学建校120周年之际视察了北大，明确提出了高等教育的"一个根本任务"，即培养德智体美全面发展的社会主义建设者和接班人，以及"两个重要标准"，即把立德树人的成效作为检验学校一切工作的

---

① 习近平谈治国理政(第二卷)[M]．外文出版社，2017：376-378．

根本标准，把师德师风作为评价教师队伍建设的第一标准。高等学校的根本任务就是培养人，办学的根本标准就是立德树人的成效。近年来，围绕立德树人这一目标和根本标准，思政课程和课程思政均开展了各自的改革与创新，并取得一定的成效，但课程思政与思政课程的协同性还不够，探索立德树人背景下思政课程与课程思政的协同育人理论与实践，构建立德树人的"大思政"育人格局，对于高校落实立德树人根本任务具有重要意义。

一、思政课程与课程思政协同育人的理论分析

系统论认为，世界上任何事物都可以看成一个系统，是一个由若干要素以一定结构形式，根据目的构成的具有某种功能的有机整体。系统论认为复杂系统的个体具有主体性，系统的结构和功能具有整体性和层次性，系统的运行具有动态开放性。通过审视系统要素、结构的内在联系以及部分与整体之间的相互关系，探索系统发展的规律性，就可达到系统的优化和控制。系统论的"出场"为解决复杂问题提供了一种整体与要素、独立性与开放性相结合的新思维方法。

在系统论视域中，思政课程与课程思政协同育人是"基于一定的价值取向引导下联结而成的具有整体育人功能的实践场域"①，是一个由目标、主客体、内容、场域、技术支持和保障等诸要素构成的复杂系统，在系统内部各要素之间、系统与外部环境的交互影响与相互作用下实现育人功能。在明确"为什么"（目标）、"谁"（主客体）、"在哪里"（场域）、"用什么手段教育"（技术）、"借助什么"（保障）、"教育什么"（内容）等六个基本要素基础上，各要素相互作用，形成各层级工作机制，架构专业课与思政课集成创新的育人系统。

（1）目标要素。目标是系统核心，统领系统各要素。如前所述，高校育人以立德树人为目标。作为现实社会中的学生，其做事和做人是不能截然分开的，学生只有在做事中才能体现他的德性，离开做人的道德和法律等规范，就无法共处

---

①　刘先春，佟玲. 系统论视域下"大思政课"建设的多维分析[J]. 思想政治教育研究，2022，（6）：116.

成事。思政课与专业课两类课程都要立足课程类型，围绕立德树人育人目标，开展教学。

（2）主客体要素。教育的主体回答的是"谁来教"的问题。从一般意义上而言，教育主体是指从事教育活动的施教者，主要是教师。高校教育系统是一个复杂的教育系统，教育主体并不仅指思想政治教师和专业课教师，也可以是革命英雄、企业专家、劳模工匠、先进工作者等。教育主体围绕教学目标，依据教学计划，有目的地开展教学活动，在示范演示、言传身教中促进受教育者发展和进步，体现主导性。教育的客体是在教育活动中教育者施教的对象，即受教育者学生，回答的是"教谁或谁来学"的问题。但学生并非绝对意义的被动受教者，而是学习的主体。教育要通过学生主动学习才能获得教学实效。学生通过自主思考和实践，对所学知识产生认知的理解、情感的认同、意志的调动、行为的改变，才能产生内化于心，外化于行的效果。

在信息化、全球化的时代，意识形态面临严峻挑战，高校育人绝不能持有单纯依赖教师和学生这两个主体的传统理念和做法，而应发挥党委、政府、专家智库、社会组织和社会公众等诸多教育主体的育人作用。在实践中需要构建多元教育主体的良性互动平台，开展有效协同与合作，维持育人系统的整体运行状态。

（3）场域要素。育人场域是指教育所处的空间场所，回答"在哪里"的问题。因此，需要重视育人系统内部环境的协同，如思政教学环境与专业教学环境的协同，同时还需营造外部良好环境，与政府、企业、社会合作，搭建教育"大平台"，实现环境育人。

（4）技术要素。思政课程与课程思政协同育人的技术要素是指思政课和专业课育人主体运用什么样的手段来开展教育，回答"用什么手段教育"的问题。从技术层面看，优选教学方法、掌握现代信息技术、完善教学资源、拓新教学载体等都是有效的教学手段。

（5）保障要素。保障要素是为"大思政课"建设提供保障和支撑的体制机制要素，回答"借助什么"的问题，主要包括领导组织要素和制度要素两部分。领导组织要素是思政课程和课程思政协同育人系统建设的组织载体与依托力量。制度要素是思政课程和课程思政协同育人系统建设必须遵循的规范体系。协同创新的本质是制度创新，即协同创新本身也是一种创新方式的创新，一种新的协同机制是新系统形成的标志。

(6)内容要素。内容要素回答"教育什么"的问题。立德树人的思政课程和课程思政协同育人系统中，要求思政课融入专业元素，开展思想政治教育，专业课融入思政元素，开展专业教育，两类课程都围绕立德树人这一教育目标教学。但值得注意的是，不能因为两类课同向同行，就忽视两类课程性质的不同，思政课老师代替专业课老师上专业课，专业课老师代替思政老师讲思政课都是错误做法。双方的课程性质差异决定了教学立足点的差异，在内容选取上应各有侧重。

总之，目标、主客体、内容、技术、场域、保障等六要素相互制约、相互联系、相互作用，共同构成了思政课程和课程思政协同育人的有机系统。

二、高职物流专业思政课程与课程思政协同育人的现状

随着我国物流行业的快速发展和人工智能、智慧物流技术在物流领域的广泛应用，物流企业已从传统意义上的"搬运公司""仓储公司"等向信息化、集成化、集约化的综合实体发展，对物流从业人员的要求在吃苦耐劳、爱岗敬业、知识结构、业务技能等基础上，提出了热爱祖国、服务社会、具备奉献精神等更高、更全面的综合素质要求。培养什么样的新时代物流人、如何培养新时代物流人是摆在我们面前的一个急需解决的问题。然而，在高职物流人才培养中，思政课程和课程思政协同育人的局面并未形成，主要存在以下几方面问题：

(1)教育主体协同问题。当前高职思政课教师与物流管理专业课教师鲜有交集，思政课教师对学生专业缺乏深入了解，专业课教师对专业的社会发展、国家大政方针、职业法律法规等缺乏宏观的把握。

(2)教育场域协同问题。思政课教学与专业课教学基本上相互分开。思政课一般在大一开设，在学生专业培养的后期没有在场，仅有大一的思政课学分，而毕业实习和毕业答辩中也很容易忽略学生的思政素质。因此，思政课与专业课场域上不能协同，最终影响立德树人培养目标的综合实现。

(3)技术手段协同问题。思政课与专业课均存在重理论、轻实践，第一课堂

与第二课堂存在"两张皮"、教书与育人脱节等现象。思政课存在教学手段落后、缺乏吸引力、教学实效性差等问题。专业课存在课程思政与专业课程内容之间的契合度不足、考核方式无法反映思政元素等问题。

(4)保障机制问题。思政课程与课程思政协同育人机制不够完善，表现在学校党委"大思政"课领导机制、专业人才培养方案的确立、毕业生的评价机制等方面缺乏协调统一。

(5)教育内容协同问题。思想政治理论课教材是全国统编教材，没有体现高职特色，没有体现专业的差异性，思政课教师在思政课教学时不能有效结合专业开展有针对性的教学。物流管理专业课教材思政元素缺少，价值引领与知识教育、能力培养融合不够，有些物流教材内容源自国外，甚至出现与我国法律法规、国家政策相违背的内容，物流专业课教师对习近平新时代中国特色社会主义理论缺乏深入学习和领会，对国家大政方针、法律法规缺乏关注和了解，很难在专业课教学中开展课程思政教育。

三、推进思政课程与课程思政协同育人的实践进路

(一)促进教育目标协同

立德树人目标要求思政课与专业课均需围绕培养什么样的人、为谁培养人这一系列问题，制定课程标准，设计教学方案，实施考核评价。

(二)发挥育人主客体自主性

主客体是教育系统正常运转的实践者和推动者。在多元主体参与的红色"大思政课"系统中，充分发挥实践者个体的主动性并实现良性互动，可促进系统实现"1+1>2"的整体优化效果。

首先，发挥专兼职教师的主体性。思政课程与课程思政协同育人既涉及理论内容，又关注现实探索，这就需要形成一支坚持潜心问道与关注社会现实相统一的高水平专兼职教师队伍。为此，各高校应加强对思政课教师和专业课教师的培

训、实践研修，实行新老教师结对，快速提升青年教师教学能力；组建由思政课教师、专业课教师、辅导员、劳模工匠、英雄、博物馆展览馆红色讲解员、优秀校友、党史专家、知名学者等组成的专兼职教师队伍，队伍中每个个体都充分发挥的自己潜力，实行跨学科集体备课，分析新时代学生学情，了解学生的需要与需求、疑惑与困惑，精心做好教学设计，选取适当的教学策略和方法；对专业课教师进行"思政赋能"，提高其思想政治素养和教学能力，对教法进行"思政激活"，制定"课程思政"工作手册，利用"课程思政"教学考评体系鼓励教师创新教学方法，将立德树人贯穿到课堂教学全员、全程、全方位之中。

教学过程中，教师要尊重学生的主体性，善于将教材体系转变为学生易于接受的话语体系，创新思政课和专业课教学方法，采用互动式、启发式、专题式、问题链式、案例式、体验式、小组研讨、头脑风暴等教学方法，充分调动学生学习的积极性，与学生进行深度沟通与互动，引导学生深入思考，结合教师自身专业学识、人生经历和工作体会答疑解惑，增强教师的人格魅力，提升教师对学生的整体影响力。

其次，发挥学生的自主性。教学过程是师生双向奔赴的过程，教师要善于激发学生的主动性和创造性，引发学生情感的共鸣和奋发向上的激情。学生应积极主动提出问题，回答老师问题，主动探究，合作学习，甚至能够创造性地解决问题。思政课教师和专业课教师以多种方式开展实践教学，积极鼓励、支持学生的思辨与创新。引导学生积极参加社团和校园文化活动，让他们在实践中提升自主学习能力，提高他们的综合素质和竞争力。

（三）创新协调育人机制

2022年7月，教育部等十部门印发《全面推进"大思政课"建设的工作方案》（以下简称《方案》），明确规定了思政课程和课程思政协同育人在教学管理、师资培养、平台建构、工作格局、组织领导等方面的制度框架。

首先，构建领导协同机制。加强党对"大思政课"的方向引领和内容引领。加强党对学校专业、班级、团学组织的领导，教育学生要旗帜鲜明地与西方歪曲、颠覆马克思主义的所谓普世民主价值观念作坚决斗争，守牢意识形态防线，在大是大非问题面前自觉在思想上、政治上与党中央保持一致，确保红色江山永不变色。

其次，健全保障制度。高校要根据《方案》中"大思政课"建设的总体谋划，结合课程特点和实践要求，持续完善由党委、政府、专家智库、社会组织和社会公众等多元教育主体共同参与的教育体系格局，充分发挥党的领导和整合功能，建立健全协同机制，形成多部门、多形式、全覆盖的格局。例如，台州科技职业学院创新物流管理专业思政课程、课程思政协同育人"三进三融"运行机制，形成全员、全程、全方位协同育人大格局。经贸学院联合马克思主义学院成立物流管理专业思政课程与课程思政协同创新中心，下设思政导师工作中心、职业导师工作中心、素质导师工作中心三个分中心。按照"复杂的事情简单化，简单的事情标准化，标准的事情流程化，流程的事情表单化，表单的事情信息化，信息的事情智能化"要求，建立先进的"三进三融"运行机制。在一揽子整体设计的协同育人组织体系下，全员都是思政课教师（细分为三类，即思政导师、职业导师和素质导师），通过"思政导师进学院，职业导师进班级，素质导师进社团"的"三进机制"，分别负责思政课堂、专业课堂、第二课堂等全课程全过程"思政教育"，共同实现"融价值引领与知识传授、融价值引领与能力培养、融价值引领与素质提升为一体的"的"三融目标"（图1）。

最后，建立多元多维的教学评价和激励机制。高校应建立思政课程与课程思政协同育人的教学评价与激励机制，充分及时反映学生成长成才情况，反映课程中知识传授与价值引领的结合程度。对教师评价时，设置"课程思政"观测点、"课程思政"教学设计和知识点案例记录作为课程教学质量评定的重要依据之一，确保"课程思政"建设可评可查可督，形成长效激励机制。

（四）优化技术支持体系

此处主要指强化现代化技术手段，加强理念创新和手段创新，提高思政课与专业课的吸引力和实效性。

首先，进行教学载体创新。制定思政课程与课程思政协同工作标准，系统设计物流管理专业全课程思政教育内容，制定协同育人工作标准，找准关键、突出

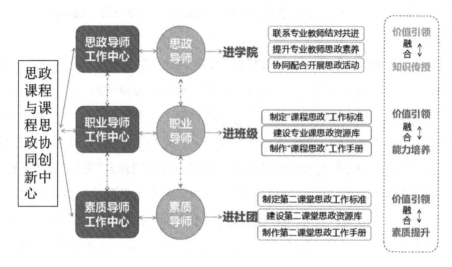

图1 "三进三融"协同育人机制图

重点，在努力让学生形成符合本专业的科学精神和研究态度的同时，成为"价值理性视野下人格健全、品行端正的自由人"；建设课程教材及思政资源库，物流管理专业所有课程应具有鲜明的意识形态属性，把思想价值引领贯穿教育教学的全过程和各环节，着力抢占价值观竞争的道德制高点；导师要积极主动挖掘各门课程中所蕴含的思政元素，立足课程自身的特点，把深藏于知识表层符号、内在结构之下的人文精神与价值意义发掘出来，根据家国情怀、法治意识、社会责任、人文精神、仁爱之心、理想信念、职业道德、工匠精神、创新精神等建设思政元素资源库，讲历史和人物故事，话时事和学科进展；编定"课程思政"工作手册，指导各类导师"课程思政"工作实践，在课程设计和教学过程中，对所授内容深入分析，提炼出本专业、本课程的科学精神、价值取向、伦理规范，将课程的思想性和价值性表现出来，让学生在各类课程的学习过程中潜移默化地提高自身的思想水平、政治觉悟、道德素养和文化素养，实现学生的自由全面发展。

其次，运用现代技术手段开展智慧教学。在大数据时代，综合利用大数据等现代信息技术对网络思想政治动态进行及时准确的研判是开展思政课程与课程思政协同育人不可或缺的重要手段。如：通过顺丰云课堂、教学行为分析系统等平台，全过程采集"四度四态"学生学习表现和成果信息，实现过程性与结果性评价的统一；信息汇聚到"AI+"综合评价系统，聚合教学测验、实训操作和职业素养数据，各环节每次课分阶段抽取教学过程关联性数据，利用决策树深度学习算法开展大数据分析，形成学习行为分析对比图、学习成效自画像，自动呈现评价结果，实现评价的全程化、可视化、智能化。

（五）打造协同创新场域

依托"大思政课"，打造思政大课堂。如马克思主义学院与校内外政企行社联合搭建大平台，拓展大课堂，将实践教学的场域由课内延伸至课外，由第一课堂延伸至第二课堂，由线下课堂延伸至线上课堂，由现实课堂延伸至虚拟课堂，由思政小课堂延伸至家庭—学校—企业—政府—社会大课堂；校内开展校园文化主题活动，如：开设以"红色主题月"为主，以展览、演讲、书法、绘画等多种形式为辅的"大思政课"活动，不仅使学生了解到伟大的革命历史和英雄人物，也加深了对祖国和人民的认识，切实提高学生的爱国、爱党、爱校的情感；校外综合利用红色纪念馆、名人故居、陈列馆、展览馆等红色场馆资源，建设红色"大思政课"实践教学基地，开展实践研修，利用网络场馆的文字、音频、视频、虚拟情景等资源，结合爱国主义、理想信念、人生观、价值观、革命道德等相关专题深入讨论，增强对红色文化的感性和理性认识。

依托思政课程与课程思政协同创新中心，打造师生共成长的"三式场域"。对接操作岗、调度岗、分析岗和配送运营主管岗位，依托师徒共研孵化式双创场域、师生共探互动式教学场域、师徒共践开放式实战场域，教学组织采用"内容项目化、情境真实化、过程岗位化、方式数智化、评价个性化"五化教学方式，构建大师工作室孵化园真实项目启动、校园配送方案定制与实练、高山杨梅园配送运营实战的"三实五化"教学策略；全程贯穿"茶马古道"精神，自主研发"AI+"综合评价系统，实施过程性、增值性、结果性评价，实现"夯知识、强技能、提素养、育双创"的育人目标。

思政课程与课程思政协同创新：平台、媒介与运维

——基于 Z 高校以大调研为依托的"三轮并驱"资源整合模式

王　科　　关春华　　崔　灿

上海财经大学浙江学院马克思主义研究中心

摘要：为破除行政与资源壁垒，深入推进高校思政资源与专业课程资源一体化建设，打造一批共建基地、共治平台和共享资源库，推动思政课程与课程思政同向同行、一体融合的协同创新体系建设，浙中地区 Z 高校历时五年探索形成了以大调研为依托的"三轮并驱"资源整合模式。这一模式以"浙中调查"为平台载体，以马克思主义学院与各专业院系合作"同上一堂思政课"系列课堂为融合媒介，以政策化、制度化的教研共同体为常态运维机构，合力打造思政课程与课程思政资源共建共享体系，初步破除了两大课程在资源融通领域的肠梗阻，有效推动了二者在资源共建共享基础上的协同创新进程。

关键词：思政课程；课程思政；协同创新；资源整合

立德树人是检验高校一切工作的根本标准，而落实立德树人根本任务就要发挥思政课程与课程思政的协同育人功能，形成思想价值塑造、专业知识传授与能力素养提升三位一体的育人课程体系。① 浙中地区 Z 高校历时五年探索形成了以"大调研+"为特色的思政课程与课程思政协同创新模式。这一模式以"浙中调查"

---

① 刘广明，申丹丹. 系统思维视域下高校课程思政与思政课程同向同行机制探究[J]. 系统科学学报，2024（3）：94-98.

为平台载体，以马克思主义学院与各专业院系合作"同上一堂思政课"系列课堂为融合媒介，以政策化、制度化的教研共同体为常态运维机构，合力打造思政课程与课程思政资源共建共享体系，初步破除了两大课程在资源融通领域的肠梗阻，有效推动了二者在资源共建共享基础上的协同创新进程。

一、研究背景、现状与问题的提出

新时代以来，课程思政继思政课程成为高校思想政治教育课程体系中的重要组成部分，成为落实立德树人根本任务，提高人才培养质量的重要媒介与渠道。① 习近平总书记指出要"使各类课程与思想政治理论课同向同行，形成协同效应"②。教育部印发的《高等学校课程思政建设指导纲要》针对高校课程思政建设问题做出相关部署。但思政课程与课程思政各自为政的现象仍然存在，影响了高校思政课程与课程思政协同育人效能。因而，探讨思政课程与课程思政同向同行、一体融合、协同创新的内在逻辑和有效模式，成为大思政课背景下推动高校思政课程与课程思政协同育人的重要举措。③

经过多年探索，一些高校初步形成了课程思政与思政课程同向同行的融合模式，但也存在机制不畅、协同不足等原因造成的系统性缺失及统筹乏力等问题。④ 在"大思政课"、"三全育人"、思政一体化背景下，围绕立德树人根本任务，以系统思维和协同举措推动课程思政与思政课程的同向同行，提升两大课程体系的融合广度和深度，优化二者协同育人效能是当前十分重要的一项任务。⑤

近年来，学术界针对思政课程与课程思政同向同行、一体融合、协同创新问

① 陈旻."三同三力"推进高校思政课程与课程思政相结合析论[J]. 思想教育研究，2021(5)：122-126.

② 习近平谈治国理政(第二卷)[M]. 外文出版社，2017：378.

③ 宗爱东. 课程思政：一场深刻的改革[M]. 上海人民出版社，2022：3.

④ 葛晨光，朱清慧，张水潮. 高校课程思政与思政课程协同育人的基本要求及实现路径[J]. 学校党建与思想教育，2023(10)：25-28.

⑤ 戚庆沛，周金恋，刘广明，等. 边界优化：高校课程思政与思政课程同向同行的机制原理[J]. 郑州大学学报(哲学社会科学版)，2021，54(6)：86-89.

题，也从各专业、各领域、各角度出发展开探讨，形成了一系列理论成果。2020年之前，相关问题的研究主要围绕思政课程与课程思政的逻辑关系展开，之后则开始逐步出现对实践经验的总结和具体方法、路径、模式的探讨。梳理现有研究成果，大体归为四类：

（1）基于思政课程与课程思政逻辑关系的研究。如课程思政与思政课程统筹的逻辑起点探讨、从思政课程向课程思政拓展的内在意涵、课程思政与思政课程协同育人的"能"与"不能"、正确把握"课程思政"与思政课程的关系、"课程思政"与"思政课程"同向同行的理论阐释等。

（2）基于某类思政元素赋能或融入的探讨。如科学家精神赋能思政课程与课程思政协同问题、中国共产党人精神谱系赋能高校课程思政与思政课程协同创新问题、习近平法治思想融入高校思政课程与课程思政路径探究等。

（3）基于特定方法、思维、理论的探讨，如基于系统方法的探讨、基于窄化突破路径的探讨、基于边界优化原理的探讨、基于课程链的探讨、基于情景体验教学法的探讨等。

（4）基于实践经验的模式总结。如以"思政+艺术"形成特色思政课程的"双驱"育人模式；以"同心聚力、同向发力、同行助力"推动思政课程与课程思政相互结合的"三同三力"模式、以"互动点频、基础点频和情景点频共振"为基本内容的思政课程与课程思政"点频共振"协同育人模式的探讨等。

通过对上述研究成果的总结分析可知，学术界关于思政课程与课程思政同向同行、一体融合、协同创新等问题的研究主要集中在理论逻辑分析与路径方法探讨层面。这些研究普遍存在抽象性、笼统性现象，如理论分析、路径总结、方法应用不是建立在全面系统的实践经验总结基础上，而是泛泛而谈，缺乏实践针对性与可操作性。而为数不多的实践总结又缺乏模式提炼，从资源整合的实践创新层面探讨思政课程与课程思政同向同行、一体融合、协同创新的研究成果则更显稀缺。①

综上所述，以浙中地区 Z 高校"大调研+"为特色的典型实践探索为依据，系

---

① 张卫中. 思政课程与课程思政教学案例选编［M］. 中国传媒大学出版社，2023：23.

统总结思政课程与课程思政在平台载体、课堂媒介、常规运维等方面同向同行的资源整合模式，既能为高校打破专业壁垒，实现思想政治教育资源优化配置，推动思想政治教育协同创新，构建"三全育人"高校思想政治教育格局的实践创新提供参考，同时也可为相关理论研究提供借鉴。

二、共兴大调研：打造思政课程与课程思政跨界融合、协同创新的平台载体

无论是思政课程还是课程思政归根结底是一项引导大学生与新时代中国特色社会主义价值、理论、实践、道路、文化同频共振的立德树人工程。这一工程所赖以进行的资源大量来自实践。因而，从实践中寻求资源聚合点就成为思政课程与课程思政两大课程体系实现资源共建共享的主攻方向，即"要坚持理论性和实践性相统一，用科学理论培养人，重视思政课的实践性"，大兴调研之风，"把思政小课堂同社会大课堂结合起来"，共同打造思政资源一体化共建共享的平台载体。资源一体化共建共享要以"共同事项交集"为纽带，即共建共享什么样的思政资源，怎样共建共享都要围绕"共同事项交集"展开。思政课程与课程思政所在部门联合共兴大调研，不断拓展两大课程体系的事项交集是浙中地区 Z 高校在相关领域的一项重要探索成果。[①]

（一）调研：培植思政课程与课程思政资源共建共享之本

实践是思政的源头，而调研是深入实践，即深入思政的源头，从根本处寻找思政依据、挖掘思政元素、积累思政资源的工作。这一工作是遵循党关于理论联系实际要求的体现，是按照学生思想品德成长规律、马克思主义意识形态教育规律、中华传统德育知行合一规律实施思想政治教育教学的需要，是深入社会实践，从大本大源之处培植思政资源的一项系统工程。[②]

---

① 庞洋. 突破"窄化"："思政课程"转向"课程思政"的内在逻辑与实践路向［J］. 学术探索，2022(2)：146-156.

② 上海财经大学浙江学院浙中调查项目组. 浙中调查 2020：扎根浙中大地　助力乡村振兴［M］. 上海财经大学出版社，2022：1.

为实施这一工程，以及为借助大调研培育思政课程与课程思政共建共享的资源平台，培育两大课程体系同向同行、一体融合、协同创新的基础，浙中地区 Z 高校以校级党委、行政的名义联合思政课程部门与课程思政部门(马克思主义学院与各专业院系)推出了名为"党建和思想政治教育实践暨浙中调查"(简称"浙中调查")的大型社会实践和社会调研活动。

2018 年 7 月，Z 高校首次以"扎根浙中大地，助力乡村振兴"为主题开展了"浙中调查"活动。近 2000 名师生奔赴浙中地区 9 个县(市、区)的 18 个乡镇 72 个村，建立思政课程与课程思政联合实践基地，并通过问卷调研、实地参观等多种方式记录和收集各地方的思政元素，初步形成了思政课程与课程思政共建共享资源库。

2019 年，为纵向拓宽德育视野，横向强化德育合力，Z 高校发起成立了大中小学"浙中调查"联盟，首次联合当地中小学开展以"浙中地区乡村教育"为主题的调查活动。这次活动丰富了思政课程与课程思政依托大调研共建共享思政资源的形式，拓展了共建共享思政资源的范围和领域，为思政课程部门(马克思主义学院)、课程思政部门(大学各专业院系)、中小学、乡镇街道、党建思政基地五方联合同上一堂思政课，共建共享思想政治教育资源提供了契机。

2020—2023 年，Z 高校沿用了五方联合的形式，围绕浙中地区劳动教育、美育、乡村振兴、大中小学思政一体化、美丽乡村、生态乡村、健康乡村、数字乡村等主题开展了各类调研活动，推动了思政课程与课程思政同向同行。在活动中积累的调研材料为思政课程部门(马克思主义学院)、课程思政部门(各专业院系)共享，调研基地成为各方开展思政课程与课程思政建设的联合实践基地，并建立了以实物、非遗、数字网络等为主要表现形式的思想政治教育共建共享资料清单和数字资源库。

(二)举校：构建高校人财物资源向共享思政资源转换的大平台

Z 高校"浙中调查"的特色之一就是以举校之力参与调研活动。在调研过程中，思政课程部门(马克思主义学院)、课程思政部门(专业院系)与行政、教辅部门在校级党委、行政的集中领导下围绕调研目标分工负责，形成最大公约数，从而以最大效能汇聚课程思政与思政课程共建共享的资源大平台。

其具体方法步骤主要有：(1)负责思政课程(马克思主义学院)、课程思政(各专业院系)、各行政教辅部门的分管领导或直接责任人牵头组建协调小组。(2)协调小组成员由校级分管领导、马克思主义学院负责人、各专业院系负责人(党总支副书记)、教务处长、学生处长、后勤负责人等相关人员构成。(3)马克思主义学院负责人、各专业院系负责人(党总支副书记)根据当年热点问题和各自需求，联合商定党建、思政课程、课程思政以及专业课程调研主题。(4)协调小组提前三个月组建，并由校级分管领导、马克思主义学院负责人、各专业院系负责人(党总支副书记)、相关教师共同发起联席会议，部署联合调研事项，并责任到人，限期完成。(5)协调小组成员根据分解到部门的调研任务，组织精兵强将，精心谋划、充分准备。

在这一过程中，Z高校以举校之力将分散于不同院系、部门的人财物充分转换为课程思政与思政课程教育资源，并在统一调配的同时，兼顾了党建部门、思政课程部门、课程思政部门、专业课程部门的特殊需求，从而最大限度地激发了不同调研主体的参与积极性，尤其是通过将各专业院系调研主题融入专业教学和课程思政规划之中，从而有效解决了非思政部门和人员参与思政主题调研积极性不高的问题。

(三)延展：系牢思政课程与课程思政资源内外联结的纽带

Z高校思政课程部门(马克思主义学院)、课程思政部门(各专业院系)依托联合调研大平台在将分散于各部门的"人财物"向共享教育资源转换的基础上，通过调研大平台的辐射作用，以纵横、上下立体协同为机制，不断系牢联动纽带，推动思政课程与课程思政内部资源与社会、家庭等外部资源的有效衔接及整体转换。

其具体方法主要有：(1)依托思政课程与课程思政联合调研大平台，定期或不定期开展大型调研活动，吸引县市(区)、乡镇等各级政府、企事业单位和农户的关注，并建立持续性合作关系。(2)依托合作关系在基层设立联合党建和思政教育基地，并借助文化礼堂、名人故居、烈士陵园、革命遗迹、非物质文化遗产等资源开展思想政治教育等相关活动。(3)依托联合党建和思政教育基地，动员当地贤能(英雄人物、模范人物、致富带头人等)配合调研工作，并动员他们深入思政课堂与专业课堂参与联合上思政课等。

通过系列举措，Z高校思政课程部门与课程思政部门充分发挥了调研大平台(浙中调查)的联结纽带作用，联通了从领导到教职工、从教职工到学生、从学校到地方、从城市到乡村各个层面的力量，成为高校思政课程与课程思政共建共享教育资源的有效载体和平台依托，并由此推动两大课程体系同向同行与协同创新的进程。[①]

三、共举大课堂：丰富思政课程与课程思政跨界融合、协同创新的课堂媒介

思政课程与课程思政同向同行、协同创新涉及思政育人、课程育人、组织管理育人等三大圈层。由于缺乏推动思政教育资源共建共享的融合媒介，三大圈层互为壁垒、各自为战，影响了资源共建共享与协同创新的进程。为破解这一难题，Z高校依托"浙中调查"平台，联合高校思政课程部门、课程思政部门、调研基地、当地中小学、乡镇街道、党建思政基地长期开展"同上一堂课"活动，不断拓展三大圈层在课堂媒介上的交集，衍生出"联合微党课""思政星课堂""匡时讲堂""一课一品"等多样化的"同上"课堂系列，为思政教育资源一体化共建共享和两大课程体系、三大圈层协同创新提供了课堂媒介。

(一)同上一堂课：思政课程与课程思政跨界融合、协同创新的课堂主媒

2018年，Z高校以改革开放40周年为契机，探索开展了"扎根浙中大地 激活思政课堂"为主题的思政课程部门、课程思政部门、地方中小学、地方乡贤

---

① 上海财经大学浙江学院浙中调查项目组. 浙中调查 2019：扎根浙中大地　助力乡村振兴[M]. 上海财经大学出版社，2020：5.

"同上一堂思政课"活动。该活动最初以"乡间思政课"的模式崭露头角，此后经三次改革，完成了从单向度的"田间地头话振兴，同上一堂思政课"向思政课程与课程思政不同部门、大中小等不同学段、家校社等不同领域及不同层面多向互动、内外联动的复合化的同上一堂思政课模式，成为集"浙中调查""联合微党课""田间地头思政课""思政星课堂""匡时讲堂"于一体的多场景思政课程与课程思政教育资源共建共享联合体。

目前已累计开讲"同上"系列课程 100 余讲，成为影响近万名师生，覆盖浙中 9 个县市（区）、19 个乡镇街道、219 个村庄（社区）的思政课程与课程思政、大学与中小学、学校与地方共建共享的思政品牌资源，有力推动了思政资源共同体建设。

其具体方法如下：(1)以思政课程部门、课程思政部门、地方乡贤、党建思政基地、大中小学五大教学主体为"同上一堂思政课"的关键力量。(2)依托大调研、大平台("浙中调查")、大项目开展活动。(3)根据当年热点问题，结合大调研主题以及思政课程与课程思政各自需求、特点确定"同上一堂思政课"的内容与形式。(4)不断创新"同上"课堂模式，实现思政课程与课程思政教学的多场景融合。

(二)衍生课堂：思政课程与课程思政跨界融合、协同创新的课堂辅媒

2019 年，Z 高校依托"浙中调查"平台，联合思政课程部门与课程思政部门，举全校之力，开展了首届"大中小学思政一体化"活动。活动以庆祝新中国成立 70 周年为主题，将 Z 高校思政课改品牌项目——"乡间思政课"与"大中小学思政一体化"建设任务结合起来，努力打造"乡间思政课"的升级版，形成了以"同上一堂思政课"为基点的衍生课堂。

2020—2023 年，Z 高校按照思政课程部门与课程思政部门、大学与中小学、学校与地方相向而行、相互结合、相互融通的原则，围绕热点问题，依托"浙中调查"平台，共同规划，先后打造出"联合微党课""思政星课堂""匡时讲堂""一课一品"等多样化的衍生课堂媒介，丰富了思政课程部门、课程思政部门等五大主体联合"同上一堂思政课"的形式，形成了一套以共同事项为交集，最大限度

调动思政课程与课程思政老师们各自积极性，在共建、共享思政资源基础上，同向同行、协同创新模式。

（三）数字课堂：思政课程与课程思政跨界融合、协同创新的网络触媒

数字课堂就是通过分层梳理，实现思政课程与课程思政调研数据、调研资料以及其他教育资源的平台化共建、网络化共享，从而借助数字化、智能化的技术手段为两大课程体系的跨界融合、协同创新提供网络触媒。

(1)明确思政课程与课程思政资源的特殊性，主要是明确不同思政资源的学科属性，并依据属性确定部门归属，即将专属某个学科的思政资源分发给相关主体，并有针对性地开展思政课程或课程思政协同创新。

(2)明确适合思政课程、课程思政两大部门共建共享的思政资源。在实践中我们发现，多数思政资源具有跨界融合的普适性。如科技馆、博物馆、生态基地、自贸区等资源的思政意义普适于思政课程与课程思政相关的各专业。围绕这些资源，思政课程与课程思政有必要打开合作通道，建设既分层负责又共建共享，既横向衔接又螺旋递进上升的数字化、网络化、智能化的思政课程与课程思政共享资源数据库，并借此提升两大课程体系同向同行、一体融合、协同创新的质量与效能。

四、培育共同体：推动思政课程与课程思政跨界融合、协同创新的常态化运维

"大调研+大课堂"的实践经验表明，以校级党委、行政为领导，以举校之力为形式，以共同事项为牵引，推动思政课程与课程思政围绕教育资源实现立体化、网络式共享是破解两大课程体系组织、行政与边界壁垒，推进二者跨界融合、协同创新的有效举措。而要使这一举措持续发力，就要围绕"事项交集"推动思政课程与课程思政跨界融合、协同创新的机制化、常态化，为此就要在培育思政课程与课程思政教育共同体的过程中，不断完善政策、组织、制度等各项保

障措施。①

（一）政策保障

政策是行动的指南。Z 高校在"浙中调查""同上一堂思政课"等大平台、大课堂实施过程中不断完善相关政策文本，形成了涉及规划、行动、实施、建设、共享等各个层面的政策保障体系，为思政课程与课程思政联合调研、"同上一堂思政课"，以及为建设成果的资源化利用、跨边界共享提供了政策保障，主要包括两个阶段：

第一阶段：构建"浙中调查""同上一堂思政课"的政策保障，巩固思政课程与课程思政跨界融合、协同创新的平台载体与课堂媒介。Z 高校以校级党委、行政为直接领导，联合思政课程部门(马克思主义学院)、课程思政部门(各专业院系)、行政与教辅部门围绕"浙中调查""同上一堂思政课"等事项，共同研究、共同商讨、共同制定实施方案和政策保障体系。经过五年努力，形成了涉及组织动员、集体备课、考核评价等方面的政策性文本。依托这些政策性文本，联合调研、"同上一堂思政课"等项目得以常态化开展，巩固了思政课程与课程思政跨界融合、协同创新的载体与媒介。

第二阶段：构建思政课程与课程思政跨界融合、协同创新的政策保障。以共建共享思政资源为基础，推动思政课程与课程思政跨界融合、协同创新本身也需要有明确的政策性规划。Z 高校通过加强与思政课程部门(马克思主义学院)与课程思政部门(各专业院系)、教务部门的协同合作，围绕思政课程与课程思政跨界融合、协同创新工作制定详细规划，尤其在人才培养方案、课堂教学改革、课程思政教学竞赛、课程思政示范项目评选等各项教学活动中落实跨界融合、协同创新的要求。

（二）组织保障

思政课程部门、课程思政部门、行政教辅部门相互之间没有组织隶属关系，

---

① 上海财经大学浙江学院浙中调查项目组. 浙中调查 2019：扎根浙中大地　助力乡村振兴[M]. 上海财经大学出版社，2020：230.

虽然也可以通过谈判、沟通的方式实现协作，甚至可以在一定的条件下围绕共同事项共建共享思政资源，推进跨界融合与协同创新，但由于缺乏有效的组织保障，三方合作完全取决于各自意愿。因而，合作充满变数，存在脆弱性问题，难以长期持续开展。这就要求各方在运动式协作的基础上建立高效、稳定的组织协调机制。①

1. 宏观层面：党委统一领导、党政齐抓共管

高校党委是思政课程与课程思政建设的主体责任者。课程思政与思政课程进行跨界融合、协同创新探索首先需要在宏观层面建立党委统一领导、党政齐抓共管的工作联动机制。具体可以按照统筹谋划、协同推进、高效精准、监督落实的原则成立由党委书记任组长，由宣传、教务、人事、学生处、马克思主义学院以及各专业系部分工负责的思政课程与课程思政融合创新领导小组；以领导小组为依托，协商制定思政课程与课程思政融合创新专项工作方案，明晰融合创新的方向与思路，明确各部门的权责分工，有效整合高校思想政治教育资源，推动形成思政课程与课程思政互动、互鉴、互促的运行环境与机制。②

2. 中观层面：部门协同合作、资源共建共享

思政课程与课程思政跨界融合、协同创新既需要通过顶层设计在宏观层面创造协同育人的"大思政格局"，又需要在中观层面通过加强思政课程主责部门与课程思政主责部门、主管课程教学部门与主管日常思想政治教育部门在融合创新实践探索中的协同合作与协调配合，为此就要在融合创新领导小组的统一规划下，由思政课程主责部门牵头，联合各相关部门成立形式多样的跨专业、跨部门沟通协调流程，构筑共建共享机制，形成思政课程与课程思政融合共建的长效

---

① 易鹏，王永友. 统筹课程思政与思政课程的逻辑起点和实践指向[J]. 中国电化教育，2021(4)：54-58，66.

② 莫俊峰. 思政课程与课程思政有机结合的内在逻辑与实施策略[J]. 中国高等教育，2022(19)：35-37.

机制。①

3. 微观层面：内容互融、显隐互鉴、同向同行

(1)教学内容跨界融合、协同创新的实践探索。首先，思政课程与课程思政教学内容的微观融合，即以思政课程为引导，有选择性地进行课程思政教学内容设计。其次，课程思政与思政课程教学内容的微观融合，即结合专业课程中的思政元素，开展思政课程教学内容设计。具体方法为：以课程思政的相关教学内容为结合点，通过参与课程思政教学科研项目建设，推动各类专业课程中的思政元素反向融入思政课程教学内容之中。②

(2)教学方式跨界融合、协同创新的实践探索。思政课程主要运用显性思想政治教育方式开展教学，课程思政主要以隐性思想政治教育方式开展教学。显、隐两种教学方式优势互补、相辅相成，具有较强的融通性。因而，思政课程与课程思政可以在教学方式上取长补短，学习借鉴，从而实现教学方式方法上的相得益彰。③

(3)教学评价跨界融合、协同创新的实践探索。基于思政课程与课程思政教学特点上的差异，二者在教学评价标准上各有侧重，且又相互补充，但也存在不同程度的各自为政现象。因而，思政课程与课程思政融合创新就要建立"同向同行"的教学评价原则和指标体系。

(三)制度保障

思政课程与课程思政跨界融合、协同创新的制度保障并非迥异于政策保障、组织保障的另一种存在，而是通过一定的方式将政策保障、组织保障规范化、常态化而形成的一种稳定状态。为将各方通过商讨临时形成的政策规章、组织协调

---

① 葛晨光，朱清慧，张水潮. 高校课程思政与思政课程协同育人的基本要求及实现路径[J]. 学校党建与思想教育，2023(10)：25-28.

② 张文强. 高校课程思政与思政课程协同路径研究[J]. 中州学刊，2023(5)：26-32.

③ 章忠民，李兰. 从思政课程向课程思政拓展的内在意涵与实践路径[J]. 思想理论教育，2020(11)：62-67.

机制规范化、常态化就要建立五大制度保障体系。

(1)联席会议制度，主要包括思政课程与课程思政分管领导参加的联席会议制度和两类教学部门和相关行政教辅部门直接责任人参加的联席会议制度等两种既相区别又相交集的联席会议制度。通过联席会议加强多方协调沟通，从而保障思政课程与课程思政跨界融合、协同创新的长期、稳定、有效。

(2)联合工作制度。主要围绕思政课程与课程思政中的共同事项组建联合工作小组，定期或不定期开展活动。Z高校为了强力推动"浙中调查"，建立了校级分管领导直接负责的思政课程、课程思政、行政教辅等多部门参与的联合工作小组。工作小组组长由分管领导担任，小组成员由思政课程部门、课程思政部门、行政教辅部门负责人以及相关思政课教师和专业课教师组成。

(3)定期互访制度。联合工作小组通过组建微信群、运营公众号等方式保持日常沟通，配以定期和不定期互访、协作以维护关系的稳定。正是有了这一制度保障，Z高校思政课程与课程思政依托"浙中调查""同上一课堂"开展跨界融合、

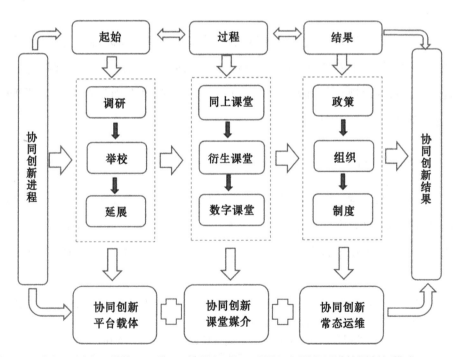

图1　平台、媒体、运维"三轮并驱"的思政课程与课程思政协同创新模式

协同创新的努力才得以持续进行下去，并不断迭代升级。

(4)考核评价制度。没有明确的考核标准，完全依托运动式动员是不可持续的，因而需要将共建、共享活动及其成果纳入院系级乃至校级考核，提升思政课程与课程思政协同创新成果在学校评奖、评优、职称评聘中的分量与比重。

(5)纵向保障制度。以"浙中调查"为平台载体，以"同上一课堂"为媒介纽带，横向合作，整体发力，一体推进，虽有发挥各主体能动性以及灵活、便捷的优势，但也存在因行政壁垒而带来的推广困难问题。这就要求在横向合作，共同推进的同时，也要适时在更高层面建立纵向保障制度，如建立由地方教育主管部门牵头统筹的思政课程与课程思政跨界融合、协同创新规范体系，并沉淀为制度等。

五、结　　语

Z高校以大调研为依托的平台、媒介、运维"三轮并驱"资源整合模式打破了思政课程部门、课程思政部门、行政教辅部门之间的边界壁垒，在不同部门间培育了思想政治教育共同事项。围绕共同事项，多方共同规划、共同实施思政课程与课程思政跨界融合及协同创新工程。在多方合力驱动下，曾经封闭于不同领域的思想政治教育资源被重新组织、调配，初步形成了高校思政课程与课程思政一体共建、资源共享、跨界融合、协同创新的新体系。

这一模式最大限度聚合了力量，串联了多样化教学资源，孕育出"浙中调查""乡间思政课""联合微党课""思政星课堂""匡时讲堂"等大量共建共享型资源平台，形成了包括师资力量、志愿者团队、农村乡贤、党建和思政实践教学基地、浙中调查数据库、思政资源网络分享平台等在内的系列化、综合性、网络化、共享化的思政课程与课程思政教育资源库。总结其经验，可以概括为三点：(1)组建大平台。Z高校依托"浙中调查"大型调研平台联结了"乡间思政课""联合微党课""思政星课堂""匡时讲堂"等多个大型平台和大型项目，从而保障了思政课程与课程思政联动的广泛性、协调性和一致性。(2)发挥关键纽带的联结作用。"浙中调查""同上一课堂"作为大平台、大课堂充分发挥了联结纽带作用，联通了从领导到教职工、从教师到学生、从学校到地方、从城市到乡村的各个层面的力量，汇聚了乡村礼堂、非遗展厅、工厂车间等多样化思政资源或载体，成为有效的联动抓手，为思政课程与课程思政共建共享、跨界融合、协同创新提供了力量牵引。(3)机制化、常态化。联席会议制度、联合工作制度、定期互访制度、考核评价制度、纵向保障制度等一套常态化的体制、机制，保证了活动成果的资源化沉淀、机制化共建和常态化共享。

综上所述，破除思政课程与课程思政边界壁垒，改变二者在教育决策和行动领域各自为政、教育资源画地为牢的痼疾，就要通过共同的行动构筑双方共同参与的事项，并以共同事项为依托责任共担、成果共享、行动共建，从而为思政课程与课程思政跨界融合、协同创新提供内在动能，并以制度化举措使之演化为能够持久运行、常态运维的教育共同体。

基于德法兼修型法治人才培养的法学专业
课程思政的特点及评估策略①

钟　芳

安徽大学法学院

摘要： 法学专业课程思政评估应符合法学专业课程思政的特点，法学专业课程思政评估具有显性与隐性相结合，课程体系、教学模式和空间多样化，各专业课程与思政课程系统、协同发力等特点，法学专业课程思政评估应该遵循系统性、融合性、发展性评估的路径，具体从对学生的评估、对教师的评估以及对专业的评估三个方面展开。

关键词： 德法兼修　法治人才培养　课程思政　评估策略

"专业课程是课程思政建设的基本载体"②，2023年，《关于加强新时代法学教育和法学理论研究的意见》要求深入推进法学专业课程思政建设，将思想政治教育有机融入课程设置、课堂教学、教材建设、师资队伍建设、理论研究等人才培养各环节，教育引导广大师生做社会主义法治的忠实崇尚者、自觉遵守者、坚定捍卫者。当前，基于专业课程的课程思政教学改革正在全国广泛推广。党的十八大以来，习近平总书记先后主持召开全国高校思想政治工作会议、全国教育大

---

①　本文系安徽省高等学校省级质量工程重点项目"法学本科课程思政建设评估机制与标准研究"（2020jyxm2248）和安徽省高等学校省级质量工程一般项目"法科学生创新能力提升机制研究"（2019jyxm1085）的研究成果。

②　教育部关于印发《高等学校课程思政建设指导纲要》的通知［EB/OL］.（2020-05-28）［2022-12-01］. http://www.moe.gov.cn/srcsite/A08/s7056/202006/t20200603_462437.html.

会、学校思想政治理论课教师座谈会等重要会议，做出一系列重要指示，强调要加强高校思想政治教育，这些重要讲话为推进高校课程思政建设工作指明了前进方向、提供了根本遵循。2020 年 6 月，教育部印发的《高等学校课程思政建设指导纲要》，是在当前形势下深入贯彻落实习近平总书记关于教育重要论述的行动指南，为高校进一步深化教育教学改革，发挥好每门课程的育人作用提供了重要指导。《纲要》规定要建立健全课程思政建设质量评价体系和激励机制，对于法学专业课程思政建设而言，法学专业课程思政评估是证明法学专业课程思政建设是否有效的直接方法。然而，无论是在理论研究还是在一线教学过程中，如何进行法学专业课程思政评估，至今尚未形成一套系统的理论与操作策略，这已成为广大一线教师和教学管理部门推动与落实课程思政教学的瓶颈。本文试图在探讨法学专业课程思政特点的基础上提出构建法学专业课程思政评估路径的思路。

一、基于德法兼修型法治人才培养的法学专业课程思政的特点

《高等学校课程思政建设指导纲要》指出："专业课程是课程思政建设的基本载体。要深入梳理专业课教学内容，结合不同课程特点、思维方法和价值理念，深入挖掘课程思政元素，有机融入课程教学，达到润物无声的育人效果。"针对法学类专业课程，提出："要在课程教学中坚持以马克思主义为指导，加快构建中国特色哲学社会科学学科体系、学术体系、话语体系。要帮助学生了解相关专业和行业领域的国家战略、法律法规和相关政策，引导学生深入社会实践、关注现实问题，培育学生经世济民、诚信服务、德法兼修的职业素养。"

(一)法学专业课程的显性与隐性

习近平指出：中国特色社会主义法治道路的一个鲜明特点，就是坚持依法治国和以德治国相结合，强调法治和德治两手抓、两手都要硬。法学教育要坚持立德树人，不仅要提高学生的法学知识水平，而且要培养学生的思想道德素养。

法学专业天然地具有融专业教育与课程思政于一体的教学特质。马克思主义

哲学社会科学中国化的最新成果、社会主义核心价值观的思想内涵、中国特色社会主义的发展、中华民族复兴大业等思想都是法学专业课程知识的当然组成部分。如党内法规课程的内容本身就包含习近平新时代中国特色社会主义思想，特别是全面从严治党的新思想新理念新战略，包含党内法规体系是中国特色社会主义法治体系的有机重要组成部分，党内法规建设在国家治理体系和治理能力现代化中的重要作用，党内法规建设是依法执政、依法治国、依法行政共同推进的前提和基础，依规治党和依法治国的逻辑关系，治国必须先治党，治党务必从严，从严必依法度等一系列基本原理和原则。对党内法规的历史和发展的讲授，可以增强学生对党的初心和使命，以及三大规律的深刻理解和把握，增强其为中华民族伟大复兴而发奋学习的责任感和使命感。

民主、法治、正义、平等、自由、人权等都是法学专业课程蕴含的价值。法学专业课程教学隐含对学生价值观的塑造和意识形态的培养，发挥专业课教师的主导作用，充分认识法学专业课程所具有的隐性思政教育资源，力促思想政治教育意义内生于学生心中，并经过学习者不断培育和滋养，产生属于其自己的文化，成为激发其思考法学专业知识、思考当今社会、思考正己化人的精神食粮，这便是法学课程思政的育人目标。① 教育过程中，可在法学专业课程教学环节和教学设计中有意识、有目的地融入思政教育，使学科知识与思想政治教育内容交叉融合，从而建构和创造新的知识生长点，使学生所接受的知识内涵更加丰富。如在行政诉讼法学课程中，通过讲述中国行政诉讼法的发展历程，使学生充分感知，我国建立行政诉讼制度是改革开放以来，中国特色社会主义法治建设的重大理论和实践成果，是推进法治政府建设的基础性工程，是党依宪执政、依法执政的重要体现，有助于学生进一步理解行政诉讼法在推进国家治理体系和治理能力现代化中的重要地位和作用。

(二)课程思政教学的课程体系、教学模式和空间多样化

法学专业课程思政绝不是一种形式单调而范式化的教学形式，教学过程的每

---

① 李军. 构建法学课程思政教学路径[J]. 法学教育研究，2021(3).

一个环节或者任何一种教学方式都可以进行课程思政教育。教师在法学专业课程思政教学过程中，通常会综合采用多种教学方式、综合运用多个专业知识点、综合选择多个教学环节进行思政元素的渗透和熏陶，实现复合的课程思政元素在课程教学中的全面运用。

如在行政诉讼法学的课程设计上，会综合运用小班教学、翻转课堂、实务实训等教学手段和方法，讲授最高人民法院公布的十大行政处罚案、十大行政许可案、十大行政征收案、十大行政不作为案、十大政府信息公开案、十大知识产权案、十大环境公益诉讼案、十大产权保护行政诉讼案时，涉及受案范围和管辖，对比新旧行政诉讼法中受案范围的变化与发展，集中管辖、跨区管辖和巡回法庭的建立等司法改革，结合党的十九大对社会主要矛盾转化的重大政治判断，人民对民主、法治、公平、正义、环境、安全等美好生活的向往，把社会主义核心价值观入法入规等在其中的具体体现揭示出来，使学生感受到行政诉讼法不仅仅是一门程序法，而且是党的领导、人民当家做主、依法治国三者的有机统一，推进民主法治进程的晴雨表。

(三)各专业课程与思政课程系统、协同发力

2018 年 9 月，习近平总书记在全国教育大会上强调："培养什么人，是教育的首要问题……我国是中国共产党领导的社会主义国家，这就决定了我们的教育必须把培养社会主义建设者和接班人作为根本任务，培养一代又一代拥护中国共产党领导和我国社会主义制度、立志为中国特色社会主义奋斗终身的有用人才。"[1]"要在坚定理想信念上下功夫……增强学生的中国特色社会主义道路自信、理论自信、制度自信、文化自信，不被任何干扰所惑，立志肩负起民族复兴的时代重任。"[2]作为高校立德树人的重要根基，课程思政的开展绝非专业课教师作为教育主体的一己之责，而是高校从构建全过程、全方位思想政治教育教学体系出发做出的整体性安排，其中不仅需要高校教育管理主体的引导和推动，也呼唤相

---

① 习近平．论党的青年工作[M]．中央文献出版社，2022：170.

② 习近平．论党的青年工作[M]．中央文献出版社，2022：171-172.

关教学团队的完善和支撑，更离不开相关教学元素和教学资源的积累和保障。①

法学专业课程思政意味着所有的法学专业课程都需要体现出道德指引的成分，但是这并不意味着法学专业课程取代思政课程在思想政治教育中的地位，而是引导专业课程与思政课程在遵循各自的教育规律、教学逻辑的基础上，通过专业课程与思政课程的互补共同实现思想政治教育的目标，共同实现立德树人的目标。一般来说，本科阶段思政教育课程主要有"马克思主义基本原理概论""毛泽东思想和中国特色社会主义理论体系概论""中国近现代史纲要""思想道德修养与法律基础""形势与政策"等必修课程，覆盖两个学期或四个学期，从课程设计来看，这些课程偏重于道德指引。本科法学专业课程在内容上与这些课程有所交叉，并会进行深度的知识挖掘，专业课程贯彻本科全程，对学生予以全过程的价值引领。

从法学的价值观角度看，民主、法治、正义、平等、自由、人权等重要理论阐释，始终是中国法学思想变化的主要因素，其影响不仅在中国政治、社会、经济结构、民族文化、重大历史事件、宗教传统中发挥特殊作用，在各门法学理论课程之间及与法学实践课程之间亦形成有关联性的逻辑结构。无论是法学理论课程还是法学实践课程，都难以凭借一门课程、一人之力透彻剖析理论之本质。全方位育人要克服思政教育"孤岛化"困境，② 注重法学理论课之间、理论课程与实践课程之间思政教育的配合与呼应，建立有机联系，使法学各门课程的"思政"元素协同配合，构建有深度亦有广度，有纵向亦有横向，教育目标明确的立体化课程思政"地图"，③ 合作完成思政教育。

二、基于德法兼修型法治人才培养的法学专业课程
思政评估的路径

2021 年 12 月 7 日，教育部召开新闻发布会，介绍 5 年来全国高校思政工作

---

① 胡洪彬. 迈向课程思政教学评价的体系架构与机制[J]. 中国大学教学，2022(4).

② 徐瑞哲. 大学思政课程不再"孤岛化"——上海探索构建全员全课程大思政教育创新体系[N]. 解放日报，2016-12-05(1).

③ 王亚苹. 创意创新创造课程设计与实施[M]. 北京邮电大学出版社，2016：185.

进展成就，认为成就之一即：把课程思政建设成效纳入"双一流"建设评价、本科教学评估、学科评估、专业认证、"双高计划"评价、教学成果奖评审等，构建了多维度的课程思政评价体系。同时，北京、上海、湖南、重庆等省份召开全省高校课程思政建设推进会、研讨会，天津、吉林、河南、山西等省份出台本地课程思政建设实施意见或方案，组建专门工作机构，统筹推动本地课程思政建设。北京大学、清华大学、东北大学、复旦大学、中山大学、兰州大学等高校制定工作方案，启动实施"熔炉工程""思业融合燎原计划"等，充分发挥各校办学优势和特色。

经检索，浙江大学、吉林大学、南开大学、安徽大学、湖南大学、宁波大学、华东师范大学、西南政法大学、天津工业大学、山西农业大学、阿坝师范学院、华北水利水电大学、首都师范大学、闽南师范大学、淮南师范学院、荆楚理工学院、武汉理工大学、山东建筑大学、临沂大学、佳木斯大学等都出台了推进课程思政建设的制度性文件。在这些制度性文件中，对课程思政评估主要表述为："在教学过程管理和质量评价中将'价值引领'作为一个重要监测指标"，"把课程的思想性、价值性作为评价课程的重要标准"，"设置'价值引领'观测点"，"把价值引领、知识传授、能力培养的教学目标纳入学生的课程学习评价之中"，"设置'价值引领'或者'育德功能'指标"，"在教学过程管理和质量评价中将'价值引领'作为一个重要监测指标"，"设置'育德效果'的观测点"……可以看出，这些文件对于课程思政评估的认识主要限于"价值引领"这一监测指标，显然，仅仅设置这一监测指标并不能解决法学专业课程思政评估的问题。

根据法学专业课程思政的特点，法学专业课程思政评估应该遵循系统性评估、融合性评估、发展性评估的路径。

（一）系统性评估

法学专业课程思政是系统性思政，是法学专业课程体系、法学专业课程与思政课程的系统性思政，因此，法学专业课程思政评估应是思想政治教育评估、专业课程评估、专业课程体系评估相结合的系统性评估。

系统性评估指标应从多角度涵盖课程思政涉及的要素，包括对教学内容、教学态度、教学方法、教学效果等全过程的评估，对教师师德师风、学生学习效果、企业与社会反馈等全方位的评估，以及显性效果评估、隐性效果评估、近期效果评估和远期效果评估等。

系统性评估意味着多主体利用多种方式从多种维度开展评估，从而形成较为全面的评估结论。法学专业课程思政是对学生、教师、专业的综合评估；是对课程思政目标、专业发展目标与思政课程目标的一致性评估；是对专业课程和思政课程的整合性评估；是对专业课程思政群的内在逻辑、层次和关联性，专业课程与思政课程的协同程度，课程思政教学内容和教学策略的系统性的评估。

系统性评估可以适用协同评价机制，① 即结合思政辅导员的思政教育和专业任课教师的学科教育优势，就学生学完某一具有课程思政元素的专业课之后，评价其思政素养的提升，进而侧面对此专业课课程思政效果进行评价分析。评价要素包括课程阶段学习的成绩变化、专业课课程思政内容的掌握度、专业课课程的主观答辩、课余公益活动的参与情况。

(二)融合性评估

课程思政是基于"挖掘、提炼(对专业课程思想政治教育元素的挖掘与提炼)——融入(专业课程)"的路径而形成的，即"寓价值观引导于知识传授和能力培养之中"②。法学专业课程思政是融合性思政，其核心和难点是思政元素融入专业课程，因而，法学专业课程思政评估是对思政元素的融合性评估。

课程思政教学标准侧重对教学设计与实施的检视，课程思政的教学评价要素应包含教学目标的设定、思政内容切入点与结合点的选择、教学方法与模式的运用效果、教学管理与评价、教学互动效果、教学资源的选取、教学行为规范性等维度。评价应根据自身教学实际，科学设置教学目标，反映教学过程中

① 张天祺. 专业课课程思政效果"协同评价"机制实效性研究[J]. 高教学刊，2022(4).
② 陆道坤. 课程思政评价的设计与实施[J]. 思想政治教育研究，2021(3).

教师教学活动对学生思政素养的引导和专业素质的培养，发现其中存在的问题并分析其成因。①

法学专业课程思政的融合性评估需要通过对专业课程、专业学习的评估来体现。法学专业课程思政是显性思政与隐性思政相结合的思政，此种思政成效未必能通过一般性的知识考核加以评估，但是成功的课程思政与专业课程的融合，必然会引导学生正确的世界观、人生观和价值观的树立以及专业自信和自豪感的增强，因此，法学专业课程思政的融合性评估需要考查学生对专业学习的态度和成绩变化，考查专业课程的认可度等。

（三）发展性评估

法学专业课程思政评估应是全面呈现学生思想政治素养发展的评估。

学生思想政治素养的发展是一个过程，过程评估对于发展性评估而言非常重要。传统的教学质量评价体系更关注前端的教学准备（教案、教学大纲等内容的组织、设计）和末端的教学成果（课业考核的达标率），对体现知识、能力和认识的提升过程的指标往往关注度不够，造成评价方式与效能脱节，无法凸显价值增值的过程和各方面因素发挥的作用。② 课程思政实施过程中，学生不仅要认知思想政治教育元素，还要基于专业角度上升到思想层面（思想启迪与价值引领），并形成运用思想政治教育知识和原理解决专业问题的能力。而上述发展是一个过程，这就要求评价必须有效反映学生思想政治素养的成长性，并凸显对上述三个维度的关注。同时，在课程思政实施过程中，学生思想政治素养发展往往与专业知识、能力、情感、态度、价值观的发展互相促进，形成"1+1>2"的效应，并综合体现在学生的整体发展中，因而评价要凸显综合性和学生整体发展的增值性。③ 发展性评估应体现学生思想政治素养的变化，这种变化可以通过课程来反映，对每次课而言，对学生思想政治素养情况作课前评估和课后评估，进行课前

---

① 王莹.专业课"课程思政"教学评价体系建设思考[J].齐齐哈尔大学学报（哲学社会科学版），2022（3）.

② 王莹.专业课"课程思政"教学评价体系建设思考[J].齐齐哈尔大学学报（哲学社会科学版），2022（3）.

③ 陆道坤.课程思政评价的设计与实施[J].思想政治教育研究，2021（3）.

评估和课后评估的比较；对每门课程而言，对学生思想政治素养情况作现状评估，根据现状进行课程思政目标设计，在课程讲授过程中收集发展材料，课程结束后进行效果评估，并与前置评估进行比较；对课程群或专业而言，对学生思想政治素养作入学评估和毕业评估，比较入学和毕业的变化。

三、基于德法兼修型法治人才培养的法学专业课程思政评估的具体展开

法学专业课程思政评估应具体从三个方面展开：对学生的评估、对教师的评估以及对专业的评估。就评估方法而言，根据评估的功能，可分为诊断性评估、形成性评估和总结性评估。根据评估标准的参照系，可分为绝对评估、相对评估和自我评估。根据评估分析方法，可分为定性评估和定量评估。法学专业课程思政评估应该综合采用这些评价方法。

（一）对学生的评估

对学生的评估应围绕学生思想政治素养的提升展开，分为三个层次，第一层次即学生对课程思政知识的掌握，第二层次为学生基于专业对课程思政知识的运用，第三层次为学生基于专业的理想信念发展。

学生对法学专业课程思政知识的掌握主要考查学生对马克思主义法学理论、社会主义核心价值观、习近平新时代中国特色社会主义思想、中华优秀传统文化、法治改革、法治人物、法治事件等法学专业思政元素内容的了解；学生基于专业对课程思政知识的运用主要考查学生运用课程思政知识对专业所涉热点事件的判断和分析，对专业问题的判断、分析和处理；学生基于专业的理想信念发展主要考查学生的职业道德教育观、社会道德观等。

对学生的评估以多种方式展开，既有结果性考核，又有过程性考核；既有客观评价，又有主观描述；既设计定性指标，又设计发展性指标；既有教师的课堂课后评估，又有学生之间的互相评估，还有用人单位的延伸性评估。教师借由课堂报告、讨论或课程作业，考查学生对课程思政内容的理解与接受度，在过程性评价和结果性评价中，兼具专业评估和思政评估。比如，在"行政法学"课程的

考试中，可以设计以下考题："试阐述我国公司注册资本登记制度改革在法治政府建设方面的主要意义"，这一考题既可考查学生对公司注册资本登记制度的理解，也考查了学生使用行政法知识深入分析现实社会事件的能力。

(二)对教师的评估

对教师的评估围绕教师在课程中对思政元素的挖掘、融合和发展而展开。对思政元素的挖掘即教师在课程中对思政元素的探索情况、聚集课程思政元素、遴选课程知识点的情况；对思政元素的融合即教师在课程中对与思政元素深度融合的知识体系构建情况；对思政元素的发展即教师的课程一体化设计、融合创新的情况，课程是否真正成为有理、有情、有效的综合育人课程。①

对教师的评价通过对各个教学要素的评价进行，包括教学目标、教学内容、教学方法、教学环境、教学管理、教学考核等方面。就教学目标而言，教师首先要设计总体的课程思政教学目标，同时在具体的知识点中设计具体的教学目标。教学内容要考虑课程思政内容与专业知识的比重，以及课程思政内容与专业知识的融合度。教师应根据思政元素设计教学方法，方法有效且多样。要根据专业知识内容和课程思政内容评估教学环境可能产生的影响，根据思政教育内容设计教学情境，促使思政教育内容动人动情、入脑入心。课程思政的教学考核应多元化，既有知识性考核，又有隐性考核，并通过过程考核、结果考核等方式予以实现。

对教师的评价既有客观评价方式，也有主观评价方式。客观评价方式主要是对相关教学材料的评价，包括教学大纲、教案(含配套音视频)、平时考核材料、期末考核材料等；主观评价包括不同主体对教师的评价，可以通过听课、座谈、调查问卷等方式进行。

(三)对专业(学科)的评估

对专业(学科)的评估关注专业课程与专业课程之间的协同推进和有机统一，

① 南京大学全面加强课程思政建设行动方案［EB/OL］. (2021-07-14) (2022-12-01). https://grawww.nju.edu.cn/53/ab/c2708a545707/page.htm.

专业建设和课程思政建设的融合发展，主要包括课程思政的拓展化与进阶化、综合化与体系化、平台化和显性化。即设定思政目标，把课程思政所进行的思想政治工作体系贯通人才培养体系并进行拓展和深化；凸显与其他专业差异的核心价值体系，体现规划性和引领性；搭建专业思政资源平台，以专业为单元进行一体化建设，把相近或相通内容的课程思政资源汇聚到一起，更方便思政元素的挖掘、利用和积累。

对专业(学科)的评估通过专业培养目标、课程体系、教学规范、师资队伍、教学条件、质量保障、学科支撑、毕业要求等展开，应重点评估专业人才培养方案、教学计划等是否纳入课程思政的要求；是否结合专业开展了课程思政建设工作的研究和部署；在专业中推进课程思政的具体措施是否切实可行；① 课程体系的设置是否具有内在逻辑、层次和关联性；师资队伍、教学条件是否与课程思政要求相匹配；毕业要求中是否设置了课程思政的观察点等。

---

① 王岳喜. 论高校课程思政评价体系的构建[J]. 思想理论教育导刊，2020(10).

新时代思想政治理论课的具象化教学研究

——基于"大事件"教学的研究视角

施俊波

金华职业技术学院马克思主义学院

摘要：党的二十大为中国特色社会主义各项事业擘画了宏伟蓝图，指明了前进方向。本文以新时代"大事件"教学为研究视角，分析了大事件教学对于思政教育的意义、实现机制以及大事件教学实现思政教育具象化的路径，对思政课程的具象化教学提出了具体思考和有益探索。

关键词：大事件；思想政治教育；具象化；大思政；时政教育

党的二十大报告将"实施科教兴国战略，强化现代化建设人才"放在优先位置，提出"教育、科技、人才是全面建设社会主义现代化国家的基础性、战略性支撑"。我国新时代高等教育肩负着为全面建设社会主义现代化强国、以中国式现代化全面推进中华民族伟大复兴培育优秀人才的光荣使命，必须牢牢把握"培养什么人、怎样培养人、为谁培养人"这一教育的根本问题和立德树人这一根本任务。思想政治理论课作为落实立德树人根本任务的关键课程，不断探索改进教学方法、提高课堂教学实效，是全体思政课教师的重要政治任务和教学目标。

"具象化"是艺术创作领域的一种表现手法，它指一种抽象的事物经过人脑转化，成为一种"具体的可触摸的"事物，类似语言学习中"通感"。具象化教学可概括为"通过不同具象的呈现来引起受教育者的学习兴趣、加深受教育者的认知感悟，并最终导向理性思考与抽象认知的教学活动"①。具象化教学具有极强的亲和力、说服力、渗透力，符合青年学生认知规律，正在成为思政课教学的必然趋势。

具象化教学可以通过很多方法和载体加以实现，如例证演示法、故事叙述法、案例讨论法等，其中，"大事件"教学法是一种潜能巨大却有待深入研究和探索的具象化教学方法。

一、"大事件"教学对于思想政治理论课"入脑入心"的特殊意义

思想政治教育领域上的"大事件"指的是我国经济和社会生活中发生的短期内引发舆论界巨大关注甚至引发政府和法律层面变动或调整的焦点、热点事件。和普通新闻热点事件相比，大事件具有影响发生的瞬时性、影响范围的广泛性、影响程度的剧烈性和影响效果的深远性等鲜明特征。大事件教学是时政教育的一部分，也是学校德育工作和思政课程的重要组成部分，大事件教学对思政课程的课堂教学效果具有不可替代的特殊意义。

（一）大事件教学有助于思想政治教学遵循认识论规律

思想政治教育越来越呈现出教育知识化、知识常识化的态势。对于学生知晓（而不一定是"掌握"）的思政理论常识（而不一定是"知识"），要真正让它们入脑入心，实际上就是要将感性认识上升到理性认识，这就需要"实践、认识、再实践、再认识"，"通过实践而发现真理，又通过实践而证实真理和发展真理"②。实践对于真理性认识的获得是不可或缺的，思政课堂作为思政教育主渠道，应当充分尊重这一认识规律。大事件教学非常有助于教育实践功能的实现，它的剧情和场景都是真实的、为学生所熟知且关注度高，学生将自己代入事件角色因而具有完全真实的实践体验、生活逻辑和认知需求，教师将该事件讲清讲透

---

① 张玉婷.思想政治课具象化教学初探[J].思想政治课教学，2011(3).
② 毛泽东选集(第1卷)[M].人民出版社，1991：296.

的过程，实际上也就是学生通过实践悟知真理性认识的过程。

（二）大事件教学有助于提高"大思政"教育的理论说服力

习近平总书记曾说，"大思政课"我们要善用之，一定要跟现实结合起来。这就要求我们善用"大"的资源、汇聚"大"的合力。所谓善用大的资源，就是要把党和人民百年奋斗的历史作为思政课的"大资源"。党的二十大报告指出，我们现在面临中华民族伟大复兴战略全局和世界百年未有之大变局，我们这个时代发生的诸多"大事件"对于定位我们历史发展的脉络具有节点性、指向性意义，也是"大思政课"应该充分加以挖掘和利用的大资源。所谓"大"的合力，指的是上好思政课，必须坚持"三全育人"。"思政课的本质是讲道理"，大事件的发生，具有复杂性和根本性，可以从多个学科专业角度进行解读和分析，善用大事件资源，有助于从各学科角度实现课程思政元素互通和观点互证，从而极大提高思政教育理论的说服力。

（三）大事件教学有助于培养学生的大历史观思维

新时代的伟大变革，在党史、新中国史、改革开放史、社会主义发展史、中华民族发展史上具有里程碑意义，迈向全面建设社会主义现代化国家新征程中，我们正在创造、见证历史。我们的各项工作都要确立大历史观思维，只有这样才能真正明晰我们奋斗的时代方位，拓宽我们奋斗的历史格局。在思政教育中培养大历史观思维，要求我们"善于抓住具有标志性、里程碑意义的历史节点，廓清历史主流主脉，凸显历史发展轨迹和趋势，得出具有规律性的认识"①。大事件往往是一国社会心理、法律制度、政治制度甚至历史变迁的受力点、变革点和转折点，也是体验和检验思想政治理论的重要场域。对具体大事件的分析解读，有助于丰富学生的历史认知，培养学生的大历史观思维。

---

① 杨凤城. 把传统党史研究带回来，让主流党史研究强起来[J]. 中共党史研究，2022
(3).

二、"大事件"教学的具象化实现机制

(一)大事件教学具象化还原了思政理论的真实生活逻辑

基于互联网应用的新媒体的兴起，造就了新闻传播方式、传播途径、传播内容、传播思想和传播受众全方位的多元化。思政课在注重授业的同时，更要注重"传道"和"解惑"，要善于了解并解答学生的现实疑惑。大事件教学具有亲和力、针对性、真实性，破除了传统思政教学案例中的脸谱化、疏离化特征。学生本人对大事件的发生有一种亲历感，由此带来了课堂上可贵的主体意识和参与感，学生在教师指导下对大事件的课堂复盘、理论总结，非常具象化还原了大事件背后由思政理论印证的真实生活逻辑和实践逻辑。

例如，2018 年 7 月热映的电影《我不是药神》中，身患癌症却吃不起药的一群底层人物向社会发出了"我想活着，行不行?"的灵魂拷问，抗癌药物价格畸高迅速引发整个社会关注，李克强总理专门就该舆情做出批示，要求有关部门加快落实抗癌药降价保供等相关措施，并且专门实地调研、开会商议。同年10 月，包括阿扎胞苷在内的 17 种抗癌药被纳入《国家基本医疗保险、工伤保险和生育保险药品目录》，平均降幅达 56.7%，最高降幅达 71%。2021 年 3月，陆勇(影片里患者生活原型)服用的抗癌药物"格列卫"，从每个月 2 万元下降到几百元。

在这个"大事件"中，学生不仅熟知该影片情节和舆情风向，而且对事态发生也有自己主观的价值取向和情理判断，教师引导学生认真分析整个事件，合情合理、顺理成章地还原社会主义核心价值观、社会主义法治特征等思政理论背后的生活逻辑和实践逻辑，使学生受到良好教育。

(二)大事件教学具象化验证了思政理论的科学理论逻辑

柏拉图说"美德即知识"，然而知识化教育却是思想政治教育的一大弊病。在思政教育长期化、常态化的当下，思政理论知识已经呈现出常识性特征。哲学

视域中的"常识"是人类生活可靠而必要的理论预设，具有普遍性、直接性和明晰性等特征。① 但常识概念框架是非批判的和非反思的，无法实现自我超越和自我更新。② 如何让学生在掌握思政理论"常识"的同时，能真正提高思政理论的说服力，让学生掌握理论发展逻辑，是思想政治理论课的重要使命，而具有新鲜、直接、可靠的经验性特征的大事件教学能使学生在具象化场景中思考理论常识、验证思政理论，培养科学的理论逻辑。

例如，从2004年出租车司机黄某驾车撞死劫匪获刑，到2016年4月聊城余欢案、2018年8月的昆山"龙哥"案、2019年2月丽江唐雪案……一个个正当防卫案件令全国舆情一再汹涌，正当防卫的司法认定存在把握过严甚至严重失当等问题，激发了人民群众关于公平正义观念的大讨论。2020年9月4日，最高人民法院、最高人民检察院和公安部联合发布了《关于依法适用正当防卫制度的指导意见》。《指导意见》坚持问题导向，从总体要求、具体适用和工作要求三大方面，用22个条文，对依法准确适用正当防卫制度做出了较为全面系统的规定。《指导意见》中"坚决捍卫'法不能向不法让步'的法治精神""坚持法理情统一维护公平正义"以及对正当防卫的时间条件和防卫过当的认定条件等方面所作的细致规定都认真回应了广大人民的关切，反映了广大人民的意志。

将这个持续时间较长、意见较为激烈的关于正当防卫讨论的"大事件"引入思政课堂教学，学生可以充分明白和理解体现人民意志、保障社会主义建设是我国社会主义法律的重要特征，深刻领悟我国坚持习近平法治思想、走社会主义法治道路的理论逻辑。

(三)大事件教学具象化体悟了思政理论的必然历史逻辑

历史逻辑，就是历史发展的规律性和必然性。中国共产党的初心就是为中国人民谋幸福，为中华民族谋伟大复兴。党的二十大的主题就是这一宏大主题在新时代新征程的具体体现。为了完成民族复兴这一历史使命，中国共产党在百年奋

---

① 周晓亮. 试论西方哲学中的"常识"概念[J]. 哲学研究, 2004(3).
② 孙正聿. 非常识的常识化[J]. 求是学刊, 1996(2).

斗中经过革命、建设和改革找到了中国特色社会主义道路，当前我们已经完成脱贫攻坚、全面建成小康社会的历史任务，正迈上全面建设社会主义现代化国家新征程，这就是我国进入新发展阶段的历史逻辑。党的二十大报告指出，过去的五年，是"极不寻常、极不平凡的五年"，未来的五年则是"全面建设社会主义现代化国家开局起步的关键时期"，引导学生正确认识十年中的"大事件"，对学生思政理论的历史逻辑的确立具有极其重要的意义。

国外版"知乎"——Quora 针对中国人提出了一个尖锐的问题："如果中国有那么多钱给其他国家投资，那为什么不用这些钱来发展中国的贫困地区呢？(If China has so much money to invest in other countries, why don't they develop the poor parts of China?) 剑桥大学博士 Janus Dongye 发长文给出了一个高赞的回答。他用可靠的地理学知识说明了相对偏远的甘肃、云南、贵州、广西等地的发展条件和现状，并用大量数据列举了中国政府在近十年（尤其是"十三五"期间）对这些地方投入了大量资金建设高速公路、铁路、桥梁、4G 网络以及风力和水力发电站，使这些"除了飞机你很难进出"的"不受上苍眷顾的地方"焕发了生机，当地居民生活发生了巨大变化。他认为："最重要的是，上述这些项目，全都是由中国的国有企业来承担的。它们做这些项目是赔钱的，但是却能给中国的老百姓带来巨大的社会经济利益。"该长文引发了很多国外网友的共鸣。有网友评论说："在过去的 8 年里，我去过中国的一些地方，你的回答正说明了中国正在发生什么。……我住在贵州省，你传递的信息正是那里的现实。所以这不是什么宣传，也不是精心挑选一些项目，试图让它看起来亮眼。"有网友评论："在过去 40 年左右的时间里，我曾多次前往东亚，当然也去了中国。我可以告诉你，中国的变化几乎是无法用语言描述的，你必须亲眼看见才会相信。"

这个"大事件"用国外视角看中国，更能客观评价我国过去十年的中国特色社会主义建设取得的巨大成就，也凸显了我国处在新方位、迈向新征程的历史阶段的巨变，更无可辩驳地证实了中国特色社会主义的历史必然和光明前景。

三、"大事件"教学实现思政教育具象化的合理化路径

（一）合理甄选事件素材

1. 富有思政元素

大事件教学中，选取的事件素材，必须富含理想信念、党史国史、人生观价值观道德观、社会主义法治等思政内容元素，必须具有思想性，具有可探讨性、可挖掘性，必须服务于思政教学目标的达成，而不能流于时政普及或者新闻宣传，教师也不能为了迎合学生喜好、营造没有质量的"课堂气氛"而选取普通事件哗众取宠。

2. 富有故事情节

故事教学，本质上是一种叙事教学。"叙事是真实生活的一部分，对社会生活具有建构意义，也是一种人类行为组织原则。……人类依据叙事结构来思维、知觉、想象和做出道德选择。"[1]选取的事件要在情理上吸引学生、情绪上感染学生、情感上打动学生，因此需要具备一定的故事情节，而不能平铺直叙地简单呈现结论。

3. 富有亲和趣味

有亲和趣味，才会使学生对事件本身产生强烈兴趣。亲和趣味包括时髦元素、流行话语、学生兴趣点等，教师在提高理论水平的同时，也应该提高理论素养转化能力，善于捕捉学生的兴趣话题并在其中注入、嵌入、渗入思政元素。"大事件"之大，不仅在于代表大时代，更在于对学生发生"大影响"。流行的影

---

① 西奥多·R. 萨宾. 叙事心理学：人类行为的故事性［M］. 北京师范大学出版社，2020：21-23.

视剧、蹿红的网络事件，只要善于挖掘和升华，都可以经过加工成为反映时代缩影、影响学生认知的"大事件"。

4. 富有生活色彩

具有生活性、符合生活逻辑及现实逻辑，这是大事件教学让学生信服的重要保证。作个形象比喻：如果说学生多年思政教育获知的思政"常识"是一颗颗"洗衣凝珠"，那么五彩斑斓的生活就是一桶桶"活水"，只有把洗衣凝珠放在活水里溶解、稀释，才能起到洗涤污垢、净化心灵的效用。我们应当选取现实生活中的真实事例，如此才能让学生检验和内化思政知识结论。

（二）合理挖掘事件内涵

1. 学科交叉法

大事件作为影响广泛的事件，在其突发性背后有着缓慢而深厚的成因，而这一成因往往表现为社会多方面制度或者道德情感的复杂纠葛。教师应以全员育人、全程育人为指导，在大事件分析中采用多学科（如伦理学、法学、哲学以及相关自然科学学科等）分析方法，使学生通过多角度思考、全方位认知，在全面和深入理解的基础上接受思政教育。

2. 情景模拟法

由于大事件本身符合生活逻辑，具有现实性，因此对之进行情景模拟也就成为一种现实的教育方法。具体方法可以是尝试逐步释放事件细节，让学生以个人选择方式模拟后续情节，或者让学生表达同样情境下的个人做法等。但是，归根结底还是要让学生知晓并理解真实事件的真实结果，在这个前提下教师可以作适当的推演和拓展。

3. 正误交替法

对错误想法、错误思潮的批评，和对正确原则、正确理念的坚持是一致的，甚至在某些时候，前者对后者有着更显著的教育意义。恩格斯曾说："伟大的阶级，正如伟大的民族一样，无论从哪方面学习都不如从自己所犯错误的后果中学习来得快。"①在大事件的解读中，必须毫不回避学生中间或者社会上的错误偏见，老师应对其加以认真分析，在批判错误中促进正确认知的达成。

（三）合理评价事件认知

1. 鼓励表达和正向包容的原则

鼓励表达，是为了全面感知学生对于事件的态度和观点，建立合理评价参照；正向包容，指的是在坚持原则的同时，对学生不同意见宽容相待，建立合理讨论机制。有了足够丰富的学生意见反馈，教师能对学生的思想动态了然于胸，因此也就可以更主动更精准地开展讨论交流，对学生关于事件的认知进行科学合理的评价。

2. 评价标准刚性原则

对学生的大事件认知，应当坚持以马克思主义基本原理和社会主义核心价值观为指导，涉及原则问题的评价，坚决不能退缩和让步，牢固树立底线意识、红线意识，对于学生的错误思想和错误言论，坚决批评、纠正，并且在评价结果中予以体现。

3. 评价方式多样化原则

在大事件教学过程中，对学生的评价方式应当多样化，可以通过课堂提问、讨论交流、政论文章写作、课堂热点 PPT 制作、自选社会实践项目、案例分析作业等途径综合评价，需要特别注重学生对事件的复盘能力、总结能力、分析能力和是否有个人独到的见解在评价中的占比。

---

① 马克思恩格斯选集(第4卷)[M]. 人民出版社, 1995: 432.

（四）合理总结事件教育

大事件教学是思政教育在学生思想深处的教育，应当时时观察、时时总结，以精准把握学生思想动态、精确开展思想政治教育。

1. 注意学生不同意见

在这个"人人都是自媒体"的时代，大学生接收信息途径广泛，信息内容多元复杂，对于大事件的认识，学生可能会形成不同意见甚至和教师相反的意见。对此，需要引起重视，回避、视而不见的态度不可取。需要认真反思和总结学生不同意见发生的根源（包括认识根源和环境根源），必要的时候，应当专门针对该意见进行详细讲评。如果大事件发生后，思政课教师的主流发声缺失，任由学生意见受社会各种媒体影响，那将是思政课教师最大的失职。

2. 注意学生兴趣话题

学情是最大的教学实际。一切从实际出发，就是一切从了解学情出发，这是教育领域的唯物主义。只有始终了解、捕捉学生的思想动态，思想政治教育才能有的放矢、取得实效。这就要求教师关注学生的兴趣话题及其意见动态，此举既可以使课堂增加吸引力，还可以借助话题提高思政渗透效果。一般来说，大事件都会博得学生关注，也因此会是学生感兴趣的话题。引入并利用学生兴趣话题完成思政渗透，是思政课教师教育艺术和学识魅力之所在。

3. 注意学生"偏见"特点

学生了解事件途径的多样性并不必然等同于获得的信息的真实性，相反，他们在事件中容易形成自己的主观偏见。我们在诸多焦点舆论事件反转（如重庆坠江公交车和女司机、"为爱冲锋"勇士等新闻事件）和一次又一次的舆论风潮中可以看出，诸多新闻事件越来越体现了"后真相"时代特征，亦即真相被后置，对真相的理性探寻被让位于价值观念的争吵甚至情感情绪的宣泄。在这个时代背景下，新闻舆论呈现了情绪表达泛滥的情感易极化特点、议论议题易失焦的意见流动性特点和社群部落壁垒易固化的认知偏执化特点。① 因此，在大事件讨论过程中，要充分注意反思和总结学生偏见形成的特点，提炼引导和纠正的方法。

党的二十大是在中国共产党带领全国各族人民努力实现社会主义现代化和中华民族伟大复兴的历史征程中一次十分关键的历史性会议，其伟大的历史意义注定将载入史册。西方学者所谓的"历史终结论"早就终结，而我们正在见证和参与中国特色社会主义带来的时代巨变。思想政治理论课是落实立德树人根本任务的关键课程。在这个时代巨变中，不断会有形形色色的"大事件"呈现在人们视野中，推行"大事件"教学，对这些"大事件"认真研究解读并加以分析讨论，将极大助益于思想政治理论课教学的具象化，真正提高教学效果。

---

① 王宇虹. 后真相时代舆论特点、引导难点及策略[J]. 新闻论坛，2022(1).

树立正确恋爱观的思政课程与"品牌策划创新思维"课程思政融合教学创新实践探析

——以某房地产品牌公关活动与演讲主题读书营的联动为例

于志凌　何凤婷　吴悠　楼展波　刘鸿源

杭州师范大学马克思主义学院

摘要： 本文以高校学生的恋爱观教育为切入点，从教学场景与内容的结合，以及教学方法、师资、对象等方面，介绍"品牌公关活动+读书营"模式大思政课教学创新的设计与实施经验，力图促使"思想道德与法治"思政课程与"品牌策划创新思维"课程思政双向融合，让传播正确恋爱观这一思政教育目标与企业品牌策划中相关爱情主题彼此融合。从取得的效果来看，把大思政课融入市场，可以有效抵制部分品牌营销手段带来的误导，引导大学生群体树立正确恋爱观，提升人民生活的幸福指数。

关键词： 恋爱观；大思政课；品牌公关；课程思政；思政课程

一、引　言

如何在专业课程中坚持知识传授与价值引领相结合，加入理想信念、价值理念、道德情操等思政元素，是一个需要不断探索和完善的课题。不过，这还只是思政元素对课程教学的单向度挹注，相比之下，课程思政与思政课程的双向融合显然更具挑战性，也更能形成协同效应。后者的难度很大程度上在于寻找合适的切入点，毕竟各门课都有自己要守的"一段渠"、要种的"责任田"，不宜生搬硬套思政课程的方式方法和观点内容。笔者所承担的"品牌策划创新思维"课程看似也是如此，不过，通过与企业品牌联动举办读书营，笔者初步将其与"思想道德与法治"的部分教学内容有机融合，取得了非常好的效果，而二者的切入点则是——恋爱观。

随着教育观念不断更新，高校大学生的恋爱观教育已经成为"思想道德与法治"课的重要内容。综合国内学者观点，当前我国大学生的恋爱呈现注重恋爱过程、轻视恋爱结果，恋爱观念开放、传统道德淡化，恋爱成功率较低等特点。①恋爱观教育理应成为课程思政和思政课程两个方面的着力点之一。与此同时，大量品牌采取对爱情进行过度包装的营销手段，进一步误导了大学生尚未成熟的恋爱观。在"品牌策划创新思维"课上创新品牌公关活动，利用好品牌的爱情相关主题进行正确引导，消除其因追求利润而带来的错误导向和不良影响，引导在校大学生乃至已经步入社会的青年群体树立正确的恋爱观，是本次大思政课教学创新的重要目标。

对于恋爱观，人们表面看起来有选择的自由，实际上却由消费社会所影响甚至控制。在当前大学生恋爱观的形成过程中，有相当一部分观念来自各大品牌的营销传播。比如，软文《不给你买某品牌口红的男生不配说爱你》《他在你40岁时给你买20岁时喜欢的裙子毫无意义》为了促销带货而大肆制造爱情幻想和婚姻焦虑，产生了严重的负面影响。面对这样的现状，我们在"思想道德与法治"课堂积极开展正确恋爱观教育，但仅凭这种努力与强大的广告、品牌传播活动相抗衡，还是远远不够的，需要把树立正确恋爱观这堂思政课开到市场上，既要通过现场教学，让学生对资本的话术产生警惕，更要通过交流互动，促使品牌传播正确恋爱观。因此，笔者尝试开门办思政课，破解实践教学短板，调动社会力量和资源，推动思政小课堂与社会大课堂融合，拓展实践教学途径，发扬"行走的思政课""场馆里的思政课"理念，不断提升思政课的针对性和吸引力。具体来说，即把品牌公关活动现场变成思政课的第二课堂、社会课堂，以消解"拜金式爱

---

① 刘涛，赵惠. 近十年我国大学生爱情教育研究综述［J］. 江西教育科研，2007（11）：9-11.

情""梦幻式爱情""看脸式爱情""霸道总裁爱上我式爱情"等错误恋爱观对大学生的影响。

课程创新的根本目标无疑是立德树人，提升思政教育的亲和力和针对性，满足学生成长发展需求和期待，绝不会迎合资本的无序扩张和逐利本能。然而，如果不能找到互利共赢的结合点，大思政课融入市场的努力就无法持续，也脱离了学生的成长环境。在这方面，品牌恰好有自己的诉求，并产生过不少传播了正确恋爱观的正面"爆款"案例。例如某珠宝品牌放下身段，拍摄普通人的爱情故事，传递了用心、创造、行动、唯一等正确恋爱观。① 又如某彩妆品牌以中国传统文化中的同心锁为灵感，推出"同心锁口红"，寓意一锁定情、永结同心。该品牌还推出"齐眉同心妆匣礼盒"，取举案齐眉之意，并将妆匣的密码唤作"同心码"，象征独一无二的爱情。这就传递了爱情中互敬互爱、长久专一的观念，有利于对抗"快餐式爱情"。

总而言之，无论在思想政治理论课上，还是在品牌策划与创新过程中，爱情都是关键要素。从爱情的视角为品牌赋能，让思政教育与品牌公关活动共同传播正确的恋爱观，既可以令品牌更具文化感、创意性与识别度，又能让树立正确恋爱观的内容有更多机会触达大学生群体，形成双赢局面。

二、"品牌公关活动+读书营"模式的大思政课

习近平总书记指出："'大思政课'我们要善用之，一定要跟现实结合起来。上思政课不能拿着文件宣读，没有生命、干巴巴的。"②校园课堂无疑是思政课教学的主渠道、主阵地，但我们更要活用"大思政课思维"，将课堂融入市场，延伸至社会生活之中，推进思政课教学实现"在课堂上讲"与"在社会中讲"的紧密结合，构建协同育人格局，创造良好教学环境。③ 依据这样的思路，笔者尝试探

---

① 周大福"绝配情人夜"案例分析[J]. 国际公关，2008(4)：66-68.

② 杜尚泽."'大思政课'我们要善用之"(微镜头·习近平总书记两会"下团组"·两会现场观察)[N]. 人民日报，2021-03-07(1).

③ 卢黎歌，向苗苗，李丹阳. 善用"大思政课"争当思政"大先生"[J]. 学校党建与思想教育，2022(5)：11-18.

索与某品牌公关活动合作，进行树立正确恋爱观的思政课程教学创新。

（一）教学场景与内容的结合

目前，很多学校和机构都已经通过建设校外实践教学基地等方式，与纪念馆、博物馆、科技馆、干部学院等单位合作，① 还出现了"音乐厅里的思政课"等富有特色的思政课堂。既然思政课的课堂可以不拘一格，那么品牌宣传活动的会场自然也能作为教学场景。每个场景都是自带脚本的，例如笔者策划并执行的"××房地产品牌·演讲共读营"活动，将大思政课堂设在售楼处展厅，进行"演讲的脚本"相关主题社交沙龙与情商沟通课程的讲授。

作为承办方，房地产品牌希望房子不只是钢筋水泥，而是一个承载情感与梦想的空间，因此有意将单身公寓的产品功能与爱情主题进行融合。对此，笔者决定因势利导，在教授恋爱告白中的演讲技术过程中进行正确恋爱观教育，例如提示同学们：在恋人生日、纪念日、节日、告白仪式之际，除了有相应的仪式场景布置、礼物赠送这些物质表达之外，更应该用心发表一段微型演讲，以精神交流的方式增进双方感情。

此外，笔者还设计了"结婚后是否应该有自己的独立空间"的讨论议题。很多女生希望在婚后有自己的房子，有自己的茶室、会客厅等独立的空间，作为自己思考和学习的地方，甚至作为私人工作室，获得经济独立，但这与传统的"结婚了就要两个人生活在一起，或者与公公婆婆住在一起"的观念和生活方式存在冲突，其背后则是如何平衡独立与亲密、如何把握自由与约束的深刻话题。售楼中心和样板间的场景与这一话题高度相关，可以让持不同观点的学生分别进行演讲与讨论，沉浸式地体验与思考新时代恋爱观。

（二）教学方法

当前，大思政课的教学方法创新层出不穷，早已不再局限于以教师为主体的

---

① 徐涤寒，赵民学，曹广伟. 把思政课开在生活里、青年中、田野上——记河南农业大学马克思主义学院思想政治教育特色品牌建设[J]. 河南教育（高等教育），2021（3）：15-19.

单向灌输知识的填鸭式教学了。例如，中央音乐学院把一首首优美动听的歌曲变成教学课件，形成了"音乐思政课""有乐音的思政课"等一系列特色思政课程。河南农业大学开展实践教学展演，借助经典诵读比赛、辩论赛、演讲赛、微视频制作赛、历史情景剧表演赛等形式，使学生成为思政课堂的主角。① 受此启发，笔者也在与品牌合作的演讲共读营中综合运用思政课程教学方法，为该品牌和学生双向赋能。

在优美高雅的音乐声和安静舒适的环境中，笔者运用讲授法、讨论法和任务驱动法等方法，将习近平总书记在博鳌亚洲论坛上的演讲、闻一多先生《最后一次讲演》、时事热点和后疫情时代大环境相结合，进行演讲的知识点讲授，进而把知识点应用到恋爱告白演讲场景中，自然而然地植入有关正确恋爱观的内容，进而引导学生树立正确的世界观、人生观和价值观。

通过组织学生自由讨论和小组推选代表上台即兴演讲等方式，笔者让枯燥的教学课程变成生动活泼的情感交流沙龙。笔者有意让学生从被动学习者成为主动学习者乃至教学者，以鼓励引导的方法调动学生投入情感学习的积极性，开拓了学生的思维视界，达到了思想碰撞、教学相长的目的。

让学生主导并不代表教学成了松散的茶话会，相反，演讲共读营的进度牢牢掌握在教师手中。为了确保教学质量，笔者运用任务驱动法，让学生在众人面前充分展现学习所得，通过"生讲生评""生讲师评"等形式树立学生的自信心，培养学生的分享欲和演讲能力。为了让性格相对被动的同学也能积极参与，笔者还设计了游戏环节，最后演讲的一桌，男生要做俯卧撑，这大大提升了课堂效率和学生的积极性。当然，做俯卧撑并不是真的对个别学生进行惩罚，而是邀请其他桌男生"支援"，大家一起给予掌声鼓励，营造温暖、活泼的课堂氛围。

总体而言，本次演讲共读营的教学方法比较多元，不仅可以让学生提高沟通能力，更将思政课正确恋爱观的教育巧妙融入到演讲技巧的学习之中，促使学生树立一个重要观念：爱情是需要用行动去创造的，情绪管理与沟通能力是要学习

---

① 徐涤寒，赵民学，曹广伟. 把思政课开在生活里、青年中、田野上——记河南农业大学马克思主义学院思想政治教育特色品牌建设[J]. 河南教育（高等教育），2021(3)：15-19.

和提升的，不能在爱情婚姻上"躺平"。

（三）教学师资

上好高校思政课，关键在教师。大思政课的教师队伍并不是狭义的任课老师，而是包括一切有助于增强课程时代感、吸引力的校内外人员。只有充分利用、有效整合教育资源，才能帮助教学对象切实提高思想水平和道德品质。此次演讲共读营活动以品牌公关活动为载体，将品牌宣传会场变为思政课堂，让"品牌策划创新思维"与"思想道德与法治"两门课融为一体，其与校园里的思政课的突出区别，即体现在教学师资上。具体而言，演讲共读营活动的教学师资主要有以下三类：

一是承办方。在注意避免过度商业化的前提下，也应该看到，承办方的企业文化与品牌特色也蕴含着大思政内容，其品牌公关活动与思政教育并非水火不容。承办此次活动的某房地产企业是全国 500 强企业，业务涉及农资、农产品等领域，在助力脱贫攻坚、乡村振兴和区域经济社会发展等方面，有着比较突出的责任担当。演讲共读营上，代表承办方的一位企业高管围绕"责任""担当""使命"三个关键词，发表了有关"结婚后是否应该有自己的独立空间"的演讲，在推广品牌的同时弘扬了正确的恋爱观和价值观，为思政课教学提供了助力。

二是主讲人。此次演讲共读营的主讲人是大学思政课专任教师，同时也是"品牌策划创新思维"这门课程思政示范课的主讲教师，其对思政课程与课程思政建设有深入思考，授课风格生动活泼，深受学生喜爱，并具备国家二级心理咨询师资格，还是知名媒体评论人，在演讲沟通方面积累颇深，具备在"演讲的脚本"主题社交沙龙与情商沟通课程中传播正确恋爱观的能力和经验，是高质量完成教学创新的根本保证。

三是活动策划团队。品牌方团队的精心策划对此次演讲共读营活动的顺利开展起到了重要作用。其与思政课任课教师一样，对教学的形式与内容进行了细致的设计安排，形式上尤其富有创新性，场景布置和沉浸式体验大大提升了授课效果。

由此可见，高校应该尝试与社会各界实现人才资源共享，实现教学师资来源的多样化与专业化。思政教育一旦融入市场，就能够突破传统课堂的单一和呆板，并在特定场景下高效实现教育目标。

（四）教学对象

此次演讲共读营活动将教育对象指向即将步入社会的、尚未形成系统恋爱观的高校大学生，同时吸收部分已经步入社会、形成一定恋爱观的单身青年。之所以加入后者，是为了引入不同视角，方便教师未雨绸缪地引导学生走好毕业后的人生路。我们选择的是具有优秀教育背景、工作稳定、事业发展较好的单身青年，他们以轻松讨论的方式参与到课程学习中，以独特的理性优势、经验优势向大学生分享自己的恋爱观点。

有学者指出，教师不需要训练学生怎样谈情说爱，而需要培养他们在集体（包括在家庭）建立高尚的精神心理关系。[①] 同学们在参与演讲共读营的过程中，直接、间接地接受爱情教育，与年长一点的青年朋友碰撞思想、迭代观念，学生普遍厘清了自己的恋爱需求，了解了与人交往的正确方式，大学课堂与经济社会活动实现了融合互通。

三、融合创新的大思政课发展展望

以此次演讲共读营为代表，从 2021 年开始，笔者借助市场力量，组织学生通过线上线下共同阅读、授课讨论等方式加强情商教育，通过专家答疑等方式解决学生心理情感问题，在缓解青年社交心理压力等方面交出了一张张出色答卷。为了加快该模式的发展布局，扩大共读营在大众视野中的影响力，进而更好地进行大思政课教育，未来还准备进行以下创新：

一是发挥明星网红的示范效应。在共读营的领读阅读打卡活动中，邀请正能量明星或网红作为"领读官"，谈自己的恋爱观。借助其在大学生中的知名度，吸引大量粉丝围观，进而大幅度提升共读营的影响力，向社会传播正能量。

---

① 曾宏燕. 爱情教育：一块不该忽略的教育领地[J]. 人民教育，2002(4)：32-33.

二是促进品牌联名的合作共赢。与有意向传播正确恋爱观的国货、国潮民族品牌合作，共同提升知名度和美誉度。比如推出联名产品，以精美的设计激发大学生参与热情。在七夕节等节日的线上领读活动中，领读人、主讲人和参与者品读相关品牌企业文化，理解中国品牌的初心使命，以及品牌传播过程中对恋爱观念的思考和展现。共读营还会把相关产品作为小礼物，送给连续打卡的参与者。

三是实现公益活动的双效统一。投身公益事业是一个品牌在民众面前树立形象、承担责任、回馈社会的重要方式。比如2021年河南特大暴雨灾害期间，某国产运动品牌捐款5000万元，这一举动直接冲上热搜，网友们纷纷进入直播间和线下门店热情消费，该品牌既赢得了美誉又获得了收益。笔者认为，树立正确恋爱观同样有望形成品牌公关的"爆点"。比如共读营可以与各大品牌合作，为家庭困难的单身青年、残障人士等提供情感咨询服务，赠送联名产品作为爱情信物等。

实际上，学校、妇联、街道等组织已经在社会上举办了各种宣传正确恋爱观的讲座、课程和活动，但这些还远远不够。在构建高水平社会主义市场经济体制、全面建设社会主义现代化国家的新形势下，思政课应该大胆融入市场，提升流量，使各大品牌在传播正确恋爱观的过程中获得收益，创造可观的经济价值和社会价值。这已经不只是"品牌策划创新思维"课程思政和"思想道德与法治"思政课程的融合，而是大思政和企业、社会发展的融合。这种产学研合作共赢的教学模式创新，实质上已经超出高校思政范畴，是思想政治工作体系的有机组成部分，也是大思政观在中国特色社会主义新时代的鲜明体现，将对推动经济高质量发展、促进和扩大消费、提升人民幸福指数，以及通过更好的恋爱婚姻保证人口长期均衡发展做出应有贡献。

地方优秀文化提升高校思政课亲和力的基本遵循与有效路径①

汪闻博　　耿依娜

浙江工业大学马克思主义学院

摘要：地方优秀文化对学生有着天然的亲近感，对提升思政课的亲和力有着不可忽视的作用。地方优秀文化包含地方优秀传统文化、地方革命文化、地方社会主义先进文化以及各地高校的校园文化，其具有的实践性、生活性、地域性和情境性对提升思政课亲和力有着极大作用。地方优秀文化融入高校思政课需要以习近平总书记在学校思想政治理论课教师座谈会上强调的"八个相统一"为根本遵循，从扩展思政教育格局、优化思政教学内容、拓展思政实践渠道、搭建思政教学平台等四方面措施入手，切实提升思政课的亲和力。

关键词：地方优秀文化；地方性知识；高校思政课；亲和力

　　地方优秀文化是中华优秀文化在地方上的具体体现，对学生有着天然的亲近感，亦有助于达成习近平总书记多次提出的增强思政课亲和力的要求。② 学界关

---

　　① 本文为国家社科基金"当代中国社会组织公共性的生产研究"（18BZZ096）阶段性成果。

　　② 习近平总书记曾在 2016 年全国思想政治工作会议、2019 年思想政治理论课教师座谈会上提出要增强思政课的亲和力。参见：习近平在全国高校思想政治工作会议上强调：把思想政治工作贯穿教育教学全过程 开创我国高等教育事业发展新局面[N]. 人民日报，2016-12-09(1)；习近平：用新时代中国特色社会主义思想铸魂育人 贯彻党的教育方针落实立德树人根本任务[N]. 人民日报，2019-3-19(1)。

于地方文化融入思政课程取得了一些研究成果：有的从地方传统文化①、红色文化②、校园文化③等不同领域进行探讨，有的从地方文化融入思政课的内容择取④、方法途径⑤、困境与对策⑥等层面深入剖析，典型案例剖析⑦、比较分析⑧是常用的研究方法。有关思政课亲和力的探讨，学界有从思政课的教师主体⑨、教材内容及教学话语⑩等层面进行阐发，有从逻辑进路、价值意蕴⑪等方面开展讨论。相较而言，有关地方优秀文化与思政课亲和力之间的探讨较少，尤其是对地方优秀文化的内涵界定、边界范围、融入思政课的原则等尚未达成共识。本文在梳理地方文化融入思政课研究成果的基础上，基于地方性知识视角，阐释了地方优秀文化的概念内涵、涉及范围，以及地方优秀文化提升思政课亲和力的价值意蕴、融入原则和有效路径，以此为当前高校思政课改革提供一定的理论借鉴和经验总结。

---

① 周肖. 运用地方历史文化资源充实高校思政课的价值与方法[J]. 学校党建与思想教育，2022(14)：55-57.

② 王舵. 西安红色资源助力大中小学思政课一体化建设[J]. 中学政治教学参考，2021(35)：40-42.

③ 李斌，费艳颖. 地方高校校园文化与地域文化的协同育人研究——以校本课程文化浸润为切入点[J]. 教育理论与实践，2021，41(30)：8-12.

④ 于安龙. 地方历史文化资源融入"中国近现代史纲要"教学探究[J]. 教育评论，2017(11)：131-135.

⑤ 白薇. 将地方红色文化融入教学 多维度打造思政"金课"[J]. 中国大学教学，2020(1)：56-59.

⑥ 邵锦平，朱瑾，李路生. 地方优秀文化融入高职思政理论课的意蕴、困境与对策[J]. 江苏高教，2020(10)：119-124.

⑦ 徐洪军. 优秀传统文化融入地方高校思政课教学探索——以绥化学院为例[J]. 职业技术教育，2019(5)：72-75.

⑧ 李琳. 地域文化融入地方高校教学的实践与探索[J]. 教育研究与实验，2013(5)：75-78.

⑨ 白显良. 论高校思想政治理论课教学亲和力的逻辑生成[J]. 思想理论教育导刊，2017(4)：93-98.

⑩ 龙献忠，刘绍云. 新时代高校思政课话语亲和力：系统构成、现实检视与提升路径[J]. 大学教育科学. 2023(3)：32-41.

⑪ 高永强. 论提升思想政治理论课亲和力及应注意的问题[J]. 思想理论教育导刊，2017(6)：82-85.

一、地方优秀文化：地方性知识视域下的概念辨析

地方文化的内涵与"文化"一词密切相连。尽管文化是人文社科领域最为复杂的概念之一，但从前人的探索中可以提炼出"文化"概念的关键内核。如有学者从文化学的角度认为文化是"特定地域、独特的人群及其特有的生活方式之间的相互作用"①。有学者从人类学的视角认为："文化由明确的或含蓄的行为模式构成，通过符号来获取和传递，其核心包括传统（即历史上获得的并经选择传下来的）思想，特别是其中所附的价值观构成。"②还有学者指出："文化最先表示一种完全物质的过程，然后才比喻性地反过来用于精神生活。"③虽然研究者们视角有所差异，但基本认同"文化"是某一群体的"行为模式"和"思想方式"，且决定着这一群体的集体人格。为此，本文的文化是指：某一群体共享的行为模式和思维方式的综合体系。这一体系大致可分为三个层级，即与衣食住行相关的表层文化（或称为物质文化），以风俗、礼仪、制度、法律、宗教、艺术等为内容的中层文化（或称为制度文化），以及代表个体和群体的价值观、伦理观、审美观的深层文化。④

从对文化定义的探讨中可发现，地方性是"文化"天然的属性特征。不仅文化的主体——"某一群体"，必定实践于一定的地理空间，同时从人类文化的演变历史而言，文化皆是从某地兴盛，或扩散，或消散，"我们在实践中获得的首先是地方性知识，经过标准化，将这种知识由一个地方转译到另一个地方，从而形成普遍性知识"⑤。然而，随着现代民族国家的兴盛、全球化运动的扩张，整体性、同一性的主流文化理念成为民族国家的文化选择，在此情形下，相对于国家文化的地方文化意识日渐觉醒、社会科学本土化的思潮逐渐涌现。具体就地方

---

① 何平. 欧洲文化特征刍议[J]. 首都师范大学学报（社会科学版），2005（6）：1-7.
② 何平. 中国和西方思想中的"文化"概念[J]. 史学理论研究，1999（2）：69-81.
③ [英]特瑞·伊格尔顿. 文化的观念[M]. 方杰，译. 南京大学出版社，2003：1.
④ 许嘉璐. 什么是文化——一个不能不思考的问题[N]. 中国社会报，2006-6-2（2）.
⑤ 刘大椿，赵俊海. 科学哲学的经验主义新建构[J]. 中国社会科学，2016（8）：47-65，205.

文化中的"地方"而言，则包括多层内涵指向：首先是自然地貌的指向，如某地的江河湖海、山川沟壑、沙漠平原等各种自然地理形态；其次是行政区划的指向，地方是指除中央以外的省、市、县，以及包括基层行政单元中的乡镇、社区、乡村乃至各类单位或组织；再次是文化区域的指向，历史上或当下存在的少数民族族群、特殊文化族群（如客家族群）等的聚集地等。为此，本文的地方文化是指，在一定时空范围内某个群体共享的行为模式和思维方式的综合体系。

当前有关地方文化的学术探讨和课程开发呈现出繁荣芜杂的景象。由于思政课所特有的政治性、理论性和实践性，以及地方文化中的良莠皆有、精华与糟粕并存的状况，需要挑选适宜的地方文化作为思政教学素材或制作开发相关课程。在上文探讨地方文化内涵的基础上，可进一步从宏微观两个层面甄别地方优秀文化。从宏观价值判断上，以三个有利于作为甄选标准，即是否有利于实现高校立德树人的教育目标，是否有利于健全高校"三全育人"的教育格局，是否有利于开展高校"大思政"课程建设。从微观文化领域选择上，可以采用习近平总书记在思想政治理论课教师座谈会上指出的，"中华民族几千年来形成了博大精深的优秀传统文化，我们党带领人民在革命、建设、改革过程中锻造的革命文化和社会主义先进文化，为思政课建设提供了深厚力量"①。相较而言，地方上的中华优秀传统文化、革命文化和社会主义先进文化，皆可属于地方优秀文化范围之内。另外，各高校在办学过程中与地方的经济社会发展密切相关，且"由于高校自身的历史、行业专业特点、发展理念、环境的不同，形成了特色鲜明的'地方性知识'"②，由此形成的校史校训、校风校纪、杰出校友等校园文化亦是地方优秀文化的有机组成部分。

地方优秀文化为何能提升高校思政课的亲和力，除其所包含的内容外，还可以从地方性知识的视角分析其价值意蕴。地方性知识是人类学家克利福德·格尔兹（Clifford Geertz）提出的概念，它被用来形容那些"必须与地方性相联系才有意

---

① 习近平：用新时代中国特色社会主义思想铸魂育人 贯彻党的教育方针落实立德树人根本任务[N]. 人民日报，2019-03-19(1).

② 李小鲁，傅薇. 用"地方性知识"促进高校思想政治教育的生活化创新[J]. 思想理论教育导刊，2014(2)：107-110.

义的具体知识"①。相对于康德对科学知识的先验构造，地方性知识某种程度上是对整体的、理性的近代科学理念的矫枉，它强调要在"地方性"场景中来把握知识认知，主张"从文化持有者的内部眼界"来认识地方知识与经验，运用"深描"的方式来叙述、分析、阐释地方文化。② 以此为分析视角，我们可以从中总结出优秀地方文化对于提升高校思政课亲和力的价值意蕴。

首先，发挥地方优秀文化的"地方性"，增强思政课教学内容的生活情境性。地方文化形成的源头是从"地方性问题"出发，在解决问题的过程中形成了地方性知识。将地方优秀文化引入思政课堂，引导学生从地方上的具体问题出发，在分析、解决问题的过程中，切身感受地方社会的历史文化、族群人格的形成以及自身群体的"根"文化意识，且"地方性问题"一般是学生可观、可感、可触摸的，具有强烈的生活性和情境性，能够让学生体会到理论问题如何在实践中展现并加以解决的。

其次，引导学生"从文化持有者的内部眼界"审视地方优秀文化，增强思政课教学的人文关怀性。地方性知识理论秉持"从文化持有者的内部眼界"感知、参悟地方文化，即要求学习者、研究者应尽力以文化持有者的立场来观察和领悟地方文化，这不仅有利于增强思政课的人文关怀，而且能够让学生在统一的主流文化中感受多元文化的真实性，促进多元文化观念的形成。

最后，通过"深描"方式呈现地方优秀文化的丰富饱满，平衡思政课教材体系的刚性。"深描"即用显微研究法深入地、完整地呈现地方文化的场景、习俗、事件等，从而发现和理解地方文化现象的本质、内涵和意义。③ 相较于思政课"一纲一本"的教材体系、宏大叙事的话语风格，"深描"地方优秀文化运用了小而微、近而亲的文化现象，以小见大地引领学生探讨地方文化的符号构成及价值意蕴，从而达到思政课教材的理论与生活的实践相衔接、教材体系的普遍抽象性

---

① 克利福德·吉尔兹. 地方性知识——阐释人类学论文集[M]. 王海龙，张家瑄，译. 中央编译出版社，2000：224.

② 克利福德·吉尔兹. 地方性知识——阐释人类学论文集[M]. 王海龙，张家瑄，译. 中央编译出版社，2000：70-72.

③ 克利福德·格尔兹. 文化的解释[M]. 韩莉，译. 译林出版社，1999：3.

与教学体系的特殊具体性相融合。

二、地方优秀文化提升高校思政课亲和力的基本遵循

习近平总书记指出："'大思政课'我们要善用之，一定要跟现实结合起来。上思政课不能拿着文件宣读，没有生命、干巴巴的。"①地方优秀文化承载着一个地方民众的集体记忆，和学生日常生活紧密相连，是构筑"大思政课"的核心要素，也是提高思政课亲和力的重要载体。而习近平总书记提出的，讲好新时代思政课的"八个相统一"，可以作为地方优秀文化融入高校思政课的基本遵循。

坚持政治性与学理性相统一，以地方优秀文化之机理筑信仰之基。思政课具有鲜明的政治性和意识形态性，这是区别于其他课程的主要根据。地方优秀文化融入高校思政课首先要有政治性的要求，即符合马克思主义基本原理及其中国化的理论要求和立场观点，明确其是为思政课教学目标而服务，是为了促进学生思政素养的提高。同时，地方优秀文化融入思政课仍应有学理性的标准，地方文化既是"一套以地方性特征为中心的知识体系或者意义系统"②，也可以文化人类学、人文地理学等相关学科理论为基石，通过学理分析展现地方文化独特的逻辑体系、思维架构、历史沉积和人文感情。只有将政治性与学理性结合，地方优秀文化融入思政课才能做到"理论只要彻底，就能说服人"③。

坚持价值性与知识性相统一，以地方优秀文化之智慧固本培元。思政课是一门触动心灵的课程，目标是塑造学生的价值观，帮助学生在纷繁复杂的社会思潮、社会现象中做出正确的价值判断和价值选择。在这一过程中应把握知识是载体、价值是目标：既不能局限于知识的死记硬背而忽视价值引导，也不能离开知识的说理而成为空洞的价值观说教。因此，地方优秀文化融入思政课时，不仅要

---

①　杜尚泽. "'大思政课'我们要善用之"（微镜头·习近平总书记两会"下团组"·两会现场观察）[N]. 人民日报，2021-03-07（1）.

②　李长吉，张晓烨. 教育学视域下的地方性知识研究述评[J]. 当代教育与文化，2014（11）：20-24.

③　马克思恩格斯选集（第1卷）[M]. 人民出版社，2012：10.

侧重于阐释地方性知识，而且要挖掘地方优秀文化内涵的价值意义。教师应析离出地方优秀文化所蕴含的与社会主义核心价值观高度契合，又集结地方民众长期实践积累的精神瑰宝，将其融入思政课，让学生在接受知识教育的过程中提升道德素养，坚定理想信念，固本培元。

坚持建设性和批判性相统一，以地方优秀文化之精华寓"立"于"破"。思政课教学坚持"建设性和批判性相统一"，是唯物辩证法的否定观的运用，是思想政治教育的一般规律。① 其中，建设性指肯定积极有益的方面，对于正确的思想观点要理直气壮地支持，其在于"立"。而批判性则是指对于错误观点能予以说理辨析并反对，其在于"破"。当下各种社会思潮激荡交锋，思政课教师既要教导学生坚持以马克思主义观点立场澄清迷思，与各种错误思潮作斗争；同时还要引导学生养成独立判断能力、批判性思维能力，客观认识国情、世情中的矛盾与问题。地方优秀文化融入思政课时亦应坚持"建设性和批判性相统一"。由于地方文化存在着明显的地域性，此地文化可能不适合他地，彼时文化也可能不适合此时，加之地方文化本身含有历史沉淀的良莠成分。这些都需要在融入过程中加以甄别、辨明，汲取并发扬其中进步、适宜的部分，批判摒弃落后、过时的部分，做到破中有立、为立而破，使得地方优秀文化真正成为上好思政课、讲好中国故事的生动注脚。

坚持理论性和实践性相统一，以地方优秀文化之积淀夯实知行合一。思政课具有强烈的理论性，需要把概念框架、理论逻辑、思维方法讲深讲透；同时，思政课又具有较强的实践性，这也是马克思主义理论区别于其他理论的显著特性。马克思主义作为无产阶级的思想武器，是武装广大人民群众的先进理论；但这种先进性并非来自形式逻辑的演绎推理，而是来源于时代的要求，并经过实践的检验。地方文化是一种地方性的实践知识，根植于当地民众的生产实践，是一种实践智慧。这些知识与智慧既在实践中诞生，又凝练、渗透在实践中，它不仅有概念、原理、原则等知识单元，同时还具有弥散性和飘散性的文化特征。② 因此，

---

① 吴家华."八个统一"：新时代思想政治理论课改革创新的根本遵循[J]. 红旗文稿，2019(7)：11-13.

② 成尚荣. 地方性知识视域中的地方课程开发[J]. 课程·教材·教法，2007(9)：3-8.

将地方优秀文化融入思政课不能仅限于课堂知识讲授，而是要走出校园，深入群众，带领学生亲身体悟、真实感触地方文化的历史积淀，从而把思政小课堂同社会大课堂结合起来，用地方文化实践拉进理论与学生之间的距离。

坚持统一性和多样性相统一，以地方优秀文化之丰厚拓展思想空间。思政课的统一性宏观上体现为党和国家的统一意志展现，微观上则表现为思政课的教学原则、教学管理、课程设置和教材使用的统一性。地方优秀文化融入思政课也应坚持统一性和多样性相统一，如此才能保证融入的政治属性和政治方向，保证思政课的有效性和亲和力。首先，地方优秀文化的内容择取要服从统一的思政教育目标、教学管理要求、教材使用规定等。其次，在统一前提下，因地制宜、因势利导、因材施教，针对地方文化资源、学校特色风格、学生学情特征等，在教学内容、教学方法、教学模式上采取多样化形式。地方文化作为地方性知识，"丰富多样、奇特多姿，构成人类文化花园的缤纷色彩"①，但只有与思政课的统一性相结合，才能真正发挥其作为地方性知识的多样性、流动性、开放性特征，合力提升思政课的亲和力。

坚持主导性和主体性相统一，以地方优秀文化之特色推动师生合作。思政课教师在教学过程中起到主导作用，学生则是学习的主体，二者并非纯粹的主客体关系而应该是合作关系。这一规律同样适用于将地方优秀文化融入思政课教学之中。教师必须整体地主导思政课的教学目标、教学进程、教材重难点，整体把握学生的思政素养、群体特征、认知规律、需求倾向等；同时，教师还要尊重和发挥思政教育对象的主体性，激发学生独立自主性和创新能动性。教师以地方优秀文化为媒介，引导学生"以文化持有者的内部眼界"阐释、比较地方性知识，不仅教师要以"他者"的视角体察、理解学生，同时还要引导学生以"他者"的视角观察、思考地方文化，从而双方都在更深层面了解、反思自我，而师生也在"教"与"学"的过程中构建师生学习共同体，达到提升思政课亲和力的效果。

坚持灌输性和启发性相统一，以地方优秀文化之情境推动入脑入心。思政教育的灌输性应被辩证地看待。灌输论孕育于马克思、恩格斯，后由列宁系统阐

---

① 潘洪建. 地方性知识及其对课程开发的诉求[J]. 教育发展研究，2012(12)：69-74.

发。列宁指出，俄国工人阶级"单靠自己本身的力量，只能形成工联主义的意识"①，无法形成马克思主义与俄国工人运动相结合的意识，必须从外部进行理论灌输。思想政治教育本质上是理论灌输，是教育者将先进的思想、理论、价值观传授给教育对象，但同时思政教育必须有启发性，这样才能将灌输传授的观点方法内化为教育对象的知识、能力和素养。地方优秀文化融入思政课时，应注意在灌输、讲授的过程中，尊重学生的主体性，激发学生兴趣，鼓励学生进行探究式学习，引导学生自愿接受。借助地方优秀文化的地方性问题、地方性知识及地方性实践，思政课教师应充分发挥其对学生天然的亲切性，用情境化、生活化、实践化的互动交流场景弱化灌输内容的强制性，从而增强思政课的人文性、亲和力与和谐感。

坚持显性教育和隐性教育相统一，以地方优秀文化之延伸促进润物无声。思政课属于公开而外显的教育，其他形式的课程和活动则属于隐性的思政教育。②思政课作为高校落实立德树人根本任务的关键课程，其教育功效还需要校园内隐性的"大思政"教育加持助力。地方优秀文化融入思政课，思政课教师除课堂讲授外，还可以编撰地方教材、校本教材，进一步扩展地方优秀文化的社会影响力和辐射力；思政课师生可与专业课师生交流合作，围绕地方发展的特色文化、优势产业、人文积淀等，开展思政课程与课程思政的合作；学校可以围绕地方优秀文化的主题内涵、历史事件、纪念场馆等，打造校园地域文化品牌活动、校园地域文化节等。

三、地方优秀文化提升高校思政课亲和力的有效路径

文化产生于实践，发展于实践，而实践活动必定处于一定的情境当中，不可能脱离一地的具体环境。一个地方的文化相对于该地学生来说具有"先在性"，"任何社会都是一个庞大的客观系统……社会系统是先在的，是其生存所必须接

---

① 列宁选集(第1卷)[M].人民出版社，2012：317.
② 崔延强，叶俊."八个相统一"：增强思想政治理论课的亲和力的基本遵循[J].思想理论教育导刊，2019(6)：80-84.

受的前提条件。人从其出生到跨入社会的个人社会化阶段，也就是接受这一系统，形成自己的社会性的过程，这是无法选择的"①。因此，各级、各类高等教育主体可充分利用地方优秀文化的"先在性"，深入挖掘地方优秀文化的优质资源，从拓展教育格局、优化教学内容、创新实践形式、搭建共享平台等方面有效提升高校思政课亲和力。

重视地方优秀文化资源，拓展思政教育格局。随着地方优秀文化的价值得到日益重视，各地都十分注重对地方文化的挖掘、培育与建设。地方优秀文化融入地方高校思政课程也不断在各地得到尝试。然而，总体而言，目前思政课程对宏观理论的阐释较多，而对发生在学生身边微观而富有特色的个性事例着墨较少，对地方性知识于思政教学价值的认识还有待加深，对地方优秀文化资源的开发挖掘力度有待加强。因此，上到相关教育部门，下到一线教师乃至学生，都要转变思政教育理念，对地方性知识在提升思政教育亲和力当中的作用有充分的认识。各地教育部门担负着监督当地高校思政教学的职责，要对当地的地方性知识进行主动梳理，组织地方思政教材的编纂，同时牵头高校和其他社会力量，推动学校、社会、社区联动，共同助力地方优秀文化融入思政课。高校负责落实相关教学任务，要根据本校自身情况制订具体教学计划，并建构有效评价机制。地方文化的实践性与在地性使得原有机械记忆的考核方式无法满足新的需要，要采取"以学习者为中心"的评价原则，以过程性评价为主，涵盖课堂学习、自主学习、社会实践等全过程，同时加强地方优秀文化在评价体系当中的权重。此外，授课教师是思政教学的具体实施者，更需要主动学习，时刻更新自己的授课水平，提升自己的文化涵养，通过课堂教学和日常言传身教达到对学生春风化雨般的育人效果。

提炼地方优秀文化内涵，优化思政教学内容。地方优秀文化当中有着丰富的思政教学资源，应大力发掘运用，为思政教育立德树人的根本任务服务。目前，思政教学内容与地方优秀文化融合度尚不够。地方优秀文化融入思政课程不是在思政课教学当中简单复刻地域文化，而是要对地域文化进行再加工，择取其中与

---

① 萧前，李秀林，汪永祥. 历史唯物主义原理[M]. 北京师范大学出版社，2012：44.

主流价值观相契合的元素，并在时代条件下赋予其新的内涵。同时，部分思政课教师缺乏地方文化的知识储备，且教学科研任务繁重，无法对地方优秀文化进行灵活转化并融入于思政日常教学当中；跨学科联动机制不足，不同专业课教师、校内校外学者交流较少，无法形成合力。有鉴于此，首先，高校应组织专业力量，加强对当地优秀文化资源的研究和整合，推动其体系化、理论化，并凝练和提升其价值内涵，推动创造性转化和创新性发展，将其融入现有的统一教材体系当中。其次，可以编撰专门的思政类地方性教材，用发生在同学身边的事例使同学们切身感受到新时代党带领人民推进中国式现代化、努力实现中国梦的喜人成就，并与国家统编教材相配合，使共性的统编教材与个性化的地方教材相得益彰。最后，不同的地方高校可以根据自身的优势和特色开发校本课程，与统编教材、地方教材相配套，同时思政课教师要坚定价值立场，创新教学方法，加强不同学科的教师协同，推动多学科交叉研究，将地方文化融入课堂教学，增强思想政治理论课的吸引力、说服力、感染力。

参与地方优秀文化体验，拓展思政实践渠道。地方优秀文化体现在方方面面，有多种表现形式：可以是博物馆里的陈列，也可以是民间的非物质文化遗产；可以是看得见的历史建筑和遗迹，也可以是看不见的精神传承和地方文脉。这就需要老师和学生走出教室、走出校园，从小课堂走向社会大课堂，拓展实践教学的渠道。校外实践的目的应是让学生于纸上所学之外躬身体察，但不少校外实践流于表面，未能使同学们深入了解地方优秀文化，领悟其与教材知识的相通之处。理论教育与实践教育的相对割裂导致一些高校的思政教学缺少人文情怀，对此，首先学校应组织学生走出校园，通过建设社会实践基地、提供文化志愿服务、开展实践教学等方式，让学生深入社会，参与当地的相关社会实践，在条件允许的情况下让学生参与其日常运营工作，在耳濡目染中切实感悟党带领人民筚路蓝缕的革命、建设和改革历程，提升国家认同和文化自信。其次，需要加强思政课教师与校外的地方文化学者和民俗专家的交流合作，同时组织思政课教师深入乡间田野开展实地调研，体验地方优秀文化，加深地方文化涵养与认同。最后，学校可以尝试建立地方优秀文化传承基地，作为学生接受思政教育的校内实践场所，为学生提供更为便捷的实践渠道。

　　构筑地方优秀文化资源库，搭建思政教学共享平台。地方性知识形式多样，内容庞杂，将地方优秀文化融入思政课堂需要具备翔实厚重的文化资源。这仅靠一校之力恐难完成，不仅容易使资源素材的搜集碎片化，还可能造成重复建设和资源浪费。因此，地方教育部门可牵头组织建设地方优秀文化资源库，在地高校联合成立相关研究机构，统筹资源，统一管理，择取其中与高校思政课内容契合的文化素材，对内供区域内各高校乃至中小学共享，对外可与其他地方合作，互通有无，扩展容量。根据一些地方的成功经验，可以对相关地方文化资源进行专门分类，按照"风景名胜、文物博览、方物遗存、文化艺术、地方人物"等门类进行整理，① 供区域内学校共享，成为提升思政课亲和力的有力基础设施。同时，创新运用新媒体技术，通过网络平台将资源库当中的文化资源以生动形象的形式呈现给学生，拉近地方文化和学生的距离。此外，在地高校可以依托共享平台开设文化学术论坛，定期开展学术交流，深入研究地方文化，最终形成资源平台、网络平台、学术平台共同发力的局面，助力地方优秀文化融入思政课堂。

---

　　① 　毛倩. 构建地方文化数据库的实践探索[J]. 图书馆学刊，2013(7)：32-34.

一体化进程中高中—大学思政课教师队伍协同共建研究

——基于芬兰 STEM 教师教育模式的视角①

耿依娜　谢慕辞

浙江工业大学马克思主义学院

摘要：高中—大学思政课教师队伍的协同共建是大中小学思政课一体化建设的重要环节。基于芬兰 STEM 教师教育模式的专业性、整合性、一体化、研究性等特点，本文梳理了当前两支思政课教师队伍协同共建中存在的教育主体协同理念不到位、共享平台运行实效不均衡、长效化培育机制有待增强、研究与实践结合不深等问题，提出了深化教育主体的整体性教育理念、发挥各层级资源共享平台实效、优化可持续发展的协同共建机制、培养具有研究性素养的教师队伍等举措，为建设具有中国特色的思政课教师教育体系，提供了理论参考和实践方案。

关键词：高中—大学；思政课教师队伍；一体化；STEM 教师教育模式

党的十八大以来，党和政府高度重视大中小学思政课一体化建设。当前中国高等教育毛入学率已增至 59.6%（2022 年），② 中国已从文盲大国向教育大国、

---

①　本文为国家社科基金"当代中国社会组织公共性的生产研究"（18BZZ096）的阶段性成果。

②　中华人民共和国教育部．阔步迈进在建设教育强国的大路上——写在全国教育大会召开五周年之际［EB/OL］．（2023-09-11）．http://www.moe.gov.cn/jyb_xwfb/s5147/202309/t20230911_1079606.html.

从人口大国向人力资源大国转变，此时加强完善高中与大学两个学段的思政课教师队伍的沟通、合作与共建显得尤为重要。本文借鉴芬兰 STEM 教师教育模式，立足于当前大中小学思政课一体化建设（以下简称思政课一体化建设）的实践成效，着重对高中—大学思政课教师队伍协同共建的进展情况、经验规律以及提升路径进行探索，以此为全面实现教育治理体系和治理能力现代化、实现教育强国目标提供一些理论借鉴和经验总结。

一、芬兰 STEM 教师教育模式简介

21 世纪以来，芬兰一直是成功教育的代名词。在 OECD 组织的学生综合能力国际测试 PISA 中，芬兰学生连续三年蝉联世界第一；[①] 在 2012 年 OECD 首次组织的 PIAAC（国际成人能力评估项目）调查中，芬兰成人的平均阅读水平排名第二。[②] 这些杰出表现与芬兰拥有卓越的师资力量密不可分，其长期主导的基于 STEM 教育的教师教育模式，可以为我国思政课教师队伍发展提供一定的国际视野和域外经验。

（一）芬兰 STEM 教师教育模式的内涵

STEM 教育最早起源于美国 1985 年发布的首个关于 STEM 教育的指导性文件——《本科科学、数学和工程教育》。它指将科学（Science）、技术（Technology）、工程（Engineering）和数学（Mathematics）这四门及相关领域学科进行跨学科组合成一个有机整体，以培养学生的科学探究兴趣、创新精神以及解决实际问题能力的一种教育模式。[③] 而后，STEM 教育增加了人文社科类学科进一步演化出 STEAM 教育，因两者本质相同，本文仍采用习惯指称的 STEM 教育。

---

① 杨盼，韩芳. 芬兰 STEM 教育的框架及趋势[J]. 电化教育研究，2019(9)：106-112.

② 李盛聪，余婧，饶雨. 国际成人能力评估项目的述评——基于 OECD 首次成人技能调查结果的分析[J]. 现代远程教育研究，2014(6)：12-25.

③ 余胜泉，胡翔. STEM 教育理念与跨学科整合模式[J]. 开放教育研究，2015(4)：13-22.

STEM 教育在美国得到发展后相继传入其他国家。其中，芬兰高度重视 STEM 教育，以此为基础，结合本国教育传统和教育文化逐渐发展出芬兰 STEM 教师教育模式。随着芬兰学生在国际综合能力测试中屡获佳绩，追求优质、均衡发展的芬兰教育蜚声全球，而芬兰 STEM 教师教育模式亦受到全球教育界的关注。芬兰 STEM 教师教育模式以 STEM 教育为框架，以跨学科培养、塑造研究型教师为培养目标。这一模式继承了芬兰本土研究型师资培养的优点，并结合 STEM 教育的跨学科特点，通过若干协同机制，确保芬兰教师教育系统高效且具有活力。

（二）芬兰 STEM 教师教育模式的特征

芬兰 STEM 教师教育模式具有以下四个方面特征。其一，专业性的教师教育文化。芬兰始终将教育视作一项神圣而有声望的职业，不仅是国家、社会给予教师群体较高的社会地位，同时教师自己也认为，教师这项职业在建设芬兰福利性社会中扮演着必不可少的角色，这使得诸多优秀的年轻人都会报考师范教育专业。[①] 随着时代的发展，芬兰对教师专业性内涵的认识不断提升，认为教师的专业性意味着要为引用不同学科领域的知识作好准备，要利用研究知识为持续的专业发展服务，且这一发展贯穿整个教师职业生涯。[②] 其二，整合性的教师教育平台。芬兰基于 LUAM[③] 中心搭建的教师教育培训中心有效促进了 STEM 教师的专业发展。这一模式以赫尔辛基大学国家 LUAM 中心为核心，建立了辐射全国的多所 LUAM 中心网络系统，各中心并与高等院校深度合作，协同教育管理部门、中小学、教育公共服务机构、商业机构等多方资源共同推动 STEM 教育师资培养、教学研究和国际合作。[④] LUAM 各中心既独立自主活动，同时又广泛开展合作，

---

① ［芬兰］帕斯·萨尔伯格. 芬兰道路：世界可以从芬兰教育改革中学到什么［M］. 鲍方越，译. 上海教育出版社，2020：105-106.

② Jouni Välijärvi. 芬兰研究型教师教育述评［J］. 陆璟，译. 上海教育科研，2009(1)：21-25.

③ LUAM 是芬兰语 Luonnontieteet 的缩写，意思是自然科学和数学。芬兰全国共有 13 个 LUAM 中心。

④ 杨盼，韩芳. 芬兰 STEM 教育的框架及趋势［J］. 电化教育研究，2019(9)：106-112.

为 STEM 教师教育提供了充足的资源支持与活动空间。其三，一体化的教师教育体系。芬兰 STEM 教师教育模式重视教师的可持续发展，构建了包括职前、职后在内的一体化教师培训系统，较好地支持了教师的终身职业发展。芬兰每年都会安排专业共享研讨会和教学日，教师和教师教育者既可以是这些活动的参与者，也可以成为培训者。通过这些培训，教师能够不断更新先进的学科知识和教育学知识，提高教学能力，从而促进自身的专业发展。其四，研究性的教师教育过程。芬兰 STEM 教师教育模式强调"教师就是研究者"[1]，教师不仅要学习探索性和创新性的教师工作方法，而且在实践中要学会如何应用这些方法，以支持研究型教师专业身份的建构。芬兰以此来确保教师研究的理论成果能驱动实践，促进实际问题的解决。以研究为重的芬兰 STEM 教师教育模式本质上旨在培养理论与实践并驾齐驱的师资力量，打破以往偏理论轻实践的教师培育模式，这使得芬兰教师群体素养得到整体提升。

(三)芬兰 STEM 教师教育模式对我国教育的启示

芬兰 STEM 教师教育模式作为他山之石，对于我们开展高中—大学思政课教师队伍协同共建具有一定的借鉴意义。首先，芬兰 STEM 教师教育的整体性特征较为契合当前大中小学思政课一体化建设理念。STEM 教育的产生，是对传统"分科教育""分段教育"弊端的强力回应，而 STEM 教师教育尤为强调跨学科、跨学段开展教师培育。我国开展大中小学思政课一体化建设，主要目的之一就是为克服当前各学段思政课教育的碎片化、片断式等问题，通过多部门整合、各学段一体化、全流程再造从整体上提升思政课教学的育人成效。其次，芬兰 STEM 教师教育的制度设计较为符合思想政治教育共同体建设需求。芬兰 STEM 教师教育基本以公立学校为运行主体，通过 LUAM 中心网络系统、研究性教师教育课程学习与实习、多元化的发展性教育评价体系、STEM 学习生态系统等，从体制机制上保障了 STEM 教师教育的优质运行。党的二十大报告提出"大中小学思想政

---

① [芬兰]帕斯·萨尔伯格. 芬兰道路：世界可以从芬兰教育改革中学到什么[M]. 鲍方越，译. 上海教育出版社，2020：122.

治教育一体化建设"，表明我国在推动大中小学思政课一体化建设进程中走上了一个新台阶，逐步从思政课的课程、教材、队伍的一体化，迭代升级为各层级思政教育人员（思政课教师、思政工作人员、辅导员）、各专业课程（课程思政）、社会思政资源（大思政）多方协同的思政教育新格局。为此，我们可以从教师教育理念、运行平台、课程设置、职业发展、评价体系等方面，借鉴芬兰 STEM 教师教育的经验得失，以此来完善当前大中小学思想政治教育一体化建设，构建思想政治教育共同体。最后，芬兰 STEM 教师教育的教师角色定位较为匹配我国思政课教师教育的发展方向。芬兰社会对教师职业地位的高度尊重；芬兰教师教育注重培养专业性、研究型教师，希望教师有能力通过自己的研究探索和批判性反思以增进教育教学；芬兰教师群体把自己的工作看做一个在智力、社会以及道德上都有挑战性的职业。我国的思政课教师担负着立德树人的时代责任，也由于思政课内容涉及多学科知识整合、跨学段衔接，这就要求思政课教师不仅要有更加专业的职业素养，更多学科的知识涵养，还要具有持续性的研究性学术教研能力，这些既是当前我国思政课教师群体素养的不足之处，同时也是未来的培养方向。

二、高中—大学思政课教师队伍协同共建的实践反思

目前，我国大中小学思政课一体化建设取得了实质性进展，而作为一体化建设的核心链条——高中—大学思政课教师队伍的协同共建，在协同理念、平台建设、长效机制、教师队伍建设等方面虽取得了一些实践成效，但同时也存在一些问题与不足。

（一）协同共建的顶层设计有序开展，但部分教育主体的协同理念还不到位

高中—大学思政课教师队伍协同共建的顶层设计内含于中央制定的大中小学思政课一体化建设的系列制度文件中。其中，《关于深化新时代学校思想政治理论课改革创新的若干意见》（2019）、《新时代学校思想政治理论课改革创新实施

方案》(2020)是思政课一体化建设的纲领性文件，这些文件从总体上统筹谋划，但也较侧重于思政课的课程建设。《关于加强新时代中小学思想政治理论课教师队伍建设的意见》(2019)和《新时代高等学校思想政治理论课教师队伍建设规定》(2020)，这两份文件对不同学段思政课教师队伍建设提出了目标要求和实施策略。《关于成立教育部大中小学思政课一体化建设指导委员会的通知》(2020)、《教育部办公厅关于开展大中小学思政课一体化共同体建设的通知》(2022)则从组织架构方面，从中央到地方搭建了多层级的思政课一体化建设的机构及组织。此外，《全国大中小学教材建设规划(2019—2022年)》(2019)、《全面推进"大思政课"建设的工作方案》(2022)等文件则从思政课教材一体化、"大思政课"社会资源一体化等方面提出了指导性意见。

依托以上制度文件，高中—大学思政课教师队伍的协同共建有了实质性进展，但部分教育主体的协同共建理念仍不足。就区域发展而言，经济发达省份较为重视思政课一体化建设，北京、上海、江苏、浙江等地已颁布了区域层面的思政课一体化文件、成立联盟组织、开展集体备课活动等；而经济发展较弱的中西部地区，省域层面的整体性活动相对较少。就学段共建而言，各地高校投入思政课一体化建设的热情比较高，纷纷开展调研交流、学术研讨、同上一堂示范教学课等活动，但高中以及其他学段对思政课一体化共建的积极性相对较弱，呈现出"高校热，其他冷"的局面。就教师主体而言，高校教师参与意愿较为强烈，因为通过学段衔接可更好掌握学生学情、有效提升高校思政课教学效果；其他学段尤其是高中思政课教师的意愿相对薄弱，因为后者要面对升学压力，鲜有更多时间、精力投入到思政课一体化建设中。①

(二)协同共建的资源平台逐步构建，但平台运行实效还不均衡

伴随着大中小学思政课一体化建设的顶层设计出台，有关思政课教师教育的资源平台逐步完善。这些平台大致分为三类：一类为以网络资源共建、共享为主

①　宋道雷，谭金叶，叶靖. 大中小学思政课一体化成效与影响因素研究：基于教师的视角[J]. 复旦教育论坛，2021(4)：42-51.

的"互联网+"网络资源平台，如国家智慧教育公共服务平台（https://www.smartedu.cn/）、"大思政课"云平台（https://www.youth.cn/）、全国高校思政课教师网络集体备课平台（http://jxzy.bjcipt.com/）以及地方性的网络资源平台等；另一类为以思政课教师听课、参访、研讨等线下教研活动为主的"实践+"研修基地，如全国高校思政课教师研修基地等；还有一类是以某个高校或思政名师牵头的"组织+"教研机构，引领、辐射所在区域的思政课教师培训，如教育部高校思想政治工作创新发展中心、全国高校思政课"手拉手"集体备课中心、大中小学思政课一体化共同体、名师工作室等。高中—大学思政课教师队伍利用这些平台共享教学资源、参赛获奖作品、网络金课等，打通了高中—大学思政课教师的交流通道和资源共享库。

但同时，这些平台在实际运行中也存在一些不均衡现象。首先，各学段资源供给不均衡。就各平台资源服务对象来看，针对高校的网络资源、线下教研资源丰富多样，而对于高中学段以及其他学段的思政课教师，有针对性的线上网络资源和线下实践培训机会都较为有限。这与近些年从中央到地方有效落实高校思政课建设的政策、资金投入密切相关。其次，平台网络课程资源质量不均衡。当前，各平台提供的资源类型仍以各学段或各门课程的视频讲课为主，专题资料供给、互动交流、协同研究则较为欠缺，这使得网络平台的用户黏性较弱，同时也出现了思政课教师为完成培训课时任务的"刷课"或应付单位检查的"签到"等不良倾向。最后，平台资源供给主体不均衡。目前参与共享平台建设的资源主体主要是各教育部门、学校、教师，而企业、社会组织、文化场馆、家长等其他主体参与度较低，未能吸引更多的社会"大思政课"资源力量多方位、多层次参与。

（三）协同共建的体制机制粗具雏形，但长效化运行有待增强

随着大中小学思政课一体化建设进程的逐步深化、细化，高中—大学思政课教师的协同共建以政策为依托、以平台为载体渐次形成了一些协同培养机制。如中小学教师轮训制度，依托各级党校和高校马院开展中小学思政课教师轮训制度，计划每3年对中小学思政课教师至少进行一次不少于5日的集中脱产培训，着力加强马克思主义理论、师德师风、形势与政策的学习教育；集体研修备课机

制，以高校马院为领头雁，主动对接中小学，充分发挥辐射带动作用，针对教材重点和难点，围绕某一主题开展专题研修、同上一堂课、示范教学展示等活动；片区交流机制，高校马院可与同一片区的中小学校在教研交流、课程交流、社会实践基地共享等方面开展合作。

这些体制机制为高中—大学思政课教师队伍的协同共建提供了保障，但在运行中也存在一些不足。首先，协同共建机制的形式较为单一。当前协同共建机制主要以调研交流、同上一堂课为主，而多样态、深入的以及带有合作教研性质的课题合作较为少见。其次，协同共建机制常态化运行不畅。由于大学与高中的思政课教师各自面临的考核任务、课程目标、教学环境具有较大差异性，大学思政课教师更为积极主动，而高中思政课教师仍处于被动参与状态，这使得现有的协同共建机制更多停留在政策层面。再次，协同共建机制的资金保障不足。中小学思政课教师周期性的轮训需要有长期、稳定的资金作为支撑，目前多数省份对于这项开支还未落实到位；此外，有关高中与大学思政课教师的交流研讨多以高校课题经费为支撑，或取得地方教育部门支持，制度化、常态化的交流机制还需有专项资金的进一步保障。最后，协同共建的成果转化机制尚不成熟。目前，高中与大学思政课教师的评价考核仍沿用以往标准，思政课一体化建设的教研活动、教研实效、教研成果未能在考核评价中体现出来，无形中也弱化了两学段思政课教师投入一体化建设的热情。

（四）思政课教师专业素养意识日渐养成，但专业素养亟待加强

习近平总书记对教师群体提出了"四有"好老师、"四个引路人"的职业遵循，并进一步对思政课教师提出了"六素养"要求，即"政治要强""情怀要深""思维要新""视野要广""自律要严""人格要正"。高中思政课教师既是即将走上社会成为现代公民的学生的政治素养的塑造者，也是即将成为高校学子的学生的政治判断力的引导者；对于大学思政课教师而言，他们既是大学生传道解惑、学研路上的摆渡人，也是开展马克思主义理论教育，用习近平新时代中国特色社会主义思想铸魂育人的中坚力量。这些角色及责任都要求这两个学段的思政课教师具备更加专业的职业素养。

现实中，由于一些共性和个性的原因，高中—大学思政课教师在教师的专业性、研究性素养方面有所欠缺。目前，高中使用的教材是人教版的《思想政治》，包括必修教材《中国特色社会主义》《经济与社会》《政治与法治》《哲学与文化》，以及选择性必修教材《当代国际政治与经济》《法律与生活》《逻辑与思维》，由此可知，高中思政课教师应具备马克思主义哲学、政治经济学、法学、逻辑学等多领域的知识。大学思政课教师一般按课程授课，但实际上高校任何一门思政课教材都含有马克思主义理论、马克思主义中国化、中共党史、政治学以及时事政治等多学科的知识。这些都要求高中—大学思政课教师应具备多学科、多领域的知识背景，再加上较为繁重的教学任务，某种程度上使得教师们要花费更多精力、时间从事备课教学，无暇顾及学理性分析、逻辑性阐释以及有关教育教学的探究。

三、高中—大学思政课教师队伍协同共建的提升路径

针对当前高中与大学思政课教师队伍协同共建已取得的成效和存在的不足，本文结合中国教师教育的传统优势，在理性借鉴芬兰 STEM 教师教育模式成功做法的基础上，探索两支思政课教师队伍协同共建的提升路径，以此来构建具有中国特色的思政课教师教育体系。

(一)进一步深化相关教育主体的整体性教育理念

观念是行动的指南，只有进一步深化高中—大学思政课教师以及其他相关教育主体的整体性教育理念，才可以让两支队伍真正发挥协同共建的实效。为此，可以借鉴芬兰"先见森林、后见树木"的教育哲学，即教育的出发点是人，终点也是人，要在人的总体发展、整个教育发展格局中看待教师及教育对象。具体而言，对于教育主管部门而言，不仅要总体规划教师教育体系，同时也要给予教师充分的信任和主体性，要能认识到"提倡平等教育机会的教育政策""发挥教师在教育改革中的核心作用"对教育系统的质量有着积极影响。[①] 对于社会而言，社

---

① ［芬兰］帕斯·萨尔伯格. 芬兰道路：世界可以从芬兰教育改革中学到什么［M］. 鲍方越，译. 上海教育出版社，2020：49.

会要真正形成尊师重教的社会风尚，从而吸引更多的优秀年轻人从事教育行业。如芬兰教师的薪资只比国家平均工资高一点，但整个社会对教师职业的认可与尊重以及完善的教师职业发展体系，使得芬兰能够通过严格程序筛选出最具有"优秀教师"特质的青年人。① 对于教师而言，不仅要养成跨学科、跨学段的教育理念和知识背景，同时要注重在课堂上开展整体化的学习活动，引导学生在清晰目标的引领下开展学习以及在感悟学习意义的前提下从事学习，而不拘泥于碎片化的知识讲授和表层性的知识记忆。②

（二）进一步发挥各层级资源共享平台的实效

高中—大学的思政课教师队伍具有条块分割的特征，他们的协同共建需要借助多形式的共享平台。芬兰 STEM 教师教育模式成功经验之一，就是在实践探索中形成了以 LUAM 为中心的教师教育网络系统：由政府部门系统规划，借助 LUAM 中心与大学科研力量的深度融合，并调动各方力量参与，形成了 STEM 教育资源共建系统。目前我国已初步搭建了包含线上网络、线下研修的立体化及多层次的共享平台，但还需要进一步整合、优化这些平台资源。首先，着重培育以全国（省）高校重点马院为主体的研修机构，将其作为高中—大学思政课教师协同共建的示范基地、种子基地，定期开展两学段思政课教师集体备课、教学研修活动；同时利用马院为中小学思政课教师提供攻读思政类硕士、博士学位名额。其次，逐步扩展现有实践研修平台的培养对象范围，让高中学段以及其他学段的思政课教师享有研修基地的学习机会。再次，优化完善网络平台资源的形式与种类。在现有网课资源基础上，不断拓展共享资源形态：提供大中小学各门思政课教材，以及相关的教辅资料、案例库、经典书目等；汇总各地开发运行的虚拟仿真思政教学实验项目，实现项目资源共享；汇总首批进入国家"大思政课"实践教学基地中拥有数字化场馆功能的基地，开发网络场馆共享功能。

① 滕珺. 工资不高，芬兰人为什么还向往教师职业[J]. 中国教师，2015（5）：77-79.
② 张卓玉. 学习：从"碎片化"到"整体化"[N]. 中国教师报，2012-07-04.

（三）进一步优化可持续发展的协同共建机制

要使高中—大学两学段的思政课教师队伍真正发挥 1+1>2 的效果，还需要可持续发展的协同机制。芬兰 STEM 教师教育模式注重开展跨学段、跨学科、跨部门的教师教育，教师不仅要有多学段、多学科的知识背景，同时要建立跨部门合作伙伴关系，即与 STEM 教育相关的人士，如从事基础教育、高等教育和非正式教育相关者、企业家、社会组织人士等，共同制定教育项目的愿景目标。① 以此为鉴，高中—大学思政课教师队伍协同共建机制可从以下几方面着手发展。其一，创新协同共建机制的新形式，在当前政府主导的思政课一体化建设的顶层设计下，允许各教育主体发挥积极性和主动性，创新协同共建新形式。其二，构建学段交流新机制。逐步制度化相邻学段思政课教师的交流机制，尤其是高中—大学的思政课教师可将相邻学段交流作为职业发展的必修项目、职业培训的替代项目。其三，汇聚协同共建新资源。高中—大学思政课教师协同共建还需要社会相关利益群体的加入，包括地方政府、教研机构、企业、社会团体等多方力量合力共建，通过与社会主体交流引导思政课教师关注社会现实发展。其四，凝练协同共建新成果。高中—大学思政课教师队伍协同共建可以现实中教研问题为导向、以解决问题为目标，促进教研研修的成果转化。

（四）进一步培养具有研究性素养的教师队伍

教师职业具有较强的专业性，这既是教师职业伦理的必然要求，也是教师获得社会尊重的主要资质。芬兰教师专业性的显著特征就是"教师作为研究者"，其 STEM 教师教育模式又称为"以研究为本的教师教育"，强调研究知识是教师教育的基础，教师要具备批判性的科学素养，教师应该能够用反思的方式把学术的研究性知识与自己的专业行为整合起来。针对当前我国思政课教师队伍忙于教学、忽于研究的现状，应进一步提升思政课教师的研究性素养。首先，在思政课教师职前教育中，可以借鉴芬兰 STEM 教师教育模式设计相关的研究性课程，包

① 杨盼，韩芳. 芬兰 STEM 教育的框架及趋势[J]. 电化教育研究，2019(9)：106-112.

括每个单元都与研究有关、持续不断地学习研究方法、全面掌握研究方法、教师是实践的研究者等。值得注意的是，芬兰的研究型教师并不仅指专注于学术研究，而是把研究理念贯穿于教育过程中，同时把研究与实践相结合，某种程度上也就是我们所言的理论与实践相结合。其次，在思政课教师职后教育中，应把研究性能力的培养作为培训目标，鼓励各学段思政课教师坚持不断地寻找研究主题和内容，终身持续地训练自身的研究性能力，把研究与教学实践相结合以不断增进自身的反思能力和终身学习习惯。为此，更要加强高中与大学思政课教师的协同共建，在对教学主题研究的过程中增强思政课教师的专业素养。

德法课程教学体系之融组策略分析

张仁广

浙江越秀外国语学院

摘要： 在德法课程的课堂教学中，拘泥教材容易形成内容的"碎片化"造成突兀感，教师融通能力决定着佐证材料和道理之间的"印证性"，思考深度决定着价值打造成功与否，情感角色定位影响着信仰认同。本文以"大思政课"的视角，从实践性角度谈该课程教学体系的支撑前提、逻辑线索、融通组合以及角色定位等策略，以形成立体化展示格局为目标，通过"反向内省"来综合施策，继而激荡情怀教化人心。

关键词： 德法课；教学体系；融通组合

育人过程是一个整体有机工程，高校每门思政课都有其各自特点，"思想道德与法治"（以下简称"德法课"）要和实践相结合并注重生活化表述，但要防止肤浅化、庸俗化、娱乐化，这就需要教师具备通才能力，将相关知识融通组合，形成一个整体板块，继而有针对性地去育人铸魂，对广大青年启智润心。现结合该门课程中的相关现象和问题进行剖析，并结合实践中的教学策略进行阐述分析，供同仁交流探讨。

一、现象问题

（一）内容生涩突兀感过多，降低了课程的灵动性

课堂教学不同书面教材，一个体现为动态模式，一个体现为静态模式。教材

更注重体例和章法，突出整体格式，通常以文字段落形式体现，以编、章、节、目、段的形式来展现，内容整体而全面，一般来讲绝不挂一漏万，将这种章法性移植到动态的课堂教学中就会出现兼容匹配性问题。拿教材《人生篇》第一节为例，首先是马克思主义关于人的本质，然后是人与社会的辩证关系，最后是人生观的一个板块内容，从教材体例上看这很好，体现出文理的先后，但课堂展现却是另一码事，前后平铺进行内容讲授就会突兀感明显，虽然也用了相关导引、佐证，但过多的突兀感会让受众——学生感到课程的生涩，一旦课程生涩感出现，课程的教育性、实效性必然会打折扣，因此一环扣一环、细节生动、悬念迭起、衔接自然等技法的设计就必不可少，因为课堂教学不是静态的段落文字，而是动态语言的逻辑性展现，包括靠声调、语速、表情甚至姿势等肢体语言来综合体现的(当然配有必要的 PPT，但主要还是语言的交流沟通)，更为重要的是课堂好比一场演出，技巧和方法缺一不可，教材对上课来讲好比书面的小说，连"剧本"都达不到，必须要经过转化才能登台"演出"，转化需要技巧，技巧不足就会影响课堂效果。

(二)内容肤浅化，真实感带入性差

只重形式是不行的，事实上内容为王，缺少全面综合的理论知识以及"接地气"的实践检验，相应的问题就必然会产生。有的教师不能说上课不努力，认真组织、声音高亢、课堂形式丰富，但一个致命性的弱点就是知识的融通性不够，因为德法课涉及领域非常多：经济、社会、心理、历史、法律，特别是经济法律经常会涉及，如果课程中相关拓展的知识点准备未达到全面深化的程度，一旦学生问到深层次问题可能就尴尬了，功力不足是本质问题，专业知识术语欠缺，再加之对细节掌控不力，课堂的实效性可想而知。

(三)思考深度不够，导致说理论证性差，价值性营造氛围不足

两千多年前孔子就曾讲"学而不思则罔"，没有思考就不会有收获，老师要有深度思考的能力，通过深入讲解，对学生思维进行"提升"从而提高对事物价值的判断力。课程仅表面精彩是不行的，视野及分析力不够，不能触及事物的本

质，功利化、庸俗化、娱乐化的课堂展现，就会减少甚至丢掉思政课育人的功能。诸如：服务人民奉献社会的白求恩事迹，当年的语文课本中都有过讲述，如果不深入了解人物背景及关键细节就很难达到感染鼓舞学生的目的：张桂梅、袁隆平、黄大年等事迹都有很多感人情节，各自关联着教材的某些角度，这需要进行深入的挖掘整理，深入到人物的真实细节状态中去探寻答案，才会把人物精神世界中最宝贵的东西展示出来，否则就把好的案例素材糟蹋了。习近平总书记讲过"思政课就是讲道理"，对难点问题必须要讲透，经过归因提取，道出所以然才能让学生全面深入了解相关原理和本质。

（四）角色位置错配，情感态度拉不上去，影响认同信仰

思想政治教育是有方向和态度的！通过说理论证，以理服人最终达到政治认同，旗帜鲜明地反对某些错误观念，显性教育和隐性教育要有机结合并辩证统一才会起到相应的效果。教与学中师生间地位平等才便于教育和沟通，而过分苛责于形式上的要求，看似严要求实则教条，会慢慢侵蚀师生关系。比如课堂玩手机问题，解决之道不是强制约束，应通过生动的隐性教育循序渐进提高学生的关注点和兴趣度，占据课堂主阵地方为正道。思想教育既要防止口号化，更要防止角色错位导致的对立格局、对立化站位。

二、融组之道（策略）

（一）以宁缺毋滥态度甄选案例素材，确保案例经得起推敲，深入解析阐释好道理

当今社会随着数字网络技术的发展，人们获得信息的途径更加便捷多元，课程案例、数字的选取，以及时间、地点、人物等场景需要精准化，否则轻则影响效果，重则被证明弄虚作假，课程的可信度打折扣，成为"冒牌货"。思想政治理论课可以设问答疑，但一定要体现内容的严谨性，最终折射出的是方向性和真理性，因此佐证内容的材料选取要贯彻宁缺毋滥原则。思想政治本质是讲道理，

最终内化于心外化于行，因此要避免肤浅化。此时，思政课教师的综合素质就凸显出来，经济历史知识、逻辑推理能力、法律实践经验等融入课程才能讲得精彩、透彻。

(二)善于将教材体系转化成教学体系，过程中加强打磨加工，力求环环相扣

拿教材《人生篇》为例，既然是《人生篇》就离不开人生奋斗，就可以打破教材原有顺序，运用倒叙技法，引起注意之后再提出问题继而展现内容。比如把幸福观提到最前面，精彩导言之后，随即提问同学们："你认为什么是幸福？你最看重幸福的哪个点？"(当然"点"不能太多，否则无法吸纳更多的观点从而无法结课，一个个简短精练的观点推出后进行展示，适当进行点评)学生当然乐得交流，这个过程中可以简短地进行记录，进行点评，最后总结，继而提出公因式(即共性的东西)来进行相应的升华：幸福的本质是什么？随后思维反转，即将这一切好的一面设若全变成坏的一面，你将如何防止或面对？这样一个残酷的让人纠心的话题，如何辩证看待人生矛盾这个教学点就展现出来了，生死、顺逆、名利、荣辱等话题呼之欲出，这时系列辨析就顺理成章地摆在课堂日程安排之上，认真、积极、乐观、进取态度就可以结合进去了。当然这个过程不是罗列和堆砌式的，有必要的裁减，有重点和方向！不仅一次课内容要环环相扣，而且几次课之间都可相互呼应。

(三)形成立体化展示格局，广度深度并举，力求循循善诱

课程讲解过程中应把案例"吃透"，明确切入角度。比如黄云秀事迹，可以把事迹碾碎重建，通过百度地图了解当地的山路情况，当天发大水危及百姓生命健康，铺垫事实情况：发生类似山洪情况下各级干部的责任担当，铺垫后设问，假如你是村书记第一时间是否要到场？如果面前出现滔滔洪水要不要前行？通过这些来展示黄云秀先进事迹，因为教育面对的是人心，如果脱离了具体的关键细节，只会导致"攻心"失败，所以设问有必要一环接一环。再如马克思《关于林木

盗窃法的辩论》，讲授时既要结合原著，更要有生活的实践，比如林区工人习惯用手势形象地比划出多粗的枯树，多粗的枯枝，就会使学生明了习惯法的原理，最后通过马克思"黑眼镜""红眼镜"的精彩话语，展示出马克思根植于人民大众的情怀。对难点问题如西方所谓"普世价值"中的人权可以从历史和现实的逻辑中比对；可以结合现实的黑人死亡率、新冠患病率、失业率、犯罪率数据比对与白人的差别；还可以拿特朗普对墨西哥儿童和母亲之间"母子分离"来进行感同身受的立体化阐释，真切勾动学生的心灵，西方"普世价值"的虚伪性就自然而然地显露出来了。

（四）以"反向内省"的角色进行定位，情感关照、激荡情怀、教化人心

平等共情是进行思想政治教育的情感基础，绝不可信口开河随意进行"地域黑"，或戴有色眼镜搞民族歧视，这在某种程度上是对学生心灵的伤害，属于违反师德的行为。高校思政课老师和学生应在平等尊重的基础上，给学生进行思想深处的教育。可激发受教育者"由内向外"的深刻反思机制，这和"由外向内"机制是不一样的，通过这种"反刍"会去掉左右思想的东西，特别是以中立的第三方来看待问题，避免角色对立带来的抵触性。例如对罹患某种重病的网上募捐行为如何看待？绝不能以学生来作身份假设，但可以以其关切至深的某某——虚拟的人来作第三方假设，进行设身处地的思考，减轻思政教育者的生硬灌输弊端，在不知不觉间使其思想回馈折返，理性反思以达到教化人心之效果；在交流互动中也要防止被个别"极化"的观点带偏，对"乞讨不错""畸形恋"等观点要有及时止损机制，及时接入话题，接纳包容补正完善，防止"非黑即白"的二元对立，多用"我们"等进行交流互动。为了达到润物细无声的效果，课堂上不能掺入过多"心灵鸡汤"，超量思政课容易倒向庸俗、娱乐化倾向，是要不得的；个别教师在课堂上用歌声渲染气氛当然可以，但前提应当是充分说理之后，或者结合内容的讲解之后才可为之，否则思政课就可能异化变味，自降身价有害无益。

三、总结畅想

　　课后进行回味反思是必要的：回想突兀感，回想佐证性，回想调子高低，回想细节，哪些地方应减？哪些地方该加？力求在后续课堂施展过程中日臻完善。当然进行必要的数据统计、访谈反馈等都可为日后更好的教育教学凝练方向、提供思路和明晰方法，思政课提升过程中需要内容的不断"升级"，更需要人的不断"升级"，不断提升自身的经济、历史、法学等综合通才能力，"摸透"大学生相关"口味"，接地气而不俗气，才能更好地担负起思政育人的重任。

参考文献

　　[1]高牟. 案例教学法的异化与归正——以思想道德与法治课程为例[J]. 昌吉学院学报，2022(5).

　　[2]沈壮海. 新编思想政治教育学原理[M]. 中国人民大学出版社，2022.

　　[3]冯秀军. "大思政"课建设的几个基本问题[J]. 课程建设，2023(8).

　　[4]高德胜，季岩. 反向内省：新时代思想政治教育的方法创新[J]. 思政政治教育研究，2023(8).

　　[5]吴金花. 群际接触：青年网民"群体极化"现象的理解框架与主动因应[J]. 思想教育研究，2023(8).

高校外语课程思政的教学凝练融合分析

刘佳慧

浙江越秀外国语学院

摘要：高校外语类专业有其自身特点，在实施课程思政的融合过程中要把握专业特点进行凝练升华，突破语言的工具属性，在潜移默化中以"隐性教育"为主来把握价值方向、体现制度自信、厚植爱国情怀从而发挥激励的神奇作用；需要运用时政拓展、发掘要素规律等做法，增强课程亲和力、实效性，在提升学生专业能力的同时提升其思想政治素质。

关键词：外语；课程思政；凝练融合

我国高等教育法第三条明确了高等教育秉承的政治方向："国家坚持以马克思列宁主义、毛泽东思想、邓小平理论为指导，遵循宪法确定的基本原则，发展社会主义的高等教育事业。"第五条明确了其教育任务："高等教育的任务是培养具有社会责任感、创新精神和实践能力的高级专门人才，发展科学技术文化，促进社会主义现代化建设。"教育是对人的灵魂的塑造，高等教育不仅有对学生进行知识技能传授的职责，更具有思想政治引领的义务。2017年中共中央、国务院出台了《关于加强和改进新形势下高校思想政治工作的意见》，对高校培养什么样的人进一步指明了方向。2020年教育部、中组部等八部门联合下发了《关于加快构建高校思想政治工作体系的意见》也明确了高校思政工作的指导思想和目标任务。

高等学校育人是一个整体环节，公共课、专业课需要保持"一盘棋"思想，深刻认识到思想政治教育的引领和人格养成教育不仅是思政课的职责，其他公共课也责无旁贷。

一、外语类课程育人特点及实施课程思政的要点

（一）明确语言学科特点，"一把钥匙开一把锁"

课程思政指以构建全员、全程、全课程育人格局的形式，使各类课程与思想政治理论课同向同行，形成协同效应，把"立德树人"作为教育的根本任务的一种综合教育理念，其主要形式是将思想政治教育元素，包括思想政治教育的理论知识、价值理念以及精神追求等融入到各门课程中去，潜移默化地对学生的思想意识、行为举止产生影响。

外语类教师在文化自信、价值引领等方面要与思想政治教育主力军相互配合，努力实现"隐性教育"与"显性教育"相结合，起到相得益彰的作用。外语类专业属语言学科专业，不同于理工学科重科技伦理、农业学科重"三农"情怀，其教学中重要一点就是对学生人文精神的培养教育，说白了针对的是学生"灵魂"的塑造，那么育人过程中就一定不要功利化、机械化，要坚持价值引领，坚定"四个自信"，培养学生的爱国情怀，即便"洋装虽然穿在身"，但"我心依然是中国心"，只有这样培养出的人才会适合国家、民族和时代的需要

（二）突破语言文字工具属性，注重历史文化融通升华

不同类别的课程教学内容是不同的，语言和文字仅仅是教育教学的基础功能和表层属性，深层次而言是其承载的人文历史、经济文化等因素，只有深入发掘某一语言的历史文化根脉，做到横纵比对、区别联系才能实现教学的融会贯通，积淀语言文学研究及教育教学的深厚功底，强化对学生的思想政治引领。对语言文字的研究要用更大的视野来看待和分析，否则就会在原地打转，不会产生深入的认识。现今西方世界语言文字基本都以表音形式为主，产生于地中海沿岸的腓尼基文字符号，系拉丁字母的源流，并较早由希腊文明向四方传播开来，体现的

是海商文化；而东方的表意文字很大程度上是建立在对自然、节气、祭祀积极反映的农耕文化基础上，就各自的文化历史价值而言，各有千秋不能一概而论。教授外语，语言文字作为一种工具属性，其背后承载着巨量的经济、政治、历史、人文宗教信息，不可避免地在同我国历史文化传统交流中产生冲突，教育教学中需要有深入的研究和发掘，立体看待并合理阐释，知其表理才能给学生最佳的解释，学生也会在全面理解的基础上触类旁通，增强自身对异域文化探求的兴趣和获得感，坚定民族自信。

（三）凝练内容的价值因素，厚植人文精神爱国情怀

对于外语类课程教材，国家尚未将其纳入"马工程"教材体系之中，其价值观呈现出西方化、零散化、碎片化特征，引进的一些西方原版教材不可避免地渗透着西方的"普世价值"，对此教师应有相应的洞察力，主动与其划清界限，并引导学生擦亮双眼，对其进行"点化"使其"开悟"，认清西方世界"普世价值"的实质，否则就无法理解和平、安全、发展等通行的全人类价值观，和我国积极倡导的社会主义核心价值观。具体教学中，教师应通过深化课程目标、内容、结构、模式等方面的改革，把政治认同、国家意识、文化自信、人格养成等思想政治教育导向与外语课程固有的知识、技能传授有机融合，实现显性教育与隐性教育的有机结合，才能促进学生自由全面发展，充分发挥教书育人的作用。

（四）多极的全球化大趋势下，强化时代新人的使命担当

现如今以美国为首的西方资本主义国家，正是全球化"逆潮流"的挑起者，使得世界日益向多极化、冲突化方向发展。对于外语公共课和专业课而言，欲培养学生人文情怀、拓展知识视野、强化使命担当、塑造健全人格，课程必然要发挥其应有的引导作用。文化兴则国家兴，文化强则民族强，文化自信关乎中华民族复兴伟业，因此外语类课程在课程思政过程中要有机融入并厚植爱国情怀，立足中国大地办学育人，不仅老师要讲好中国故事，更重要的是让学生成为中国故事的书写者、创造者、传播者。

二、在外语类课程教育教学中，积极贯彻课程思政的融合策略

(一)融入案例和故事，发挥教学激励的神奇作用

思政课程在教学中要提升教学的亲和力及实效性，发挥教育教学的激励性，外文类专业课程同样要挖掘思政元素的亲和力及实效性，其中课程知识背后科学家丰富多彩的故事，有利于开阔学生眼界，丰富学生的精神世界，培养其爱国精神与奋斗情怀。诸如名人苦难故事、某自然科学家的探索精神、某音乐家的爱国主义精神等，这些恰恰是全人类的宝贵财富。此外，外国文学作品中同样有大量感人的故事，如对幼小者的关爱、对弱者的善举、对老人的体贴、对自私的批判等，这当中蕴含的做人与处世哲理，具有传播真善美的价值，如何利用好这些素材，需要"百科全书式"的老师，引领大学生广泛阅读、有效阅读，得出体会并加以交流引导，实现润物细无声的教化效果。现如今在新的国际国内环境下，实施文化强国，让世界读懂中国，讲好中国故事已经成为国家的战略需求，教师积极讲好书中故事，不仅可以提高学生听课兴趣，还能让学生通过真实的故事感受到伟大故事人物身上不言放弃、不懈追求的人格魅力，引导学生像这些人物一样树立不断探索、勇于追求真理的精神。

(二)拓展授课内容，增强课堂的趣味性

授课过程中选取新鲜的时政内容加以引导，其实就是较为有用的思政引导方式，此时专业课教师教学的细节优势就体现出来了。诸如对国外的风土人情有意识地加以引导，思政教育的效果就会大增；再如在美国大选年度及时推出总统竞选演讲专题，指出其竞选人的资格及条件，就可让学生认清国外表面热闹、实质虚伪的竞选实质，教育效果立竿见影。老师在教授以上知识点时，可以有意识地多和学生分享其产生的背景及背后实质，再将相关道理灌输给学生，既增加了课程的生动趣味性，又能把握契机对学生进行思想政治引领，往往能达到更好的育

人效果，起到事半功倍的作用。

（三）挖掘课程思政价值并隐性融入，做到润物细无声

思政课的显性教育是有效果的，但不能忽视专业课程的隐性教育，隐性教育会在不知不觉中入心入脑，继而内化于心，外化于行。语言类课程中会大量涉及外国风俗习惯等内容，小到特色饮食、传统节日，大到历史典故，其实很多东西是可以挖掘其内在价值的，比如苏格兰以歌声美食迎接新年，俄罗斯规定用云杉等装饰物迎接新年，法国巴黎香榭丽舍大街用香槟酒和狂欢迎接新年盛典……学生在关注了解中，自然而然就会引出关键词：民族情怀、民族自尊，其本质就是爱国情，它不是喊在嘴上的，而是植根于每个人内在的文化基因深处，稍加引导即可转化为对自我文化的关注。看似不经意间的风土人情、历史传统教育，很自然地就转化为对家乡的爱、祖国的情，起到润物细无声的效果。

当今世界正经历百年未有之大变局，我国正处于实现中华民族伟大复兴的关键时期。"课程思政"是党中央推动教育深化发展的一项重大战略部署，是高校全面提升思想政治工作质量的一项重要战略举措，对社会主义事业合格建设者和可靠接班人的培养起着十分重要的作用。国家在发展，社会在进步，高校外语教师应当肩负历史责任，为党育才、为国育人，努力贯彻 2020 年教育部高校外语教指委颁行的《大学英语教学指南》所提出的"大学外语教学应主动融入高校课程思政体系"的要求，并切实按照 2022 年教育部、中宣部等 10 部委印发的《全面推进"大思政课"建设的工作方案》要求，充分利用好课堂教学这个主渠道，在教学中增强大学生对国家、社会的认同，多维度深刻理解习近平新时代中国特色社会主义思想内涵并转化为现实行动力，坚定对国家制度、理论、道路、文化的自信。好的老师"必仁且智"，运用通才的知识，有效的方法，凝练育人元素，打造"金课"，做到有情、有义、有爱、有温度，才能避免"低级红"式的表面化"口号式"教学，厘清课程思政教育教学改革的规律，切实提升高校外语类课程思政的实际效果，推动习近平新时代中国特色社会主义思想深入人心，培养能够担当民族复兴大任的时代新人。

参考文献

[1]杨立刚，等.课程思政视角下应用型人才外语人文素养的提升[J].教书育人(高教论坛)，2021(24).

[2]刘洋，等.新文科背景下"大学外语"课程思政教学探索——以学习反馈研究为中心[J].华东理工大学学报(社会科学版)，2022(3).

[3]段荣娟，梁婷.课程思政背景下外语教学体系建构研究[J].教育理论与实践，2022(21).

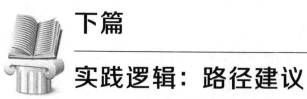

下篇

实践逻辑：路径建议

新时代高校思政课教师的人格要"正"起来①

崔华前

温州医科大学马克思主义学院

摘要：高校思政课教师是大学生健康成长的引路人，是办好高校思政课的关键。新时代高校思政课教师只有使自己的人格"正"起来，才能感染学生、赢得学生，才能引导学生学"正"理、立"正"念、走"正"道。高校思政课教师要使自己的人格"正"起来，就必须"正"风气、"正"品德、"正"立场、"正"观点、"正"方法。

关键词：高校思政课教师；"人格要正"；"正"风气；"正"品德；"正"立场

高校思政课教师人格是高校思政课教师在教学科研实践中所形成与展现的人品或格调，是职业性与个性化的综合反映。高校思政课教师的人格魅力体现为扎实的理论功底、高尚的道德品质、正确的政治立场、高超的教学艺术，可以增强学生的认可度和高校思政课的实效性，可以使学生在耳濡目染中受到潜移默化的影响，收到润物细无声的育人效果。

2019 年 3 月 18 日，习近平总书记在学校思想政治理论课教师座谈会上强调："办好思想政治理论课关键在教师，关键在发挥教师的积极性、主动性、创造性。思政课教师，要给学生心灵埋下真善美的种子，引导学生扣好人生第一粒扣子"，思政课教师"人格要正，有人格，才有吸引力。亲其师，才能信其道。要有堂堂

① 本文系 2022 年浙江省省级课程思政教学项目"医学类高校'思政课程'与'课程思政'的良性互动模式研究"、2022 年浙江省省级社会实践一流课程"思想道德与法治"建设的阶段性成果。

正正的人格，用高尚的人格感染学生、赢得学生"①。习近平总书记的重要论述，是对"其身正，不令而行""教者必以正""师以身为正仪"等传统德教思想的创造性转化和创新性发展，旨在强调思政课教师"人格要正"。新时代高校思政课教师要牢记习近平总书记"人格要正"的嘱托，自觉涵养作风、修身立德、站稳立场、净化灵魂。

一、"正"风气

风清气正是高校思政课教师人格魅力的核心，高校思政课教师的风清气正主要体现为良好的学风和教风。

高校思政课的教学内容博大精深，涉及的知识面很广。高校思政课教师只有理论功底扎实、知识渊博，才能做一个启迪学生智慧、富有人格魅力的"智者"。关于知识功底对一名教师的重要性，习近平总书记既从正面强调，做一个党和人民满意的好老师，必须"要有扎实学识""不仅要有胜任教学的专业知识，还要有广博的通用知识和宽阔的胸怀视野""扎实的知识功底、过硬的教学能力、勤勉的教学态度、科学的教学方法是老师的基本素质，其中知识是根本基础""过去讲，要给学生一碗水，教师要有一桶水，现在看，这个要求已经不够了，应该是要有一潭水"，又从反面警醒："学生往往可以原谅老师严厉刻板，但不能原谅老师学识浅薄。'水之积也不厚，则其负大舟也无力。'知识储备不足、视野不够，教学中必然捉襟见肘，更谈不上游刃有余。"②习近平总书记对教师提出的要求，同样适用于高校思政课教师。"扎实的知识功底"不是凭空而来的，必须靠端正"学风"、勤奋学习、长期积累才能形成，这就要求老师"始终处于学习状态，站在知识发展前沿，刻苦钻研、严谨笃学，不断充实、拓展、提高自己"③。

---

① 习近平. 用新时代中国特色社会主义思想铸魂育人 贯彻党的教育方针落实立德树人根本任务[N]. 人民日报，2019-03-19(1).

② 习近平. 做党和人民满意的好老师——同北京师范大学师生代表座谈时的讲话[N]. 人民日报，2014-09-10(2).

③ 习近平. 做党和人民满意的好老师——同北京师范大学师生代表座谈时的讲话[N]. 人民日报，2014-09-10(2).

但是，当前高校思政课教师的学风状况仍然存在着种种不尽如人意的地方：心态浮躁、急于求成，缺乏严谨的学术态度、深入的学术探讨、浓厚的学术兴趣、必要的问题意识和长期的知识储备，沉不下心来认真钻研学问，片面追求数量而忽视质量，通过裁剪、抄袭的手法多出成果、快出成果；哗众取宠、浮而不实，缺乏爱岗敬业精神，热衷于在各类媒体上扬名立万；追名逐利，不愿默默奉献，静不下心来认真钻研教学，热衷于跑关系、跑项目、跑赞助、跑奖项。凡此种种，既与当前短视性、功利性的绩效考核制度有关，也与高校思政课教师不能修身正己、自我约束、敬畏学术、端正学风有关。

新时代高校思政课教师端正学风，就必须：一要认真学习。"马克思主义经典作家眼界广阔、知识丰富，马克思主义理论体系和知识体系博大精深，涉及自然界、人类社会、人类思维各个领域，涉及历史、经济、政治、文化、社会、生态、科技、军事、党建等各个方面，不下大气力、不下苦功夫是难以掌握真谛、融会贯通的。"①高校思政课教师要按照习近平总书记对文艺工作者提出的要求，即"要有'望尽天涯路'的追求，耐得住'昨夜西风凋碧树'的清冷和'独上高楼'的寂寞，即便是'衣带渐宽'也'终不悔'，即便是'人憔悴'也心甘情愿，最后达到'众里寻他千百度'，'蓦然回首，那人却在，灯火阑珊处'的领悟"②，来严格要求自己，以精益求精的态度，耐得住寂寞、坐得住冷板凳，把自己当成一块吸取知识养分的"海绵"，认真、反复、深入、系统学习马克思主义经典原著、马克思主义中国化理论成果特别是习近平新时代中国特色社会主义思想，博览群书，储备一切有利于思政课教学的理论知识。二要增强学科意识。高校思政课教师要积极参与马克思主义理论学科建设，根据学科建设要求，调适教学科研方向，夯实事业发展的理论功底与平台支撑，准确理解学科建设与课程建设的关系，善于运用马克思主义理论学科知识和研究方法分析解决教学过程中遇到的实际问题，及时总结、凝练、提升教学经验以丰富马克思主义理论学科内容与研究视域。三要端正学术态度。高校思政课教师在治学上必须严谨、踏实、成熟、理性，严格遵循学术研究规范，不掺杂半点浮夸和虚假，大胆质疑、小心求证，不断增强问

---

① 习近平在哲学社会科学工作座谈会上的讲话[N]. 人民日报，2016-05-19(2).

② 习近平在文艺工作座谈会上的讲话[N]. 人民日报，2015-10-15(2).

题意识与独立创新思考能力，敢于就学术前沿问题、重大历史与现实问题、敏感问题、热点难点重点问题、大学生普遍关注问题等，进行深入探究，寻找正确答案，发表真知灼见，做出科学解答，切不可装腔作势、无病呻吟、急功近利、以次充好、弄虚作假。

新时代高校思政课教师仅有良好的学风是不够的，还必须有良好的教风。教风是一名教师在教学过程中形成的较为稳定的教学风气，体现在教学形象、教学态度、教学方法等方面。新时代高校思政课教师端正教风，就必须：一要爱岗敬业、诲人不倦。高校思政课教师要有强烈的责任感和使命感，珍惜工作机会，干一行、爱一行、钻一行、精一行，自觉担当育人职责，认真备课、讲课，"捧着一颗心来，不带半根草去""用一辈子备一堂课、用一辈子在三尺讲台默默奉献"①。二要形象端庄、仪态大方。一名教师如果在课堂上穿着随意、不修边幅、行为散漫，则必然会引起学生的反感、排斥心理；反之，如果衣着讲究、行为得体，则能增强学生的亲近、尊敬、崇拜心理，调动学生听课的积极性、主动性。三是说理透彻、以理服人。高校思政课教师要能够运用多种教学手段与现代媒介，对学生"晓之以理""辅之以形""动之以情""导之以行"；能够把马克思主义及其中国化理论成果讲深、讲透、讲活，使大学生真切感受到马克思主义经典作家的人格魅力和马克思主义的真理性魅力；能够坚持以理服人，通过师生间宽松、宽容、平等的思想交流，使学生深切感受马克思主义是"越辨越明"的真理、廓清迷雾的"利器"。

二、"正"品德

高尚的道德品质是高校思政课教师人格魅力的灵魂。古人云："师也者，教之以事而喻诸德者也。""师者，人之模范也。"苏联教育家苏霍姆林斯基、加里宁也曾指出："要记住，你不仅是教课的老师，也是学生的教育者，生活的导师和

---

① 习近平. 做党和人民满意的好老师——同北京师范大学师生代表座谈时的讲话［N］.
人民日报，2014-09-10(2).

道德的引路人。"①"教师的世界观，他的品行，他的生活，他对每一观点的态度，都这样或那样地影响着全体同学。"②历史进入新时代，习近平总书记也强调指出："教师的职业特性决定了教师必须是道德高尚的人群。合格的老师首先应该是道德上的合格者，好老师首先应该是以德施教、以德立身的楷模。师者为师亦为范，学高为师，德高为范。老师是学生道德修养的镜子。好老师应该取法乎上、见贤思齐，不断提高道德修养，提升人格品质，并把正确的道德观传授给学生。"③高校思政课教师作为大学生健康成长的引路人，其高尚的道德品质对大学生起着指引、示范和激励作用，更应在道德品质上率先垂范。如果一名高校思政课教师没有坚定的理想信念、科学的价值观念，分不清是非、曲直、善恶、美丑、真假、对错，处理不好义利、得失，就担当不起立德树人的重任。

目前高校思政课教师的思想道德状况总体良好，但仍存在种种令人担忧的失德现象：有的教师师德意识淡薄，缺乏严格的道德自律意识，上课迟到早退、随意接听电话，调课自由随意；有的教师课堂上举止不雅，言语粗俗；有的教师把个人生活上的不如意带到课堂，心理阴暗、态度消极、牢骚满腹、传播负能量；有的教师课上说一套、课下做一套，口是心非、表里不一；有的教师热衷于商学交易、官学交易，醉心于追求金钱名利；有少数教师在重大原则和大是大非问题上认识模糊，公然鼓吹、颂扬西方民主政治制度与价值观，发表散布各种反党、反社会主义、反马克思主义言论，挑战政治红线和道德底线。上述种种失德现象，在大学生中造成了很大的负面影响。因此，加强新时代高校思政课教师师德建设，极为必要。

新时代高校思政课教师师德建设，既要靠外在的培训、监督，更要靠教师的自我修养：一要传美德。高校思政课教师要积极传承"天下为公"（《礼记·礼运篇》）、"仁者爱人"（《论语·颜渊》）、"老吾老以及人之老，幼吾幼以及人之幼"（《孟子·梁惠王下》）、"见利思义"（《论语·宪问》）、"不义而富且贵，于我如

① ［苏］苏霍姆林斯基. 给教师的一百条建议［M］. 天津人民出版社，1981：102.

② 加里宁. 论共产主义教育［M］. 中国青年出版社，1979：42.

③ 习近平. 做党和人民满意的好老师——同北京师范大学师生代表座谈时的讲话［N］. 人民日报，2014-09-10（2）.

浮云"(《论语·述而》)、"君子喻于义，小人喻于利"(《论语·八佾》)、"见贤思齐"(《论语·里仁》)、"行己有耻"(《论语·子路》)、"己所不欲，勿施于人"(《论语·颜渊》)等传统美德，严以自律、加强自我反省，正确处理人己关系、公私关系、义利关系。二要明大德。所谓大德，就是"国家的德、社会的德"①。高校思政课教师要提升道德认知水平，培育积极道德情感，明确道德修养方向，提升道德修养境界，践行社会主义核心价值观，养成爱党、爱国、爱人民、爱社会主义的与国家、社会发展相适应的"大德"。三要守公德、严私德。公德与私德是相对而言的，是依据它们的调节内容和调节范围划分的，分别体现了个人对国家与社会、亲人与朋友应承担的道德责任与义务，"人人独善其身者谓之私德，人人相善其群者谓之公德"②。高校思政课教师要模范践行文明礼貌、助人为乐、爱护公物、保护环境、遵纪守法等社会公德，自觉以"爱国守法、明礼诚信、团结友善、勤俭自强、敬业奉献"等道德规范严格要求自己。四要树立崇高理想信念。"做好老师，要有理想信念。""老师肩负着培养下一代的重要责任。正确理想信念是教书育人、播种未来的指路明灯。不能想象一个没有正确理想信念的人能够成为好老师。"③高校思政课教师既是"经师"，更是"人师"，既要"授业""解惑"，更要"传道"。"让有信仰的人讲信仰"④，传道授业最讲究心口如一、言行一致。一名高校思政课教师，如果课上用华丽的辞藻、动听的语言大谈特谈远大人生理想、高尚道德境界、崇高价值追求，课下却俗不可耐、自私自利，则必然会"人设崩塌""斯文扫地"；一名高校思政课教师，如果人前声情并茂、慷慨激昂地大谈特谈中国特色社会主义共同理想、共产主义远大理想、马克思主义坚定信仰，人后却崇洋媚外、目光短浅、消极颓废，则迟早会露出马脚、穿帮露馅。若果如此，只能是一种人格扭曲，必然会导致人格尽失，又怎么会有人格魅力呢？

① 习近平在北京大学师生座谈会上的讲话[N]. 人民日报，2014-05-05(2).

② 梁启超全集[M]. 北京出版社，1999：660.

③ 习近平. 做党和人民满意的好老师——同北京师范大学师生代表座谈时的讲话[N]. 人民日报，2014-09-10(2).

④ 习近平. 用新时代中国特色社会主义思想铸魂育人 贯彻党的教育方针落实立德树人根本任务[N]. 2019-03-19(1).

三、"正"立场

立场解决的是为什么人讲话、为什么人服务的价值观问题。习近平总书记指出："立场，是人们观察、认识和处理问题的立足点。"①所站的立场不同，往往所持的观点也不同。比如，对于中美贸易战，党和政府站在人民的立场上，亮明了"不愿打，但也不怕打，必要时不得不打"的态度。但有些国内外敌对势力与敌对分子站在美国的立场上，对中美之间进行选择性分析，美化美国、贬损中国，认为美国具有压倒性优势，鼓吹"美国必胜论"；掩盖美国在霸权强权理念支配下的贸易霸凌实质，无视美国对市场经济规则与自由合作精神的践踏，片面性论证美国发动贸易战的"正当性""合法性"，鼓吹"美国吃亏论"。有些"公知精英"站在某些利益集团的立场上，宣扬中国打胜贸易战的关键在于坚持"全球化"，应尽快在经济、政治、文化、价值观、意识形态等层面全方位加快融入西方，与西方保持高度一致，以免被西方孤立；坚持"自由化"，不顾金融安全、技术安全、国防安全、意识形态安全等方面面临的严峻挑战，主张在一切领域对外资敞开怀抱；坚持"私有化"，模糊淡化所有制概念，主张逐步削弱公有制的主体地位，让私人资本发挥越来越大的作用。习近平总书记强调："办好思想政治理论课，最根本的是要全面贯彻党的教育方针，解决好培养什么人、怎样培养人、为谁培养人这个根本问题。"②也就是说，办好思想政治理论课，必须要解决好立场这个根本问题。立场正确是高校思政课教师人格魅力的源泉。如果一个高校思政课教师立场错误，端着党和人民的碗却砸党和人民的锅，那他一定是一个人格分裂的人，哪里还有什么人格魅力呢？

新时代高校思政课教师坚持的正确立场就是马克思主义立场。马克思主义认为，人民群众是社会物质财富和精神财富的创造者，是社会变革的决定性力量，

---

① 习近平. 深入学习中国特色社会主义理论体系 努力掌握马克思主义立场观点方法［J］. 求是，2010（7）：19.

② 习近平. 用新时代中国特色社会主义思想铸魂育人 贯彻党的教育方针落实立德树人根本任务［N］. 人民日报，2019-03-19（1）.

把"为绝大多数人谋利益"①作为自己的价值追求。马克思主义"始终站在人民大众立场上，一切为了人民、一切相信人民、一切依靠人民，诚心诚意为人民谋利益"②。中国共产党自诞生之日起就把立党为公、忠诚为民的旗帜高高举起，把最广大人民的根本利益作为一切工作的根本出发点和落脚点。毛泽东倡导："与人民利益适合的东西，我们要坚持下去，与人民利益矛盾的东西，我们要努力改掉"③；邓小平强调，中国共产党是"人民群众的全心全意的服务者"④；江泽民也强调："全心全意为人民服务，密切联系群众，是我们党区别于其他任何政党的一个显著标志"⑤；胡锦涛明确要求全党："在任何时候任何情况下，与人民群众同呼吸、共命运的立场不能变，全心全意为人民服务的宗旨不能忘"⑥；习近平总书记强调："马克思主义坚持实现人民解放、维护人民利益的立场"，"坚持以马克思主义为指导，核心要解决好为什么人的问题"⑦。中国共产党之所以能够由小到大、以弱胜强、不断发展壮大、取得一个又一个胜利，关键在于党始终站在人民大众立场上，真心实意地为人民大众谋利益，从而得到了广大人民群众的真心支持和衷心拥护。

新时代高校思政课教师坚持正确立场，就必须将人民立场切实落实于自身的教学科研工作中。一要树立以学生为本的理念。当代大学生大多为独生子女，每一个大学生往往代表着一个家庭乃至家族的希望和未来。坚持人民立场，就必须始终把大学生利益放在首位，把促进大学生成长成才作为一切工作的出发点和落脚点。二要坚持平等育人。所谓平等育人，就是对所有的学生一视同仁。孔子的"有教无类"，孟子的"人皆可以为尧舜"，荀子的"涂之人可以为禹"，墨子的"遍

---

① 马克思恩格斯选集(第1卷)[M]. 人民出版社，2012：411.

② 习近平. 深入学习中国特色社会主义理论体系 努力掌握马克思主义立场观点方法[J]. 求是，2010(7)：19.

③ 毛泽东文集(第3卷)[M]. 人民出版社，1996：210.

④ 邓小平文选(第1卷)[M]. 人民出版社，1994：218.

⑤ 中共中央文献研究室. 江泽民论有中国特色社会主义(专题摘编)[M]. 中央文献出版社，2002：636.

⑥ 胡锦涛文选(第1卷)[M]. 人民出版社，2016：523.

⑦ 习近平在哲学社会科学工作座谈会上的讲话[N]. 人民日报，2016-05-19(2).

从人而说之",都旨在倡导平等育人。古人尚且如此,新时代高校思政教师坚持人民立场,就更应当如此。当代大学生独立性、自主性相对较强,差异性相对较大,性格爱好、脾气秉性、兴趣特长、家庭情况、学习状况不一,老师不能根据自己的好恶对学生采取功利性态度,不能歧视任何一名学生,"好老师一定要平等对待每一个学生,尊重学生的个性,理解学生的情感,包容学生的缺点和不足,善于发现每一个学生的长处和闪光点,让所有学生都成长为有用之才","好老师应该把自己的温暖和情感倾注到每一个学生身上……让每一个学生都健康成长,让每一个学生都享受成功的喜悦"①。三要坚持关爱学生。习近平总书记强调:"要像爱自己的父母那样爱老百姓。"②高校思政课教师坚持人民立场,就要像爱自己的孩子那样爱学生。列宁曾指出:"没有'人的感情',就从来没有也不可能有人对于真理的追求。"③苏霍姆林斯基也曾指出:"道德情感——这是道德信念、原则性、精神力量的血肉和心脏。没有情感的道德就变成了干枯的、苍白的语句,而这种语句只能培养出伪君子。"④习近平总书记反复强调:"爱是教育的灵魂,没有爱就没有教育。好老师应该是仁师,没有爱心的人不可能成为好老师。……教育风格可以各显身手,但爱是永恒的主题。爱心是学生打开知识之门、启迪心智的开始,爱心能够滋润浇开学生美丽的心灵之花","好老师要用爱培育爱、激发爱、传播爱,通过真情、真心、真诚拉近同学生的距离,滋润学生的心田,使自己成为学生的好朋友和贴心人"⑤。高校思政课教学既是一项生动的思想引领活动,也是一项丰富的情感交流活动;既要培育学生的智商,也要培育学生的情商。其对象是有血有肉的活生生的人,因此,高校思政课教师必须理解学生、关爱学生,情理交融、情润无声、以情感人,对学生付出似水般柔情、水滴石穿般耐心,关注学生的情绪情感心理变化,帮助学生解决学习生活中

---

① 习近平. 做党和人民满意的好老师——同北京师范大学师生代表座谈时的讲话[J]. 人民日报,2014-09-10(2).

② 习近平谈治国理政[M]. 外文出版社,2014:432.

③ 列宁全集(第25卷)[M]. 人民出版社,1988:117.

④ [苏]苏霍姆林斯基. 个人全面发展教育的诸问题[M]. 山东教育出版社,1986:157.

⑤ 习近平. 做党和人民满意的好老师——同北京师范大学师生代表座谈时的讲话[N]. 人民日报,2014-09-10(2).

的实际困难。四要尊重学生的主体地位。高校思政课教师坚持人民立场，就必须尊重学生的主体地位，使教学内容贴近学生，从学生的思想道德实际状况出发，深入到学生中去挖掘典型素材，提炼、升华学生中的生动事例，反映学生的切身感受，运用学生熟悉的语言、喜闻乐见的形式，想方设法地调动学生参与教学的积极性、主动性和创造性。

四、"正"观点

观点解决的是关于事物发展规律的真理观问题。习近平总书记指出："一些人认为共产主义是可望而不可及的，甚至认为是望都望不到、看都看不见的，是虚无缥缈的。这就涉及是唯物史观还是唯心史观的世界观问题。我们一些同志之所以理想渺茫、信仰动摇，根本的就是历史唯物主义观点不牢固。"①"老师对学生的影响，离不开老师的学识和能力，更离不开老师为人处世、于国于民、于公于私所持的价值观。"②可见，观点正确是高校思政课教师人格魅力的保障。只有观点正确，才能引导学生正确认识、分析、解决问题，有效立德树人；如果满嘴歪理邪说、奇谈怪论，则只会误人子弟。

新时代高校思政课教师坚持的正确观点就是马克思主义观点。马克思主义观点"是马克思主义关于自然、社会和人类思维规律的科学认识"③。马克思主义观点内涵丰富，包括辩证唯物主义与历史唯物主义观、社会基本矛盾运动观、人的自由全面发展观、无产阶级世界观人生观价值观、劳动价值观、剩余价值观、社会主义共产主义革命观等内容。坚持马克思主义基本观点，是因为近代以来中国新民主主义革命、社会主义革命与建设实践特别是改革开放的伟大成就，证明了这些基本观点是正确的，证明了只有在这些基本观点的指导下中国才能"站起

---

① 中共中央文献研究室. 十八大以来重要文献选编（上）[M]. 中央文献出版社，2014：116.

② 习近平. 做党和人民满意的好老师——同北京师范大学师生代表座谈时的讲话[N]. 人民日报，2014-09-10(2).

③ 习近平. 深入学习中国特色社会主义理论体系 努力掌握马克思主义立场观点方法[J]. 求是，2010(7)：20-21.

来""富起来""强起来"。

新时代高校思政课教师坚持马克思主义观点，就必须：一要坚持指导思想一元论。始终坚持把马克思主义作为统领学科建设、学院建设和课程建设的灵魂，以马克思主义中国化最新理论成果引领学生，坚持为人民服务、为社会主义服务的教育方针和教育目标，与党中央保持高度一致，坚决抵制各种错误思潮，把深化大学生的政治认知水平、提升大学生的政治参与能力、增强大学生的政治认同感作为自身的核心功能和根本职责。二要坚持价值引领。把科学价值观依托于、潜隐于马克思主义思想理论知识中，在传授知识的过程中，引导学生确立科学的价值认知，培养高尚的价值追求，增强对社会主义核心价值观的认同感。三要坚持实事求是，关注大学生需求。必须了解大学生的思想道德实际状况，激发大学生的内生驱动；尊重大学生的身心发展规律与思想道德形成发展转化规律，满足大学生的正当利益需求，帮助他们解决成长成才过程中所遇到的各种实际困难；善于利用大学生的亲身经历、切身体验来佐证、助解马克思主义理论知识，引导大学生把日常生活经验提取、升华为党和人民需要的思想观念，用能够与大学生已有经验感受建立起直接联系的教学内容来打开大学生接受思想教育的便捷通道。四要坚持与时俱进，回应时代呼声。必须从新时代我国改革开放和现代化建设、世界资本主义变化的实际出发，着眼于马克思主义理论的时代运用、时代问题的理论思考、时代发展的生动实践，关注时代变化、顺乎时代要求、把握时代脉搏、紧扣时代主题、解答时代课题，善于从时代变迁中提炼出体现时代精神、融入时代元素、富有时代气息的鲜活的教学内容，向大学生传授新时代知识、传递新时代观念、传播新时代思想，引导大学生培养符合时代要求的思想道德素质，成长为担当民族复兴大任的时代新人。五要反对教条主义，创造性转换教材内容。现有的高校思政课教材体系，很好实现了从"理论体系"到"教材体系"的转化，融科学性、思想性、价值导向性于一体，具有高度的权威性，是教学活动的蓝本、总体依据与根本遵循。但由于受体例、篇幅等因素的限制，高校思政课教材的学术性、政治性较强而生动性、趣味性不足，理论性较强而可读性不足。因此，高校思政课教师不能机械地照搬教材、一味地叙述教材，而必须融会贯通、熟练驾驭、精辟讲解教材，根据具体的教学情境、教学对象，将统一性、权威性的教材内容创造性转换、演绎为个性化、通俗性、特色性的教学内容，用大学生喜欢听、接地气的口头语、流行语、家常话生动准确地表述教材内容。

五、"正"方法

方法解决的是如何认识和改造世界的方法论问题。毛泽东曾强调："我们不但要提出任务，而且要解决完成任务的方法问题。我们的任务是过河，但是没有桥或没有船就不能过。不解决桥或船的问题，过河就是一句空话。不解决方法问题，任务也只是瞎说一顿。"①方法正确是高校思政课教师人格魅力的根基。高校思政课教师只有掌握正确的方法、具备高超的教学艺术，才能使课堂生动活泼、学生愿听想听爱听、师生关系融洽和谐，才能使自己的人格魅力熠熠生辉。

新时代高校思政课教师要掌握的正确方法就是马克思主义方法。"马克思的整个世界观不是教义，而是方法。它提供的不是现成的教条，而是进一步研究的出发点和供这种研究使用的方法。"②马克思主义既是世界观，也是方法论。唯物辩证法是马克思主义的根本总方法，矛盾分析法、阶级分析法、群众工作法是马克思主义思想政治教育的基本方法。马克思主义方法是"指导我们正确认识和改造世界的根本思想方法和工作方法"③。

新时代高校思政课教师运用马克思主义方法，就必须：一要运用辩证分析法。大学生充满激情、渴望独立、讲求自主，但看问题容易主观、片面、极端。因此，高校思政课教师要引导大学生辩证分析社会主义共产主义事业发展的前进性与曲折性的关系、公有制与非公有制的关系、市场调节与政府调控的关系、一部分地区一部分人先富起来与共同富裕的关系、坚持党的阶级性质与扩大党的执政基础的关系、经济建设与环境保护的关系、民主与集中的关系、自由与纪律的关系、道德与法律的关系等重大问题，以及学习与爱情的关系、学业与就业的关

① 毛泽东选集(第1卷)[M]. 人民出版社，1991：139.
② 马克思恩格斯选集(第4卷)[M]. 人民出版社，2012：664.
③ 习近平. 深入学习中国特色社会主义理论体系 努力掌握马克思主义立场观点方法[J]. 求是，2010(7)：23.

系、物质利益与精神追求的关系、顺境与逆境的关系、智商与情商的关系、才能与品德的关系等实际问题。二要运用因材施教法。列宁曾强调马克思主义的基本要求是"必须具体"。毛泽东也曾强调："共同点与特殊点都是要紧的，而特点尤要。"①矛盾的特殊性原理告诉我们，必须坚持具体问题具体分析。具体问题具体分析落实到高校思政课教学中，就是因材施教。"世界上没有两片完全相同的树叶"②，推动思政课改革创新必须"因地制宜、因时制宜、因材施教"③。三要运用阶级分析法。阶级分析法就是运用马克思主义的阶级斗争学说分析社会现象和社会问题。列宁曾强调："马克思主义者不应该离开分析阶级关系的正确立场"④，"马克思主义提供了一条指导性的线索，使我们能在这种看来扑朔迷离、一团混乱的状态中发现规律性。这条线索就是阶级斗争的理论"⑤。当前，既要反对阶级斗争扩大化，对一切社会现象和社会问题都简单套用阶级分析法，也要反对阶级斗争熄灭论，认为阶级分析法已经过时、无用，自我解除理论武装。高校思政课教师要引导大学生运用阶级分析法，分析经济、政治、思想文化领域特别是意识形态领域中带有阶级性的社会现象和社会问题。四要运用群众工作法。所谓群众工作法，就是"从群众中来，到群众中去"的方法。办好高校思政课要集思广益，既要倾听大学生的意见，集中大学生的智慧，了解大学生的思想困惑、爱好需求，熟悉大学生的语言风格，又要深入、贴近大学生的学习生活实际。

---

① 毛泽东哲学批注集[M]. 中央文献出版社，1988：176.

② 习近平. 做党和人民满意的好老师——同北京师范大学师生代表座谈时的讲话[N]. 人民日报，2014-09-10(2).

③ 习近平. 用新时代中国特色社会主义思想铸魂育人 贯彻党的教育方针落实立德树人根本任务[N]. 人民日报，2019-03-19(1).

④ 列宁选集(第3卷)[M]. 人民出版社，1995：27.

⑤ 列宁全集(第26卷)[M]. 人民出版社，1988：60.

让新时代思政课教学内容"活"起来[①]

陈盈盈

金华市金东区实验小学

摘要：思政课教学的关键在以理服人，基础在教学内容，教学内容"活"起来是思政课"活"起来的根本与关键。让新时代思政课教学内容"活"起来，是一项系统工程，需要多管齐下，必须融入"活"的马克思主义，回应时代的呼唤，贴近学生实际，剖析社会热点问题，避免内容交叉重复，挖深挖透教材内容。

关键词：思政课；教学内容；"活"起来

2019年3月18日，习近平总书记在学校思想政治理论课教师座谈会上强调："推动思想政治理论课改革创新，要不断增强思政课的思想性、理论性和亲和力、针对性。"[②]教学内容是联结师生的信息纽带、承载教学功能的基本载体。思政课教学的关键在以理服人，根基在教学内容。只有让教学内容"活"起来，才能让新时代思政课"活"起来，才能切实增强新时代思政课的亲和力、针对性。这里的"活"是鲜活之意。教学内容"活"起来是教学形式、教学方法、教学气氛"活"起来的必要前提、坚实基础和根本目的。教学形式的丰富、教学方法的创新、教学气氛的活跃，都必须建立在教学内容的鲜活的基础之上，都必须服从、服务于有效传播教学内容的目的。思政课如果只注重教学形式、教学方法的改革创新，

---

① 本文系2024年度温州医科大学牵头温州市"大榕树·温思政"大中小学思政课一体化教育教学研究课题"'习近平文化思想'融入小学思政课研究"的阶段性成果。

② 习近平. 用新时代中国特色社会主义思想铸魂育人 贯彻党的教育方针落实立德树人根本任务[N]. 人民日报，2019-03-19(1).

而忽视教学内容的更新完善，无疑是舍本逐末，只会带来一时热闹、虚假繁荣，而无法实现对学生长久有效的思想引领。让新时代思政课教学内容"活"起来，是一项需要多管齐下的系统工程，必须紧跟时代发展步伐，按照党和人民的要求，贴近实际、贴近生活、贴近学生。

一、融入"活"的马克思主义

思政课是立德树人的关键课程，是对学生进行思想政治教育的主渠道、主阵地，承担着对学生进行系统的马克思主义理论教育的任务。思政课改革创新必须始终保持正确方向，坚持以马克思主义为指导，坚持用发展着的马克思主义武装学生，把马克思主义及其中国化理论成果作为中心内容。毛泽东曾指出："我们所要的是香的马克思主义，不是臭的马克思主义；是活的马克思主义，不是死的马克思主义。"①坚持把"香的""活的"马克思主义作为教学的指导思想、中心内容，是新时代思政课贯彻党的教育方针、解决教育根本问题、完成教育根本任务的必然要求。

思政课教学内容融入"活"的马克思主义，就必须坚持用习近平新时代中国特色社会主义思想铸魂育人，紧跟理论的发展步伐，反映理论的新发展，凝练实践的新经验，推进习近平新时代中国特色社会主义思想进教材、进课堂、进头脑，不断增强中国特色社会主义道路自信、理论自信、制度自信、文化自信，为思政课教学提供有力支撑。

二、回应时代的呼唤

习近平总书记指出："只有聆听时代的声音，回应时代的呼唤，认真研究解决重大而紧迫的问题，才能真正把握住历史脉络、找到发展规律，推动理论创新。""这些著作(指柏拉图的《理想国》等西方名著)都是时代的产物，都是思考和

---

① 毛泽东文集(第3卷)[M]. 人民出版社，1996：332.

研究当时当地社会突出矛盾和问题的结果。"①习近平总书记的重要论述，旨在强调当代中国哲学社会科学发展必须反映时代要求，对于新时代思政课教学内容的完善，同样具有指导意义。

当代学生富有强烈的好奇心，对新时代的新事物、新现象、新问题、新思想反应灵敏，表现出了强烈的探求欲望与体验心理，但面对网络化时代的海量信息与复杂问题，他们往往会感到不知所措、无所适从，期待有人能够给予有深度、有创见、有说服力的解答。但是，有些思政课教学内容严重滞后于时代发展，脱离时代实际，有些教师几年、十几年甚至几十年用着同样的教案，以致出现了"老师台上讲得口干舌燥，学生台下听得昏昏欲睡"的现象。

思政课教师必须从新时代我国改革开放和现代化建设、世界百年未有之大变局的实际出发，着眼于马克思主义理论的时代运用、时代问题的理论思考、时代发展的生动实践，关注时代变化、顺乎时代要求、把握时代脉搏、紧扣时代主题、解答时代课题，善于从时代变迁中提炼出体现时代精神、融入时代元素、富有时代气息的鲜活的教学内容，向学生传授新时代知识、传递新时代观念、传播新时代思想，引导学生养成符合新时代要求的思想道德素质，成长为担当民族复兴大任的时代新人。

当今时代，是市场化、网络化、竞争性、创新性时代。思政课教学内容反映时代要求，就必须引导学生科学认识市场经济的求利性、等价性、竞争性，划清经济规则与政治原则、道德准则的界限，正确处理个人利益、局部利益、眼前利益与国家及民族的整体利益、长远利益之间的关系；必须针对当代青年"无人不网""无处不网""无时不网"的鲜明特征，引导学生全面认识网络的虚拟性、匿名性、隐蔽性、便捷性、交互性等特征，科学鉴别铺天盖地、良莠不齐的各种网络思想信息的真与假、对与错、是与非、善与恶，养成良好网络道德，自觉规范网络行为；必须引导学生科学认识经济全球化时代的国际政治经济文化关系、国家利益与爱国主义，正确认识人类社会发展规律，充分认识中国特色社会主义的世界影响与人类命运共同体的世界价值，自觉担当起中华民族伟大复兴的历史重

---

① 习近平在哲学社会科学工作座谈会上的讲话[N]. 人民日报，2016-05-19(2).

任；必须引导学生正确认识竞争与合作的关系，弘扬自强不息精神，增强忧患意识与对困难挫折的承受能力；必须培养学生的质疑精神，鼓励学生独立思考，"不走寻常路"，悦纳新事物，尝试新方法，进行新体验，探索新规律，提出新观点。

只有凸显时代性，从时代变革中提取素材，才能保持教学内容的鲜活性，才能让学生感觉思政课常听常新，对思政课教学产生认同感，发出共鸣声，才能通过思政课教学促进学生的反思和成长。

三、贴近学生实际

思政课教学以师传生受教学内容为中心环节，本质上是一种师生间的知识、情感、价值双向交流活动。学生在教学过程中处于主体地位，他们对教学内容的兴趣度、满意度、认同度、接受度，既是衡量教学内容的鲜活度的根本标准，也决定了整个教学过程的成败。

接受心理学认为，道德接受是一个接受主体为满足某种心理需要，将外在思想信息加以"内化"的过程，在这一过程中，接受主体有追求知、情、意、需等各种心理要素和谐一致的倾向，这种和谐一致的水平，直接影响着接受的效果和深化的水平。如果一种思想信息不能满足接受主体的心理需要，就会造成接受主体的心理要素冲突、混乱，就会使接受主体感到不安、不满、苦恼、焦虑。

思政课作为意识形态教育的主渠道、主阵地，其教学内容必须贴近学生学习、生活实际，帮助他们解决实际困难，为他们的成长出谋划策、释疑解惑。依据情商理论，当代学生的情绪、情感、情境的自我认知、自我调节需求比其他方面需求更为紧要和强烈。因此，新时代思政课教学要关注学生的切身利益，尊重他们的身心发展特点，遵循他们的思想道德形成发展转化规律，融入心理健康教育、学习生活就业指导等方面内容，满足他们的成长、成才需求；引导他们运用马克思主义立场观点方法来认识、分析、解决遇到的各种现实问题，树立正确的世界观、人生观、价值观及道德观、法制观，提升思想道德素质、科学文化素质、心理健康素质。

建构主义学习理论认为，学习主体对知识信息的吸纳度取决于该知识信息与其个体经验的契合度。当代学生自主性、独立性较强，不迷信书本，不盲从权威，不满足于被动接受现成答案与结论，习惯于把自身见闻、体验、感受与经验作为观察事物、思考问题、接受信息的直接感性依据。因此，新时代思政课教学，必须紧密联系学生的学习生活实际，积极寻找学生中存在的正能量事件，深入剖析学生中存在的典型案例，善于利用学生的亲身经历、切身体验来佐证、助解马克思主义理论知识，引导学生把日常学习生活经验提取、升华为党和人民需要的思想观念，用能够与学生已有经验感受建立起直接联系的教学内容来打开学生接受思想教育的便捷通道。

四、剖析社会热点问题

所谓社会热点问题，是指在一定时期内处于舆论风口浪尖，引起人们普遍关注、热烈议论的问题。当代学生富有强烈的好奇心和探究欲望，对社会热点问题高度关注、兴趣浓厚，但由于他们的社会阅历相对单纯、社会经验相对薄弱、认知水平相对较低，以及网络化、多样化时代各种思想信息铺天盖地、纷繁杂陈等原因，一些学生常常对各种社会热点问题一时无法做出正确判断，感到困惑迷茫，他们迫切想弄懂这些问题。如果思政课教学缺乏对这些社会热点问题的必要重视与有效引导，不能对它们进行深入探究、科学解答，就会使学生听课兴趣降低，怀疑主流意识形态和核心价值观，动摇对中国特色社会主义的信心，甚至会使他们在"居心不良者""别有用心者"的诱导、误导下产生各种误解、错解。

新时代思政课教师要增强问题意识，坚持联系社会新实践、关注社会新变化、研究社会新矛盾、解答社会新问题，深入浅出、生动活泼地讲授科学理论知识，引领学生提升理论思维能力、价值评判能力、解决问题能力。

社会热点问题具有时效性，其受关注度、影响力往往局限于一定的时间段，因此，思政课对社会热点问题的剖析既要深刻，也要及时，只有抓住社会热点问题的发酵期、高潮期、学生兴趣浓厚期、重要时间节点等，趁热打铁、乘势而上地深度剖析马克思主义中国化的最新理论成果、中国特色社会主义的伟大成就、党的重大方针政策、社会重大理论与实践问题，才能取得良好的育人效果。否则，时机一过，效果就会大打折扣。社会热点问题受关注度高，当其发酵时，大有"山雨欲来风满楼""黑云压城城欲摧""树欲静而风不止"之势，加之学生正处于青春期，看问题不全面、不理智、易冲动、爱跟风，如果对社会热点问题分析透彻、引导得当，就能取得事半功倍的育人效果，但如果被敌对势力与敌对分子加以利用，也容易引起学生的不满、反感甚至是群体性事件。因此，思政课教师要通过对社会热点问题的分析，疏导学生的不良情绪，培育学生的健康心理，引导学生运用辩证唯物主义与历史唯物主义全面、客观、理性地分析及处理社会热点问题；社会热点问题具有复杂性，对于同一社会热点问题的分析，往往见仁见智，马克思主义与非马克思主义、官方与非官方、主流与非主流、精英与草根、进步与落后、东方与西方、国内与国外、传统与现代等各种观点同时并存、相互激荡、交流交锋，令学生应接不暇、不知所措。思政课教师要旗帜鲜明运用马克思主义的"显微镜""望远镜""照妖镜"，对社会热点问题及其各种流行观点，做出科学透彻的分析，引导学生去伪存真。

五、避免内容交叉重复

心理学认为，学生在学习过程中由于学习负担重、压力大、动力减弱、兴趣下降等原因，会出现身体疲劳、精神疲惫、情绪紧张、态度消极等学习倦怠现象。思政课教学内容的交叉重复同样会引起学生的学习倦怠。

思政课教学内容的交叉重复主要表现为：一是大中小学思政课教学内容的交叉重复。我国大中小学的思政课都是以马克思主义为指导，进行马克思主义理论教育的，阶级斗争观点、生产力与生产关系的关系原理、经济基础与上层建筑的关系原理、人民群众是历史的创造者观点、五种社会形态论、生产关系三要素论、社会主义初级阶段论、社会主义本质论、社会主义市场经济论、社会主义主要矛盾论等马克思主义基本原理与立场观点方法，中华人民共和国史、中共党史、中国近现代史的基本线索等，中小学思政课都有涉及，且在应试压力下学生已对这些知识点进行了死记硬背。据统计，大中学思政课教材内容的简单重复率高达 25%。二是四门思政课教学内容的交叉重复。由于马克思主义的整体性、马克思主义理论学科的整体性、思政课设置的整体性，四门课程的教材内容之间有着内在关联，难免存在交叉重合之处，特别是"原理"课与"概论"课、"概论"课与"纲要"课之间交叉重合较多。如果缺乏有机衔接与统筹安排，就会出现同样的内容被不同课程的教师反复上、同样的学生反复听同样的内容现象，从而引起思政课师生的职业倦怠与学习倦怠。

基于上述现象，习近平总书记强调："在大中小学循序渐进、螺旋上升地开设思想政治理论课非常必要。"①"循序渐进、螺旋上升"，为处理好大中小学思政课教学内容的衔接提供了方法论指导。总体而言，大中小学思政课的教学内容不是简单的重复，而是既相互联系、彼此照应，又逐层递进、逐渐深化的，从而构成一个引导学生思想道德水平由简单到复杂、由低级到高级不断提升的有机体系。中小学思政课应侧重于讲"是什么"的问题，大学思政课则应侧重于讲"为什么""怎么办"的问题；中小学思政课应侧重于解决"知其所以然"的问题，大学思政课则应侧重于解决"知其所必然"的问题；中小学思政课应侧重于传授理论知识，大学思政课则应侧重于提升学生运用所学理论知识来分析解决实际问题的能力。只有这样，才能使学生始终保持对思政课教学的浓厚兴趣，从思政课教学中获取的收益越来越大，锻造越来越强的马克思主义理论功底和应用能力。

思政课不仅要处理好与中小学思政课教学内容的有效衔接问题，还要处理好各门课程之间教学内容的协调一致问题。为此，有必要统筹安排、通盘设计四门课程的教学内容，加强四个课程组之间的沟通交流与协调分工。如"原理"与"概论"两门课程，虽然都传授马克思主义相关内容，但前者侧重于传授马克思主义基本原理与立场观点方法，夯实学生的马克思主义理论功底，坚定学生的马克思主义信念，提升学生的马克思主义认识水平、认识方法与应用能力，为学生更好地理解马克思主义中国化的理论成果提供世界观和方法论基础；后者则侧重于传授马克思主义中国化的理论内容、逻辑结构、精神实质、实践历程，为学生深化

---

① 习近平. 用新时代中国特色社会主义思想铸魂育人 贯彻党的教育方针落实立德树人根本任务[N]. 人民日报，2019-03-19(1).

理解马克思主义基本原理与立场观点方法提供实践依据。两门课程的教学内容既不能随意越界、交叉重复、彼此干扰，又不能完全割裂、彼此"绝缘"，而应花开两朵，各表一枝，在各具特色、相对独立的基础上相互配合、相得益彰。又如，虽然历史时段大致相同，但"概论"课侧重于引导学生准确把握近代以来马克思主义中国化的理论成果与实践进程；"纲要"课则侧重于引导学生准确把握近代以来的国情、国史、民族复兴史。前者侧重于"论"，辅之以"史"，"史论"结合，否则只是纯粹地讲述一个个概念、范畴、原理，则学生必然会感到枯燥乏味；后者侧重于"史"，辅之以"论"，夹叙夹议，否则只是纯粹地讲一个个历史事件、历史人物，无法实现思想引领的效果。应统筹安排四门课程的教学内容，对于一些重复性、交叉性内容，应根据内容的性质和学科地位、各门课程的功能定位与相互联系，梳理、整合、确定内容的课程归属、重点难点、取舍去留。

六、有效转换教材内容

现有的思政课教材体系，很好地实现了从"理论体系"到"教材体系"的转化，融科学性、思想性、价值导向性于一体，具有高度的权威性，是教学活动的蓝本、总体依据与根本遵循。但由于受体例、篇幅等因素的限制，思政课教材的学术性、政治性较强而生动性、趣味性不足，理论性较强而可读性不足。如果教师不能将统一权威的教材内容转化为生动鲜活的教学内容，只是机械地照搬教材、一味地叙述教材，就必然会使思政课教学显得乏味。

习近平总书记指出："要坚持统一性和多样性相统一，落实教学目标、课程设置、教材使用、教学管理等方面的统一要求，又因地制宜、因时制宜、因材施教。"①习近平总书记的重要论述，全面阐明了思政课把教材内容有效转换为教学内容的必要性、可行性与方法论。这种转化，必须既要坚持统一性，以遵循教材的基本观点、基本结论与持守科学、规范、准确的表达方式为前提，认真研读、

---

① 习近平. 用新时代中国特色社会主义思想铸魂育人 贯彻党的教育方针落实立德树人根本任务[N]. 人民日报，2019-03-19(1).

准确把握教材内容，明晰洞察教材的关键点和疑难点，做到入乎教材之内，又要坚持多样性，以融会贯通、熟练驾驭、精辟讲解教材为目的，根据具体的教学情境、学生的身心特点与思想道德实际，将由文件语言、书面语言、学术语言表达的教材理论知识用学生喜欢听及接地气的口头语、流行语、家常话生动准确地表达出来，将统一性、权威性的教材内容予以创造性转换。

需要指出的是，思政课教学内容的"活"必须以"真"为前提，是为更好地展现"真"服务的。失"真"的"活"只是一种花里胡哨、浮而不实，不仅无益，反而有害。这里的"真"有两方面的涵义：一是真理性。思政课教学内容必须是人类在社会实践中形成的、正确反映事物发展规律、准确预测事物发展趋势的科学理论成果，基本内容必须是深刻揭示事物发展的最普遍最一般规律、已为实践所证明是科学的马克思主义及其中国化理论成果。二是真实性。人们常说，瞒得了一时、瞒不了一世，事实胜于雄辩。思政课教学内容不能是对事物真相的隐瞒和对学生的哄骗，而必须是对马克思主义经典作家本意的真实解读，对社会现实的真实反映，对时代特点的真实体现，对学生实际关切的真实回应，是经过追问、甄别和选择而保留下来的客观的、确凿的具有严密逻辑性和普遍适应性的思想信息。

高校思政课程与课程思政协同育人对策研究

夏伟荣

台州科技职业学院

摘要：高校担负着"为党育人、为国育才"的重要职责，履行着建设社会主义教育强国的重要使命，同时高校又是思想交流和思想论战的主战场，因此必须重视高校思想政治教育的育人功能。然而，当前高校思想政治教育存在着思政课教师"孤军奋战、单打独斗"的"孤岛现象"和思政课与非思政课"难融合"的"两张皮"现象。作为一种新的教育理念，课程思政强调整体性和协同性，强调所有课程都有育人的责任，非意识形态课程要与意识形态课程协同，同向同行，共同承担起立德树人的责任。这一理念的提出，将高校的育人管道从一门课程拓展到了多门课程。本文阐述了思政课程与课程思政协同育人的优势，在此基础上，分析了思政课程与课程思政协同育人存在的问题，并提出了相应的建议。

关键字：思政课程；课程思政；协同育人

引　言

2020 年 5 月，教育部印发《高等学校课程思政建设指导纲要》，要求全面开展课程思政建设，使所有高校、所有教师、所有课程在育人活动中各司其职，各类课程与思政课同向同行，形成合力。这一通知明确了思政课程与课程思政协同育人的目的和重点，对于进一步推进思政课程与课程思政协同育人具有十分重要的意义。目前，高校思政课程建设的成果与课程思政育人工作的成果同在，但在高校中，仍不同程度地存在一些问题，如专业课教师对思想政治理论知识的掌握程度不高，不同类型课程对思想政治教育资源挖掘的程度不够等，探索高校思政课程与课程思政之间如何实现联合育人显得十分必要。

一、高校思政课程与课程思政协同育人的重要作用

(一)助力"三全育人"目标实现的应有之义

共育机制的构建为课程实现"三全育人"提供了支撑，也为"三全育人"教学模式和人才培养模式改革提供了新思路。利用合作学习的机制，可以达到专业课程与思想政治理论课程相互协调、相互配合的效果，引导青年学生树立共同理想，坚定崇高理想信念，充分发挥多向发力、合力育人的效果，促进青年学生个人梦与中国梦的统一。

(二)落实立德树人根本任务的载体

思政课在大学生政治素养教育中发挥着重要作用，是落实立德树人根本任务的主要载体，在高校思想政治教育工作中占有不可或缺的地位。然而，高校思想政治理论课教师少，其他学科教师多，仅仅依靠思想政治理论课教师不可能完成立德树人的根本任务，需要动员更多的教育力量参与到教学工作中来。各学科要充分落实自身的教育功能，成为思想政治教育的可靠同盟，与思政课一起，共同落实立德树人的根本任务。

(三)办好中国特色高等教育的内在要求

课程教学是高等教育的主要形式，是人才培养的主渠道，是进行马克思主义教育的主阵地。要充分发挥中国高等教育的优势，强化中国高等教育的特色，课程教学显然不能缺位。党和政府在指导高等教育的建设、改革和发展时，也强调要尊重和发展中国特色课程。但是，由于受内外部环境、高等教育国际化以及课

程与教学多样化、个性化、复杂化等因素的影响，我们还没有找到在课程与教学方面强化高等教育"中国特色"的有效机制。如何在教学目标、内容、过程和方法上坚持党的领导、坚持社会主义方向、坚定马克思主义态度，一直是困扰高校教师和管理者的难题。思政课程和课程思政教育的实践创新，不仅为我们解决这一难题指明了方向，而且给出了方法，开辟了途径。

二、高校思政课程与课程思政协同育人存在的问题

（一）协同育人理念尚未统一

目前，一些高校教师对协同育人教学理念尚不理解。一些思政课教师能认识到协同育人的重要性，但觉得缺乏与其他教师交流的机会，也不了解其他专业课程的开设情况。一些理工科教师对课程中的思想政治概念不清楚，无法挖掘课程思政元素，有的认为思想政治教育是思想政治辅导员和专职教师的责任，与自己无关。

（二）协同育人内容不够流畅

思想政治元素与课程内容的融合程度直接决定了思想政治教育的效果。思想政治要素与课程内容的融合度越高、越顺畅，课程的教育效果就越好。

一些高校虽然找到了合适的教学内容，对教材进行了补充、改进和完善，也取得了较好的效果。但是，该课程缺乏完整规范的思政理论库，不能全面覆盖所有的主干重点知识。有的老师为了完成学校的教学目标，简单地把思政课的部分内容加到一些专业课程中，搞"硬插入"，这就使得课程内容生硬不协调，甚至对学生产生误导。

（三）协同育人方法运用不当

教学不是固定不变的，可以把课堂分为理论课堂和实践课堂，但很多教师教学方式过于死板，一味采用灌输方式，无法真正起到教育学生的作用。一些高校关于思政课程与课程思政协同育人的做法也存在一些问题，要么在专业课上过分强调思想政治教育的显性功能，要么就是过于隐蔽思想政治元素，甚至连思想政

治教育对人类普世价值的引领作用都没有落实到位，课堂弄成了"四不像"，教师费了气力，但教学效果却不好。

三、高校思政课程与课程思政协同育人对策

（一）理念协同：达成协同育人共识

1. 转变教师观念

面临新的育人环境及育人趋势，教师应积极转变教学思想观念，改变对学科学习的基本认识；教师要勇于走出"舒适区"，敢于面对自我提高的重大挑战。思政课教师应明确新时代教育机构对思政课教学内容的新要求，以学生成长成才为导向，教好思政课。同时，其他专业课程的教师也不能放松，要及时与思政课教师、辅导员沟通合作，提高共育意识，扩大共育容量，共同为课程共育做出自己的努力。

2. 强化立德树人目标共识

思政课是全面实现"立德树人"的主渠道、主阵地，是引导学生逐步形成正确的世界观、人生观、价值观的主干课程，是高校思想政治教育不可或缺的重要组成部分。其他各类课程同样承担着重要的育人功能，发挥着重要作用。思想政治理论课和其他专业课教师只有以立德树人作为根本目标，用心用情守住"责任田"，把内容教学与价值引领结合起来，把传授学生技能与提高学生综合素质结合起来，才能帮助大学生系好人生的"第一粒纽扣"，满足大学生成长成才的需要，培育能够担当中华民族复兴重任的时代新人。

（二）内容协同：合理设计协同育人内容

1. 遵循有机融入与适度挖掘的原则

内容设计中的刻意整合与随意挖掘，往往会使思政课程与思政计划产生矛

盾，为了解决这一问题，就必须对思政课程与思政计划中的内容进行设计。在设计思政课程的方案和内容时，有必要遵循有机融入和适度挖掘的原则。

第一，在整合过程中，要结合各门课程的实际情况，使思政内容自然融入其中，避免生搬硬套。第二，适度挖掘课程内容中的思想政治元素，丰富课程内容；根据学生的实际需求，编写高校思想政治教育经典案例和系列教材，结合现代社会热点和学生疑惑，更新课程基础知识体系。第三，科学制定人才教育课程优化方案，调动思想政治理论课教师和其他专业课教师认真备课的积极性，共同构建涵盖各个方面、不同类型、层次递进、互为补充的联合内容体系。

2. 增强思政课与专业课内容的融通性

如果说"思政课"的内容体现了真善美的统一，那么专业课的内容则更偏向于求真。目前要实现内容的协同，最难的是将"思政教育"课程的内容与专业课程的内容相融合，即把专业课程内容中体现的求真与"思政教育"课程内容中体现的真、善、美相融合，而这个内容必须是关于社会主义核心价值观的内容。

为此，社会学、政治学教师需要回归各自知识体系的中心，切实从人文关怀的角度看待科学知识，实现知识传授与价值引领的统一。具体而言，可以从两个方面入手：一是提高教师知识传授与价值引领相结合的能力。与专业课程教师相比，社会学和政治学教师在这方面的能力更强，因此，专业课程教师可以到社会学和政治学教师的课堂听课，学习和采纳社会学和政治学教师在价值引领与知识传授相结合方面的经验。二是社会学、政治学教师和专业课程教师要善于发现、正视和批判一些错误倾向，比如在历史课程的讲授中，有些学生存在历史虚无主义的错误倾向，要及时纠正。

(三)方法协同：科学运用协同育人方法

1. 坚持显性教育与隐性教育相统一

习近平总书记提出的"坚持显性教育和隐性教育相统一"为高校协同育人指

明了方向。思政课的教学以系统传授理论知识为主，属于显性教学。显性教学法是高校实施思想政治教育的主要方法和途径，但这种传统的显性教学法使得整个授课过程枯燥乏味，学生的听课兴趣下降，教书育人的效果一般。

课程思政强调以隐性渗透的方式对大学生进行价值引领教育，这种新的教育理念采取间接、耳濡目染的方式完成教育目的，通过隐性渗透的方式增强课堂活力，提升知识趣味性。但是，这种隐性教学方式容易造成思政知识要素的碎片化和表面化现象，缺乏合理性、系统性和理论性。为此，思政课程与课程思政只有互为依托，协调运用教学方法，做到显性与隐性的统一，才能使二者形成最大的合力，达到最大的育人效果。

2. 灵活使用新技术

作为一种新技术，大数据和移动互联网的应用已成为一种趋势和潮流。借助大数据，可以更好更快地找到学生的兴趣点、学习需求或迷茫之处；借助一些通信软件，师生之间可以更快地建立起沟通管道，这对师生之间答疑解惑、提高学习效率有很大的帮助。因此，协同教育活动离不开对新技术的应用。

在使用新技术时，必须注意保护主体和客体的隐私。同时，需要注意的是，在协同教育中使用新技术并不意味着要放弃传统的教学方式，使用新技术主要是为了提高协同教育工作的有效性。

四、结　论

在新时期高等教育改革浪潮下，"课程思政"是提高高校各类课程教学效果的有效举措。推进思政课程与课程思政协同育人是一项需要各方支持的系统工程，高校在面对育人合力不足的问题时，还需要从强化育人合力理念、深化育人举措和加强顶层设计等方面入手，实现不同类型的思政课程和课程思政同向同行，进而实现推动高等教育全面发展的目的。

参考文献

[1]袁秦英，朱亚琪. 关于对高校思政课程与课程思政协同育人路径的研究[J]. 四川劳动保障，2023(8)：49-50.

[2]秦学亮. 高校思政课程与课程思政协同育人的价值蕴涵[J]. 学园，2023，16(25)：13-15.

[3]杨悦. 高校思政课程和课程思政协同育人路径探索[J]. 时代报告，2023(4)：158-160.

[4]张颖，周斌. 高校思政课程与课程思政协同推进机制的路径探析[J]. 成才，2023(3)：56-58.

[5]徐静. 新时代思政课程与课程思政协同育人机制构建的困境及对策[J]. 辽宁农业职业技术学院学报，2022，24(6)：41-45.

[6]初秀伟，范文竹，勾波，等. 高职院校思政课程与课程思政协同育人路径探析[J]. 黑龙江生态工程职业学院学报，2022，35(5)：107-110.

[7]管新源，李艳波. 高校思政课程与课程思政的协同育人路径分析[J]. 产业与科技论坛，2022，21(17)：127-129.

[8]杨晓琳，杨秀萍. 思政课程与课程思政协同育人三维探讨——基于天津市高校课程思政教学现状调研[J]. 中学政治教学参考，2022(32)：23-26.

[9]张乐乐. 高校思政课程与课程思政协同育人对策研究[D]. 陕西科技大学，2023.

"课程思政"与"思政课程"同向同行理论与实践探究

赵巧楠

杭州电子科技大学

摘要： 习近平总书记指出，做好高校思想政治工作要因事而化、因时而进、因势而新。"思政课程"与"课程思政"的同向同行既要做好"同向"的理论工作，也要把握好"同行"的实践方向，二者本质上是认识与实践的关系。在"同向"方面，要解决政治方向、育人方向、文化认同的一致性问题；在"同行"方面，要解决好互补互促、共享发展、步调一致等实践问题。为此，推动"课程思政"与"思政课程"同向同行，必须提升高校教师素养，贯穿"课程理念"至教学全过程，推进教育改革。

关键词： 课程思政；思政课程；同向同行；协同育人；立德树人

高校的根本任务在于立德树人、以文化人，要落实习近平总书记在全国高校思想政治工作会议上的讲话精神，就必须处理好"课程思政"与"思政课程"的同向同行关系问题。要实现"课程思政"与"思政课程"协同发展，必须厘清二者的关系内涵，重视课程育人、过程育人；利用好思想政治理论课教学的主渠道优势，形成"课程思政"与"思政课程"协同育人体系，为培养社会主义现代化的建设者和接班人奠定坚实基础。

一、"课程思政"与"思政课程"的关系内涵

"课程思政"与"思政课程"二者教育目标具有高度一致性，即教育的本质都是"育人"，要完成立德树人的根本任务；不同之处在于课程体系、课程特点、课程优势等方面均各有其特点。我们必须正确把握"课程思政"与"思政课程"的关系内涵，从而充分发挥二者同向同行、协同育人的独特优势。

（一）"思政课程"是"课程思政"的前提条件

"思政课程"即高校的思想政治理论课，具有不可替代性，包含马克思主义基本原理概论、思想道德与法治、形势与政策、中国近现代史纲要、毛泽东思想和中国特色社会主义理论体系概论等课程。思想政治理论课是大学生的必修课，在育人方面，"思政课程"更强调政治属性，是引导和帮助学生树立马克思主义的世界观、人生观、价值观的主渠道，具有鲜明的意识形态性，属于显性教育的一部分，是推动实现"课程思政"的理论基础与前提条件。

"思政课程"是思想政治教育的主渠道，是落实立德树人的关键课程，同时也是帮助学生掌握科学理论、树立远大理想、确立正确行为方式的重要课程，是提升"课程思政"隐性教育实效性的前提。理论性与实践性是思政课内在的基本属性。一方面，从理论体系本身来看，马克思主义作为"思政课程"的核心内容，是内涵丰富、涵盖全面、博大精深的科学理论体系，其深厚的理论性为推动"课程思政"的进程、加深学生的理解力提供重要抓手。另一方面，从"思政课程"教学目的与自身特征来看，思想政治教育的进程不仅与人的发展密切相关，同时也与社会政治、经济、文化、社会的发展息息相关，"思政课程"的实践性深刻体现在时代化特色上，"课程思政"正是随着"思政课程"因时而进、因势而新的发展而出现的时代新命题。

总体来讲，"思政课程"的理论性表现为教学内容以马克思主义理论为基石，强烈的知识理论性与思想性为"课程思政"提供思想理论基础和方向保证；实践性表现为对现实问题的观照，强调中国特色社会主义的实践性与时代性，决定了

"课程思政"的范围之拓宽、意义之深远。上好思政课程，种好责任田，有助于提升学生对"思政课堂"的学习主动性与兴趣，帮助学生树立正确价值观，涵养学生良好品行，从而切实推动"课程思政"的针对性与实效性。

（二）"课程思政"是"思政课程"的实现手段

习近平总书记在全国高校思想政治工作会议上指出："要用好课堂教学这个主渠道……其他各门课都要守好一段渠、种好责任田，使各类课程与思想政治理论课同向同行，形成协同效应。"①高校思想政治教育工作既非思政课教师的"独角戏"，也非辅导员的"单幕剧"，而是全员参与、多方协同、全程育人的"合奏曲"和"交响乐"，必须用活用好高校各类课程中蕴藏的思想政治教育资源，进一步推进"思政课程"与"课程思政"同向同行、协同育人体系的构建。

"课程思政"是构建"大思政"协同育人格局的一个重要组成部分，是"思政课程"实现立德树人的重要创新手段。一方面，"课程思政"聚焦立德树人根本任务，以其他各类课程为载体，充分挖掘专业课、通识课、选修课中的思政元素，跳出普通思政通识课的范围，将思想政治教育因素融入各门各类专业学科的教学当中，帮助学生牢固树立"四个意识"，坚定"四个自信。在课程教学中，通过非思政课程所蕴含的思想政治教育理念、社会主义核心价值观、科学精神、爱国主义情怀等来实现思想价值及人格培养的引领，发挥"课程思政"隐蔽性、渗透性的隐性德育优势，是加深加固学生对"思政课程"理论体系理解的创新性教学渠道，也是落实德育目标的关键一环。

另一方面，马克思主义理论是不断发展的学说，具有与时俱进的品质，能够在不同的历史时期焕发出强大生命力，这就要求思想政治理论课必须具有鲜明的时代性。而"课程思政"不再局限传统的思政课堂，转而寓思政理念于各类课程之中，拓宽了思想政治教育课的边界，是"思政课程"在新时代的新发展、新体现、新手段，有助于学生在不同课堂切实感受并领悟社会主义发展规律及马克思

---

① 习近平在全国高校思想政治工作会议上强调：把思想政治工作贯穿教育教学全过程 开创我国高等教育事业发展新局面［N］. 人民日报，2016-12-09.

主义原理所揭示的事物发展规律、人类历史发展规律等，从而正确认识当前形势下的国情、党情，进一步理解 21 世纪马克思主义的深刻内涵，使科学的原理能够在理论学习与社会实践的双向作用过程中入脑入心。

"课程思政"通过时代性的"滴灌"，帮助学生树立正确的世界观、人生观、价值观，促进学生的全面发展，是落实思政育人不可或缺的实现手段。

(三)"课程思政"与"思政课程"同向同行的内在关系

"思政课程"为"课程思政"提供理论奠基，"课程思政"是"思政课程"的实现方式，只有继续发挥"思政课程"的主渠道作用，同时着力挖掘"课程思政"的隐性作用和德育功能，实现两者同向同行，才能推动理论与实践的双向结合，提升高校思想政治教育工作的实效性。

立德树人的根本任务从价值层面上要求"思政课程"与"课程思政"必须坚持同向同行。"立德树人"过程中，既要着眼于以马克思主义理想信念浇灌学生的道德品质，又要立足于培养学生全方位的实践能力，这就决定着"思政课程"与"课程思政"必将同向同行。一方面，从"立德"的角度看，人的思想品德的形成过程必须经历知、情、意、信等多项心理运动才能完成，是一个由不知到知，由知向行，由理论内化到行为外化的复杂的长期过程，这集中体现了思政育人由内而外的特点。要培养学生的良好道德品质，促使学生完成从知到行的转化，"思政课堂"作为主渠道无疑在育人过程中发挥了不可替代的作用。因此，要真正实现"立德"的目标，就必须坚持"思政课程"的根本理论性与对实践的指导作用。

另一方面，从"树人"的角度看，在社会主义国家，思政课堂培养的人最终应该是全面发展的人。一个全面发展的"人"，是现实的、具体的、社会中的人，是能在各个课程语境里都具有极高的理论和实践能力的人，个人的所有潜能和才能能在"课程思政"的隐性德育过程中得以充分发挥，包括理论与实践潜能。为此，要实现"树人"这一基本目标，就必须坚持"思政课程"与"课程思政"同向同行、协同育人。

基于立德树人的根本任务，"课程思政"与"思政课程"从现实层面、价值层面、人的发展层面决定了必须同向同行、协同发展。

二、"课程思政"与"思政课程"同向同行的科学内涵

坚持"思政课程"与"课程思政"的同向同行是当前推动高校思想政治工作的一种重要的路径选择，也是落实立德树人根本任务的关键一步。然而，"课程思政"的"向"与"行"究竟体现在哪些方面，以下几个方面值得探讨。

（一）"课程思政"与"思政课程"同向阐释

"同向"即相同方向，"课程思政"与"思政课程"的同向是个多向度问题，并不只有唯一答案。但不管是"课程思政"或是"思政课程"，教师在进行思想政治教育过程中应始终牢牢坚持马克思主义在意识形态领域的指导地位，这也从本质上决定了二者鲜明的政治属性。"同向"内在地源于"四大自信"，加上立德树人的根本育人任务，归结起来即政治认同、文化认同、育人方向三大方面的一致性。

1. 政治方向的一致性

我国始终坚持社会主义办学方针，因而"课程思政"与"思政课程"的同向首先指向政治认同，两者都是为培养社会主义建设者和接班人服务。它们必须遵循相同的政治方向和价值观念，坚守马克思主义在意识形态中的根本指导地位，推动大学生对国家认同、政治认同的形成。具体来说，"课程思政"应与"思政课程"具有政治一致性。"课程思政"要牢牢把握政治方向，把握政治大局，树立大局意识，与"思政课程"一道，共同推动大学生对国家认同、政治认同，包含对马克思主义基本立场、观点和方法的认同，中华民族历史的认同，当代中国政治的认同，中华民族情感的认同等。两者相互配合、相得益彰，共同为培养社会主义接班人而服务。

但政治一致性并不意味着两者必须完全相同或一致，而是具有一致的政治方向和价值观念。例如，"思政课程"可以介绍国家的基本制度、基本路线、基本方针等基本国情，帮助大学生了解中国特色社会主义道路的正确性和优越性，而

"课程思政"则可以通过各种学科的课程内容，潜移默化地引导大学生对国家认同、政治认同的形成，培养学生的爱国情感、社会责任感和公民意识，扎根祖国大地，厚植爱国情怀，从根本上发挥"思政课程"显性教育功能与"课程思政"的隐性教育功能，培养学生坚定的政治观与大局观。

2. 文化认同的统一性

习近平总书记在党的二十届一中全会上指出，"全党要坚定道路自信、理论自信、制度自信、文化自信"①，而"文化自信，是更基础、更广泛、更深厚的自信，是更基本、更深沉、更持久的力量"②。

文化能否自信，关乎教育根本，尤其当中国身处百年未有之大变局，面临错综复杂的国际局势、外国势力的渗透之下，文化是否自信对国家、社会的长远发展显得至关重要。"课程思政"与"思政课程"的同向建设属于新时代教育实践创新改革的一部分，是解决民族文化自信问题的基石。任何有悖民族优秀文化、颠覆民族历史、破坏社会稳定、糟蹋民族信念的思潮都应被彻底地摒弃，从文化观念上树立坚固围墙。因而"课程思政"必须紧紧围绕"思政课程"的先进中国特色社会主义文化理念，必须毫不动摇地坚持发展中国特色社会主义文化，坚定文化自信，在文化认同上保持步调一致，协同统一。

另外，习近平总书记也指出："人类社会发展的历史表明，对一个民族、一个国家来说，最持久、最深层的力量是全社会共同认可的核心价值观。"③以"富强、民主、文明、和谐；自由、平等、公正、法治；爱国、敬业、诚信、友善"为主要内容的社会主义核心价值观是中华民族社会主义核心价值体系最深层的精神内核，承载着国家与民族的精神追求，具有强大的感召力、凝聚力和引导力。而"课程思政"与"思政课程"毫无疑问都深层次地触及人的价值观认同问题，因此"课程思政"必须坚定不移地用社会主义核心价值观培养人、塑造人，坚定马

---

① 习近平谈治国理论(第二卷)[M]. 外文出版社，2017：36.

② 中共中央文献研究室. 十八大以来重要文献选编(下)[M]. 中央文献出版社，2018：474.

③ 习近平在北京大学师生座谈会上的讲话[N]. 人民日报，2014-05-05.

克思主义价值观，这也就和"思政课程"的核心内容一致。

总体来讲，"课程思政"与"思政课程"只有保持文化价值观上的一致性才能确保育人的同向同行。

3. 育人方向的一致性

"课程思政"与"思政课程"归根到底服务于育人工程，二者的育人同向是指二者共同肩负立德树人的根本任务，解决好"培养什么样的人、如何培养人、为谁培养人"的问题。

青少年正处于人生的"拔节孕穗期"，处于世界观、人生观、价值观形成的关键时期，"思政课程"与"课程思政"的同向是为学生拨清思想迷雾、指引现实方向的"指南针"。引领学生在理论与社会实践的双重探索中深化理论领悟，切实感受马克思主义原理在社会实践中的蕴涵。

坚持"课程思政"与"思政课程"的同向必须充分发挥教师的主导作用与学生的主体作用。学生是课堂的主体，教师在课堂上必须以学生为主，认真对待学生所思所想，创新教学载体，丰富课堂形式，引导学生增强道路自信、理论自信、制度自信、文化自信，坚持理论与实践结合的育人手段，使学生能在各类课堂有所学、有所得，促进学生的全面发展。

（二）"课程思政"与"思政课程"同行阐释

对"同行"的阐释主要围绕"课程思政"如何与"思政课程"步调一致而展开，从而达到全员、全程、全方位合力育人的目标，主要从互补共享、互促发展、步调一致三个方面展开。

1. 互补互促

首先，"课程思政"是"思政课程"在不同类型课程里思政元素的创新性融合与促进。保持两者内容上的互相补充与促进，既能保证政治、文化、育人方向上的协同一致，也能在内容要义上加以补充完整，共同创新高校思想政治教育课程体系。其次，互促主要体现在"课程思政"能够为"思政课程"提供学科支撑，将不同学科与思政教育相结合，丰富了思政课程的教学内容和教学方法；同时，"课程思政"也能够为其提供理论支撑，将最新的理论研究成果融入思政课程之中，使其更加具有时代性和针对性。最后，"课程思政"还能够为其提供队伍支撑，通过优秀的教师团队来提升"思政课程"的教学水平和影响力。"课程思政"的多学科性，使其能够为"思政课程"提供更加全面和深度的支持，从而促进"思政课程"的建设和发展。但是，"思政课程"并不等同于"课程思政"，也不能将"课程思政"完全打造成为"思政课程"。互补互促是二者功能、作用、内容上的互相补充促进，因而需要进一步厘清"思政课程"的功能和边界，明确"思政课程"重点传授的内容，以及基于"课程思政"的形式而进行隐性教育的内容。各门课程基于立德树人、以文化人的作用和定位，错位性互补内容才能最大程度发挥二者的互补互促同行功能。

2. 共享发展

"课程思政"与"思政课程"的共享发展，主要是指它们之间可以相互分享信息和资源，共同为培养学生的道德素质和思想政治素质服务。共享发展是一种共赢的发展模式，对于高校思想政治工作来说，"课程思政"与"思政课程"的共享发展具有重要意义。首先，它们之间的共享主要体现在学生思想观念上的共享，即通过互相交流和分享，引导学生树立正确的世界观、人生观和价值观；其次是课程建设资源的共享，这样可以充分利用各种优质教学资源，提高教学质量和效果；最后是教学方式方法的共享，通过互相学习和借鉴，不断创新和优化教学方式方法，更好地满足学生的学习需求和发展需要。通过优化共享结构，推动"课程思政"与"思政课程"的共享发展，形成协同效应，可为高校思想政治工作的开展注入新的动力。

3. 步调一致

步调一致，就是使"课程思政"在事关政治认同、文化认同、育人方向等方面始终与"思政课程"处在同一个频道上，"课程思政"的展开始终要紧紧围绕"思政课程"的核心理念。在政治方向上守牢国家政治观，在文化认同上坚定社会主义文化自信与社会主义核心价值观，在育人方向上坚持立德树人根本任务，坚持培养人是为社会主义建设而服务。各类课程标准根据"课程思政"的要求和标准进行修订，在课程大纲、内容设计等方面进行思政元素的融入和统筹考虑，从而在课程体系建设上体现立德树人的根本要求，融入当代中国的价值要求，紧紧把握社会主义高校合力育人的时代要求。

三、"课程思政"与"思政课程"协同育人体系的构建

新时代，培养全面发展的人显得至关重要。为了实现立德树人根本任务，必须引导大学生树立远大理想信念与正确的世界观、人生观、价值观。这些观念和价值观是他们成长为优秀人才的基础，也是他们成为有责任、有担当的社会成员的保障。为了提升高校思政理论教育工作的实效性，必须坚持"课程思政"与"思政课程"同向同行、协同发展，构筑协同育人体系。

首先，高校教师需要不断提升个人思想政治业务能力，确保能够有效地将思想政治教育融入到各类课程中。教师们需要深入理解课程内容和思想政治教育之间的联系，掌握思想政治教育的基本原则和方法，从而更好地将思想政治教育融入到课程中，掌好同向同行的舵。其次，高校需要将"课程思政"相关理念贯穿到教育教学全过程。包括在课程设置、教学计划和教学方法等方面注重思想政治教育的重要性，同时在课外实践活动中积极开展思想政治教育，帮助学生更好地理解和掌握思想政治教育的核心内容，保证二者步调一致，最大限度地激发"课程思政"与"思政课程"的互补互促、共享发展功能。最后，高校需要推进教育实践改革，打造同向同行育人平台，更好地落实立德树人的根本任务。这需要不断探索和创新教育模式和教育方法，在遵循思想政治教育工作规律和人的全面发展规律上，通过"课程思政"与"思政课程"的同向同行发展，打牢学生的理论基础，培养学生的实践能力，帮助学生树立正确的价值观和人生观，成为有责任感、有担当的社会成员。

通过提升教师思想政治业务能力、夯实课堂建设推进教学改革、构建高校多方联动机制以及高校与社会联动搭建良好沟通平台等多种措施的实施，推动课程思政与"思政课程"的同向同行，培养全面发展的人才，帮助他们成为有理想信念、有爱国情怀、有责任担当的社会主义建设者和接班人。

高校课程思政与思政课程协同育人的现实困境与对策

金灵子

杭州电子科技大学马克思主义学院

摘要：推进高校课程思政与思政课程协同育人是新时代赋予高校的历史使命。当前，全国各高校都在积极推进课程思政与思政课程协同育人建设，并取得了一些成绩和经验。但作为一种新的教育教学理念，其在学校、教师、学生等多层次实践探索上仍有一些问题需要予以解决，本文提出以下破解路径：完善制度、构建协同育人保障机制，加强合作、打造协同育人师资队伍，尊重学生、提升协同育人学生获得感。

关键词：课程思政；思政课程；协同育人

2016 年 12 月，习近平总书记在全国高校思政工作会议上提出："把思想政治工作贯穿教育教学全过程，实现全程育人、全方位育人"①，同时还强调："使各类课程与思想政治理论课同向同行，形成协同效应"②。这两大高瞻远瞩、高屋建瓴的论断，蕴含着新时期高校思政教育的价值取向，即构建"三全育人"的大思政格局，发挥各类课程与思政课程协同育人的作用。

---

① 习近平在全国高校思想政治工作会议上强调：把思想政治工作贯穿教育教学全过程 开创我国高等教育事业发展新局面[N]. 人民日报，2016-12-09(01).

② 习近平在全国高校思想政治工作会议上强调：把思想政治工作贯穿教育教学全过程 开创我国高等教育事业发展新局面[N]. 人民日报，2016-12-09(01).

思政课程，顾名思义，指的是思想政治教育课程及相关教育活动的总称。①课程思政，从词汇组合的角度来看，并非特指某一特定教学科目或具体教育活动，而是一个具有广泛涵义的概念。与思政课程具有明显的学科定向不同，课程思政学科边际泛化，它主要是通过运作不同的课程来实现思政教育。与思政课程相比，课程思政的外延更大，包含的内容更丰富。

一、思政课程与课程思政协同育人的必要性

协同育人这一概念最早出现于 20 世纪中叶的欧洲，通过协同发展教育和科研等领域，为当时的欧洲培养出了许多具备高素质、高技能型的人才。在新时代，伴随着高等教育发展战略的不断推进，我国对人才的需求呈现出多元化的趋势。在此背景下，"协同育人"理念逐渐引起学术界的广泛关注。该理念以高水平人才培养为目标，通过协作体系中各方的合作和资源共享，充分发挥各自的优势，实现互惠互补，为培养社会所需的高级专业人才提供支持。将协同育人理念融入高校思想政治教育中，有助于提升我国高校思想政治教育水平，从而更好地实现立德树人的教育目标。

思政课程与课程思政协同育人的必要性体现在多个层面，包括培养全面发展的人才、推动综合素质教育、深化思想政治教育、促进课程创新和适应时代需求等方面。

首先，思政课程与课程思政协同育人有助于培养全面发展的人才。传统的思政课程注重理论教育，而课程思政则将思政元素融入各个专业课程中。这种协同育人方式使得学生在学习专业知识的同时，也能够接受思想政治教育，提高综合素质，形成全面发展的人才。

其次，思政课程与课程思政协同育人有助于推动综合素质教育。综合素质教育强调学生的思维能力、创新能力、团队协作能力等综合素质的培养。通过思政课程与课程思政的协同，学生将更容易在专业课程中培养和提高这些素质，使他

---

① 邱开金. 从思政课程到课程思政，路该怎样走［N］. 中国教育报，2017-03-21（10）.

们踏入社会后更具竞争力和适应力。

再次，思政课程与课程思政协同育人有助于深化思想政治教育。在当今社会，人们面临着复杂多变的社会问题和价值观念的挑战。通过思政课程和课程思政的协同，可以更好地引导学生深入思考社会、政治和伦理等问题，增强他们的政治觉悟和社会责任感。另外，思政课程与课程思政协同育人有助于促进课程创新。将思政元素融入专业课程中，可以激发教师的创新精神，推动课程的不断更新和改进，提高课程的吸引力和实用性。

最后，思政课程与课程思政协同育人有助于适应时代需求。当今社会发展迅速，知识更新速度加快，要求人才具备更高的综合素质和思维能力。通过思政课程与课程思政的协同，可以更好地满足时代对人才的需求，使毕业生更好地适应社会发展的要求。

综上所述，思政课程与课程思政协同育人是高校教育的重要举措，有助于培养全面发展的人才，推动综合素质教育，深化思想政治教育，促进课程创新，适应时代需求。因此，高校应积极推进思政课程与课程思政的协同育人工作，不断提升教育质量，为社会和国家的发展贡献更多的优秀人才。

二、思政课程与课程思政协同育人存在的多层次问题

课程思政与思政课程的协同育人方式为高校增强思想政治工作的育人效果提供了新的理论视角。各地高校积极采取一系列措施，积极推动课程思政与思政课程的协同育人工作，从协同育人实践的效果来看，已经在实际应用中取得了一定的成果。然而，协同育人工作的深入开展涉及多个部门和多个方面，出现了一些新问题和新挑战，需要进行更深入的分析和探讨。

（一）学校层面

高校的课程思政与思政课程协同育人工作是一项复杂的系统性工程，为了确保协同育人工作的有效运行，需要进行全面的顶层设计和制度支持。这一制度应该涵盖全局，为协同育人提供明确的方向指导和坚实的制度保障。在这个过程

中，任何环节的疏漏都会直接影响协同育人的实际效果。

建立健全的育人机制被认为是高校推进课程思政与思政课程协同育人工作的关键环节，然而，目前部分高校在协同育人工作机制方面尚未达到成熟水平，存在着诸多问题，如保障机制不够完善、评价机制存在缺陷以及激励机制不够健全等。这些问题需要得到认真解决，以确保协同育人工作能够取得更好的效果。

(二)教师层面

在课程思政与思政课程协同育人建设过程中，教师起到了至关重要的作用。他们承担了课程思政的实施任务，是这一建设工作的主要推动力量，也是高校达成立德树人教育目标的关键因素。

教师积极参与协同育人工作既受到外部驱动因素的影响，又需要内生动力的不断强化。外部驱动因素通常包括来自党中央和教育部的高校课程思政的战略安排和政策支持。同时，学校自身对于课程思政与思政课程协同育人的重视程度，以及提供人力、财力和物力等支持保障也具有关键作用。

内生动力指的是教师作为协同育人工作的主体，在理念上充分认同课程思政与思政课程协同育人的目标，将所需素质内化并主动提升自身综合素质。他们将内生动力转化为创新能力，以在实践中更好地推动课程思政与思政课程协同育人。然而，当前高校教师队伍中，大多数教师在课程思政自觉育人方面的内生动力尚不强烈。同时，目前还存在着一些其他问题，如部分教师的育人能力不足，导致教学方法单一、教学内容乏味、教学责任感不强等，这些问题显著降低了课程思政与思政课程协同育人工作的实际效果。

(三)学生层面

课程思政与思政课程协同育人的有效性关键在于其对大学生的影响。这一过程旨在通过引导大学生的价值观，使其深入了解世界局势、国家状况、党的立场和人民情感，进而巩固对中国特色社会主义的"四个自信"。

然而，在实施课程思政与思政课程协同育人的过程中，学生的参与度和主动性存在一定问题。在应试教育环境下，一些大学生可能更偏向功利性的选择，追求短期个人利益，关注知识和技能的掌握，而忽视了理想信念和社会主义道德观的培养。

三、思政课程与课程思政协同育人问题的破解路径

协同育人这一过程涉及多方的协同努力和密切合作，高校应以广阔的战略视野，全面规划协同育人工作，有效动员各育人主体的积极参与，充分挖掘和整合协同育人所需的各类资源，为协同育人格局的构建提供战略指导。

（一）完善制度，构建协同育人保障机制

当前，思政课程与课程思政的协同已逐渐得到教师和学生们的认同，且在理论层面产生多项相关研究成果。然而，结合当前高校的教育实践来看，尚未形成可复制和可推广的协同育人方案。这表明，协同育人工作还未达到常态化水平。为了避免协同育人陷入形式主义和抽象化的误区，有必要将其纳入制度建设层面，通过刚性的制度规范来实现协同育人的常态化。建立支持和保障课程思政与思政课程协同育人的机制，可以确保协同育人的质量和效果，从而促进高校课程思政与思政课程协同育人工作的稳步推进。

第一，需要建立明确的协同育人管理制度。高校应设立协同育人委员会，其领导小组由各级党委负责组建，成员包括管理专家、思政课教师和专业课教师。协同育人委员会负责具体协同工作的实施、监督和评估。这一制度的建立有助于确保协同育人工作有组织、有计划地进行，以实现思政课程与专业课程之间的有效协同育人目标。

第二，必须建立有效的协同育人激励机制，以激发教师积极参与协同育人工作的热情。例如，鼓励教师积极申请协同育人课题，并为在协同育人方面取得显著成就的教师设定奖励和晋升标准。这些激励措施将鼓励教师更加重视协同育人工作，积极投身协同育人实践，从而提高思政课程与专业课程之间的协同效果。

第三，应该建立完善的协同育人考评机制，将协同育人纳入教师绩效考核体系中，并与岗位聘任、培训选拔等相关工作挂钩。通过综合评估协同育人教学活

动组织、学术研究成果等，来评估教师在立德树人方面的绩效。这一考评机制将激发教师们在协同育人领域的积极性和创造性，推动他们更加主动地参与协同育人工作，提高思政课程与专业课程之间的协同效果。

（二）加强合作，打造协同育人师资队伍

大学生思想政治工作中的教育主体包括思政课教师、辅导员和各专业课教师，他们是协同育人的主导者，在思政教育工作中分别扮演着不同的角色，各有优势也各有局限。① 思政课教师专注于系统传授思政理论知识，但缺乏实践经验，难以及时了解学生的思想行为动态；辅导员与学生接触频繁，但思政理论知识有限，且忙于事务，难以深入学习思政理论；专业课教师精通专业知识，但思政理论知识匮乏，对学生思想行为了解有限。综上所述，不同主体应加强协作，弥补各自的不足，提升思政教育效果。

习近平总书记在学校思想政治理论课教师座谈会上指出："思想政治理论课是落实立德树人根本任务的关键课程……思政课作用不可替代，思政课教师队伍责任重大。"②在推进课程思政与思政课程协同育人工作中，思政课教师是关键，因此，合作应当以思政课教师为中心来进行。

一是加强思政课教师与辅导员之间的合作。为取得更有效的思政教育协同育人效果，思政课教师和辅导员应建立更紧密的合作关系。首先，思政课教师可以提供专业的思政理论知识培训和教育方法指导给辅导员，以帮助他们更好地理解和应用思政理论知识。同时，辅导员可以为思政课教师提供学生的行为动态信息，使思政课教师更好地调整教学内容和方法，以满足学生的需求。此外，思政课教师和辅导员可以共同开展思政教育活动，组织研讨会和学生座谈会，以促进学生的思想交流和成长。另外，双方还可以共同研究和开发创新的思政教育方法，以适应不同学生群体的需求。

---

① 涂刚鹏，刘宇菲. 思政课程与课程思政协同育人的三维路径［J］. 学校党建与思想教育，2020（21）：50-53.

② 习近平. 用新时代中国特色社会主义思想铸魂育人 贯彻党的教育方针落实立德树人根本任务［N］. 人民日报，2019-03-19.

二是加强思政课教师与专业课教师的合作。过去这两个师资队伍各自负责不同领域的教育工作，几乎没有交集，但在协同育人格局下，二者的合作成为必然。

首先，思政课教师可以与专业课教师共同探讨如何将思政元素融入专业课程中，使学生在专业课学习中也能接触到思政教育内容，这有助于更好地培养学生的综合素质。其次，思政课教师和专业课教师可以共同开展跨学科的研究项目，探讨特定领域内的思政问题，为学生提供更深入的思想引导。这种合作可以促进不同领域之间的知识交流和跨学科思考。此外，思政课教师和专业课教师还可以共同组织学术活动，如讲座和研讨会等，让学生接触到不同领域的思想观点和理论前沿，拓宽他们的视野。

综上所述，思政课教师与专业课教师之间的紧密合作可以为学生提供更全面、更深入的思政教育。这种合作应成为高校教育工作的常态，能为学生的全面成长提供更多的机会和资源。

思政课教师和辅导员与各专业课教师，一端连着理论课堂，另一端连着实践课堂，二者应加强合作，协同育人，互补效益。思政课教师应明确自己在课程思政与思政课程协同育人中的角色定位，成为价值观引领的领航者，进一步发挥作为思政课教师的积极作用，推动课程思政与思政课程协同育人工作的顺利开展。

(三)尊重学生，提升协同育人学生的获得感

为了提升课程思政与思政课程协同育人成效，师生之间应增强互动，共同提高。

一是要增强师生双向互动，突出以学生为中心的思政教育理念。为了更好地实现协同育人目标，思政课程应该强调师生之间的互动与交流。教师应倾听学生的声音，了解他们的需求和关切，以更好地满足学生的思想成长和价值观塑造需求，这可以通过组织座谈等方式来实现。同时，鼓励学生积极参与思政教育活动，提供多样化的参与机会，例如学生论坛、思政社团等。通过让学生参与思政课程的设计和实施，他们能够更好地理解和感受思政教育的重要性，从而更积极地投身到协同育人工作中去。在这种双向互动中，师生之间的互相启发和互相学

习将成为思政教育的亮点。这样的互动将有助于构建更开放、更有活力的思政教育环境，培养更具有批判性思维和创新精神的学生，从而更好地实现高校的立德树人目标。

二是要充分发挥学生在协同育人中的主观能动性。思政教育不应仅是教师的一种单向传授，而应该激发学生的积极参与和主动学习兴趣。学生在思政教育中应被视为有思想、有需求、有发展潜力的独立个体，而不仅仅是被动接受教育的对象。

为了实现这一目标，教师应该为学生提供更多的自主学习机会，鼓励他们参与思政课程的设计和评价过程。此外，学校还可以设立学生参与思政教育决策的机制，让学生在思政教育方向的确定和计划的制订中发挥积极作用。同时，思政教育应强调实践教育和社会参与，让学生有机会将所学知识付诸实践，参与社会实践和志愿活动，培养他们的社会责任感和公民意识。通过发挥学生的主观能动性，思政教育将更好地实现其培养目标，使学生在思想政治觉悟、社会责任感和创新能力等方面得到更全面的提升，为他们的终身发展奠定坚实基础。

思政课程与课程思政协同育人的路径探析

姚 远 王海稳

杭州电子科技大学马克思主义学院

摘要：协同育人是履行"立德树人"根本任务的关键，构建思政课程与课程思政协同育人，提升思想政治工作效能，要以制度协同为前提、以课程协同为核心、以队伍协同为关键，努力为国家培养合格的社会主义事业建设者和接班人。

关键词：课程思政；思政课程；协同育人；路径探析

习近平总书记在全国高校思想政治工作会议上指出："要用好课堂教学这个主渠道……其他各门课都要守好一段渠、种好责任田，使各类课程与思想政治理论课同向同行，形成协同效应。"①习近平总书记的重要论断明确提出了思政课程与课程思政协同育人的重大课题，为新时代思想政治理论课教学改革创新指明了方向、提供了遵循。近年来，思政课程与课程思政协同育人建设的探索和实践取得了显著成就，但也浮现出诸多亟待解决的问题。如何将立德树人贯穿教育教学全过程，推动思政课程与课程思政同向同行，构筑育人大格局，提升思想政治工作效能，是新时代我国高校面临的重大任务。

一、思政课程与课程思政协同育人的理论逻辑

党中央历来重视对思想政治理论课的研究，随着教育改革的推进，构筑思政

---

① 习近平在全国高校思想政治工作会议上强调：把思想政治工作贯穿教育教学全过程 开创我国高等教育事业发展新局面[N]. 人民日报，2016-12-09.

课程与课程思政协同育人的路径是当前构建思想政治教育新格局的现实要求。在新一轮课程改革顺利开展的当下，切实加强相关理论研究，探索思政课程与课程思政同向同行的理论逻辑，提升思想政治工作效能恰逢其时。

（一）人的自由全面发展是思政课程与课程思政协同育人的理论基础

第一，从人的生存环境来看，人的意识、知识、能力的发展是"现实中的个人"与社会历史发展之间的关系，学校教育不是分裂社会实践与现实生活而进行的所谓"纯粹的、抽象的思辨"教育，任何教育都必须遵循人的生存规律与发展逻辑，使人在与环境的互动中获得发展。思政课程与课程思政协同育人，拓展了思想政治教育的内涵与外延，以更为个体所认同并接受的形式进行价值引导，从而更好地把握人与社会的辩证关系。第二，从人与教育的关系来看，马克思指出："环境的改变和人的活动或自我改变的一致，只能被看做是并合理地理解为革命的实践。"①教育是人与环境双向互动的过程，人的意识形态、思想观念与其自身的社会实践活动紧密相连，因此通过思想政治教育实践活动将社会主义核心价值观转化为个体的价值认知与践行，实现思政课程和课程思政协同育人，包含着思想政治教育环境的改变、教育的改变与人的改变三者的辩证统一，从而形成全员、全程、全方位育人大格局。第三，从人的自由全面发展来看，马克思关于"人的自由而全面的发展理论"内在蕴含着德智体美劳等系列元素，以及人的社会交往、自我发展等内涵。社会主义国家的教育目标就是实现所有人的自由全面发展，构建思政课程和课程思政协同育人，其根本立足点是立德树人，将课程从关注学生的专业知识和技能发展提升到关注学生作为人的全面发展，并在教育教学过程中将价值引领融入专业学习，达到对价值理性的认同与回归，促进人的全面发展。

（二）思政课程与课程思政协同育人是当代教育理论发展的必然要求

第一，思政课程与课程思政协同育人深化了课程价值导向的内涵。"教育不

---

① 马克思恩格斯文集(第1卷)[M].人民出版社，2009：500.

存在于真空之中，它是社会的一个子系统。在知识社会学的视野中，从来不会存在纯粹的知识。"①各级各类课程不存在所谓纯粹的知识技术，其背后都有鲜明的价值意蕴。思政课程与课程思政协同育人的实质就是将主流意识形态、价值导向浸润到所有课程中，为党的事业、为治国理政、为中华民族的伟大复兴培养人才。专业课程与专业课教师对学生的引导将直接关系到高校立德树人工作的成效。第二，思政课程与课程思政协同育人赋予范例教学论的政治使命。范例教学论的代表人物克拉夫基提出教师在传授知识的过程中，必须对学生进行思想、政治和道德教育，缺一不可。前教育部长陈宝生也强调："高校要明确所有课程的育人要素和责任，推动每一位专业课老师制订开展课程思政教学设计，做到课程门门有思政，教师人人讲育人。"②课程所承载的学科与课程建设，绝不仅仅是知识，更重要的是其背后所传递的价值理念，任何教育的实施过程从本质上说都是价值理性与工具理性的统一。第三，思政课程与课程思政协同育人突出以学生为中心的建构主义理论。建构主义理论主张通过学习引导学生从原有经验出发，建构起新的经验，强调学习者在构建知识体系时的自主性与能动性。思政课程与课程思政协同育人突出的特点是以学生为中心，构建价值导向与知识目标合二为一的学习体系，充分激发主体的内在能动性，同时建立符合主体认知与需求的学习体系和认知柔性环境，营造良好的思想政治教育大环境，启发学生内在的更高层次的价值追求。

（三）思政课程与课程思政协同育人是显性教育与隐性教育的辩证统一

第一，思政课程与课程思政协同育人推动显性教育向隐性教育的转化。与显性教育不同的是，隐性教育引导教育主体在自主愉悦的状态下接受并内化，达成教育效果。教育部提出："使各类课程与思政课程同向同行，将显性教育和隐性教育相统一，形成协同效应，构建全员全程全方位育人大格局"，对新时代思政

---

① 刘猛. 意识形态与中国教育学［M］. 南京师范大学出版社，2008：41.

② 陈宝生. 在新时代全国高等学校本科教育工作会议上的讲话［J］. 中国高等教育，2018（15/16）.

课程与课程思政协同育人提出了新要求，同时也进一步明晰了二者协同育人的理论逻辑。在常态化的教学过程中开展隐性教育，将对学生的情感认知、价值取向、道德水平和思想观念等起到潜移默化的作用，推动立德树人根本任务的实现。第二，思政课程与课程思政协同育人形成同向同行的价值认同。思政课程与课程思政，二者作为不同时期顺势而生的育人课程，都是党和国家对主流意识形态建设需要的精准研判，对思政教育教学改革工作的科学定制，也是在思政教育实践中悟出的真知灼见，指向解决"培养什么人、怎样培养人、为谁培养人"的根本价值导向问题，是为落实立德树人根本任务而做出的持续努力。整合各类教育资源，充分利用学科课程载体，在知识体系中隐性融入思想政治教育元素，能从各个层次、各个角度全方位对学生进行价值引领。第三，思政课程与课程思政协同育人充分彰显了显性教育与隐性教育的辩证统一。一方面，思政课程的建设成果为课程思政的建设夯实了前提与根基，课程思政则是对思政课程的深化与拓展，是在思政课程的育人成就基础上完善协同育人机制的重要举措。另一方面，思想政治教育既要旗帜鲜明也要润物无声，思政课程与课程思政协同育人推动了显性教育与隐性教育相统一的思想政治教育总体格局的形成。实现思政课程与课程思政协同育人，既要在课程思政的教育中蕴含隐性教育，也要突出社会主义的鲜亮本色。

二、思政课程与课程思政协同育人的认识误区

当前，思政课程与课程思政协同育人取得了一定进展，但与习近平总书记提出的"使各类课程与思想政治理论课同向同行"协同育人的要求还有差距，还存在育人目标"一分为二"、课程内容"合二为一"、教学方法"千篇一律"等误区。我们必须坚持问题导向，理性审视思政课程与课程思政面临的困难与挑战，积极探寻思政课程与课程思政协同育人之路。

(一)育人目标"一分为二"

所谓课程思政，就是要挖掘出各门课程中的思想政治教育要素，让学生在提

升知识的同时受到精神洗礼，而思政课程则旨在专门提升学生的政治素养。课程思政和思政课程在育人的目标上是一致的，两者都必须要解决"为谁培养人""培养什么样的人"和"怎样培养人"的根本问题。因此，我们要强调思政课程与其他各类课程保持同向同行，而不能"一分为二"出现"两张皮"。

一方面，思政课程不能弱化其知识性、学理性、政治性。思政课的政治属性要求理解和把握习近平新时代中国特色社会主义思想，提升学生的政治认同、家国情怀、道德修养、文化修养。这就要求在思想政治理论课上首先要讲党性、讲政治。习近平指出："要坚持政治性和学理性相统一，以透彻的学理分析回应学生，以彻底的思想理论说服学生，用真理的强大力量引导学生。"[1]思政课要能够做到"有理论，会讲理论"，也就是既要告诉学生哪个方向是正确的，又要做到将马克思主义的真理讲透彻，让学生真正信服。建立马克思主义理论学科的重要目标就是要为思政课提供牢固的学理支撑和充足的科学依据。另一方面，课程思政不能只强调专业内容而忽视思想政治教育目标，要让学生在知识积累过程中增强政治认同。课程思政就是要寓价值观引导于知识传授和能力培养之中，帮助学生塑造正确的价值观，这是课程思政发挥育人功效的应有之义。课程思政要求教师在讲授专业知识的同时，能够根据各门课程的特点，将专业知识传授、精神塑造与价值理念传播有机融合。让各类课程都能发挥思想政治教育指引人生理想的功能，一定要防止因育人目标的不明确而导致专业教育和思政教育"两张皮"现象的产生，也不能出现专业教育只讲专业知识，只教书不育人，把教书育人合一的目标"一分为二"的错误。

(二)课程内容"合二为一"

专业课程与思政课程同向同行，容易陷入专业课程都是思政课程的认识误区。同向同行是指课程思政和思政课程都体现着思想政治教育的根本目的和功能，形成协同育人效果。思政课程与课程思政教学内容的差异性是两者协同育

---

① 习近平. 用新时代中国特色社会主义思想铸魂育人 贯彻党的教育方针落实立德树人根本任务[N]. 人民日报, 2019-03-19(1).

的内在要求。因此，思政课程与课程思政不能简单地"合二为一"。

一方面不能把思政课讲成课程思政，淡化思政课的政治性。少数高校淡化思政课的教学内容，把思政课变成了一般意义的通识课，这是没有充分认识到思政课在落实立德树人根本任务的主渠道作用。中共中央宣传部、教育部指出：高等学校思想政治理论课承担着对大学生进行系统的马克思主义理论教育的任务，是对大学生进行思想政治教育的主渠道。正是由于思政课的特殊重要性，思政课建设要求在党中央集中统一领导下，统筹思政课课程标准、教学大纲和教材的统编统审统用。另一方面不能把课程思政完全讲成思政课程。每一门专业课都承载着其具体的教学内容，要始终强调专业知识的重要地位，遵从专业课程的教学规律，不能忽视专业知识方面的教学内容。在深入挖掘各类专业课程和教学方式中所蕴含的思想政治教育资源的同时，又要求根据不同学科专业的特色和优势，深入研究不同专业的育人目标，深度挖掘专业知识体系中所蕴含的思想价值和精神内涵，从课程所涉专业、国家、文化、历史等角度，培养学生对专业知识学习的兴趣，激发广大学生将所学专业知识转型为社会实践的动力，是课程思政育人功能的体现。总而言之，在专业课堂中要始终明确育人目标，增加培育全面发展的人的教育内容。

（三）教学方法"千篇一律"

要形成思政课程与课程思政的协同育人效应，应在教学活动中采用不同的教学实践方法。首先，不同课程的教学要求决定了实施思想政治教育的方法必然各有差异，应根据不同专业课程的内容来选择相应的思政教育方法。其次，不同专业的思想政治教育具体目标各有不同，思政课程将思政元素融入各门课程，进而对学生的思想和行为产生影响。

尽管在实现协同育人功能方面，思政课程与课程思政之间彼此借鉴，然而，各门课程的讲授与教学实践不能千篇一律。一方面，即便思政课是思想政治教育的主要渠道，其教学方法也不具有绝对的普遍性。各门专业课教师应实事求是地挖掘每门课程中的思想政治教育元素，培养学生养成良好的学习态度和严谨的科学精神。另一方面。课程思政建设过程中要注重方式方法的创新，采用多种结合方式,以第一课堂与第二课堂相结合、课上互动与课下答疑相结合等方式,不断提升课堂质量。应该关注各专业学生的兴趣爱好与个性特点,增强课程的生动性与感染力。总之,高校课程思政要贯穿课堂教学的各个环节,深入挖掘专业学科当中的思政元素,将社会主义核心价值观、爱国主义和家国情怀、实现人的全面发展等内容贯穿课堂内容之中。明确思政课程与课程思政在内容和方法上的差异性,就能够避免简单地按照思政课的要求去对标其他各类专业课程,真正达到协同育人的目标。

三、构筑思政课程与课程思政协同育人的路径思考

为进一步解决长期存在思政课程与课程思政协同育人所面临的困境,我们应将立德树人贯穿教育教学全过程,推动思政课程与课程思政同向同行,构筑以制度协同为前提、以课程协同为核心、以队伍协同为关键的协同路径,实现立德树人的根本任务。

(一)制度协同:加强教学管理的顶层设计

制度协同是协同育人的前提。为避免思政课程与课程思政协同育人建设走向形式化、空泛化、标签化,就必须完善优化制度顶层设计,为思政课程与课程思政协同育人提供坚实的制度保障。

首先,促进各项教学管理制度的创新。教学管理制度在学校各项制度中居于基础性地位,是实现制度协同的关键点。要实现教学管理制度协同,就要注重各项教学管理制度的创新。教学管理制度的创新是根据教学管理改革要求,注重把握各项管理制度之间的内在逻辑和辩证关系,围绕思政课程与课程思政协同育人的现实需求,统筹协调和推动教学管理各领域、各环节、各方面的制度创新,避免出现教学管理制度的"碎片化""分散化"等不利于协同育人的局面。为有效发挥教学管理制度在协同育人中的保障作用,推动各项教学管理制度的创新,各高校应注重顶层设计和内部协同,彻底解决协同育人面对的矛盾和困境。当前,促进各项教学管理制度的创新,就是要聚焦立德树人这一根本任务,围绕思政课程

与课程思政协同育人这一现实目标，系统规划和统筹协调课程标准、教学大纲、教学质量评价等教学管理的各个环节，使之协调运转、协同发力，最大限度地发挥教学管理制度的优势，将制度优势转化为协同育人的实际效能。其次，实现协同育人的制度化、常态化。持续开展育人实践，必须不断总结实践中的好经验，将其上升为制度，实现协同育人的制度化、常态化。目前，课程思政的观念日益深入人心，推动思政课程与课程思政协同育人业已成为我国教育改革创新的重大课题，已取得了丰硕的理论成果和实践成果。但从既有的教学改革探索来看，思政课程与课程思政协同育人的制度化、常态化机制尚未建立，制约着协同育人整体效能的提升。要破解现实困境，唯有以改革的举措继续深入推进思政课程与课程思政协同建设，聚焦协同育人制度化、常态化中的"断点"和"堵点"，打通协同育人的"最后一公里"，让协同育人固化于制、具化于行；建立和完善相应的保障机制，运用制度的"刚性"从客观上加以规范和推动，促进思政课程与课程思政协同育人的制度化、常态化。

（二）课程协同：建立多维立体的课程体系

课程协同是协同育人的核心。习近平总书记指出："要完善课程体系，解决好各类课程和思政课相互配合的问题。"①为了改变各门课程各自为政、单打独斗的局面，就必须建立多维立体的课程体系，实现课程协同。

从课程目标看，应聚焦立德树人的根本任务，构建以立德树人为统领的教育目标。立德树人是贯穿高校全部教育活动的中心环节，是高校各项工作的方向与指南。习近平总书记指出："要把立德树人的成效作为检验学校一切工作的根本标准，真正做到以文化人、以德育人，不断提高学生思想水平、政治觉悟、道德品质、文化素养。"②思政课是落实立德树人根本任务的主渠道、主阵地，是帮助大学生树立正确世界观、人生观、价值观的核心课程。只有切实办好思政课，认真贯彻落实"思想政治工作是学校各项工作的生命线"的重要思想，才能满足大

---

① 习近平谈治国理政（第三卷）[M]. 外文出版社，2020：332.
② 习近平关于社会主义精神文明建设论述摘编[M]. 中央文献出版社，2022：197.

学生成长成才的理论需要，帮助大学生系好人生的"第一粒扣子"，从根本上解决好立德树人这个根本问题。其他各类课程也必须聚焦立德树人这一根本任务，全力为育人服务，用心用情守好"责任田"。因此，思政课程与其他课程都必须坚持立德树人的根本理念，做到知识传授和价值引领相统一。为此，各高校必须构建以立德树人为统领的各项教育目标，筑牢协同育人的根基，实现思政课程与课程思政的同向同行。

从课程内容看，应构建专题课程+交叉课程+融合课程的课程体系。一是专题课程的系统构建。将专题与课程相结合，是贯彻落实专题内容系统育人的重要举措。在专题课程的内容设置上，应既精炼又具体，既能传授专项知识，解决其应对的专项问题，又能够触类旁通。二是交叉课程的系统整合。在社会主义核心价值观的引领下，规划"思政课程"与其他课程的"思政"定位及其边界，找准其与主流意识形态交叉的关键点，以此作为承载思想政治教育的内容。以育人为导向，将思政课程与社会人文、信息技术等课程相互交叉结合，进一步提升思政课程的育人实效。三是融合课程的系统整合。思想政治教育内容要始终贯穿在专业课教学中，让课程思政"润物细无声"般地发挥作用；设计各门课程的具体内容和教材结构，在价值引领上共同发力，同时注重"思政课程"与其他课程的逻辑性和互动性；构建跨学科融合课程实现课程育人，打破传统的课程模式和学科壁垒，多元化培养学生的综合能力，实现思政课程与课程思政课程育人的同向同行。

（三）队伍协同：守好思想政治工作的责任田

基于共同的"思政理念"，思政课程与课程思政在培养学生思想品德和全面发展过程中能够形成稳定的教育团体，即"思政共同体"，这也是思政课程与课程思政逻辑互构的必然结果。高校思想政治工作的有效开展需要全体人员相互配合、共同参与、充分合作，利用"思政共同体"能更好地推动高校全员、全程、全方位的"协同育人"。

一是加强思政课教师和辅导员等队伍的协同。思政课教师和辅导员等队伍是大学生思想政治教育的主力军。思政课教师主要承担对大学生进行系统的马克思主义理论教育的重任，擅长理论研究但相对缺乏实践经验。辅导员是高校日常思想政治教育工作的主要承担者，擅长做学生日常的思想政治工作，但难以及时满足学生对科学理论的诉求。"这课程教学就造成了两者在高校思想政治工作中处于相互分离的状态，从而造成学生思想道德知与行教育的脱节，影响学生思想政治素质的全面发展。"①因此，增进这两支队伍的协调合作，才能形成思想政治工作主渠道与主阵地、理论课堂与实践课堂、思想政治理论教育与日常教育的有效融合互动，最大程度地发挥这两支队伍的互补效益，提升育人的整体效能。各高校应鼓励支持辅导员兼任思想政治理论课教师，支持思想政治理论课教师从事辅导员工作，推动两支队伍的有机融合。各高校应科学规划两支教师队伍的数量和结构，合理调整思政课教师和辅导员队伍的结构，促进两支队伍在具体工作上的融合，积极创设教学交流平台，畅通辅导员参与思政课的备课，实现两支队伍的有效协同和融合。

二是加强思政课教师和专业课教师的协同。加强思政课教师和专业课教师的协同，既是思想政治教育"培养什么样的人"的根本要求，又是实现这一培养目标的重要手段。习近平总书记指出："思想政治工作从根本上说是做人的工作……让学生成为德才兼备、全面发展的人才。"②然而，长期以来，思政课教师主要负责学生思想政治教育，专业课教师主管学生科学文化教育，这种"分工格局"导致思政课教师和专业课教师没有能够形成协同育人的共识。增进思政课教师和专业课教师的协同，可从以下两方面展开。首先，思政课教师和专业课教师都应提升育人意识、协同意识，这是实现二者协同的前提。其一是坚定理想信念，提升马克思主义理论素养，认真学习习近平总书记系列重要讲话精神特别是关于教育工作系列重要讲话精神。其二是提升合作意识，锻造过硬育人本领，做到"教育者先受教育"。其次，思政课教师和专业课教师二者互进课堂，包括将

---

①　项久雨，石海君. 高校思想政治理论课协同效应生成的三个维度[J]. 思想理论教育，2018(4).

②　习近平谈治国理政(第二卷)[M]. 外文出版社，2017：377.

思想政治教育和学科教学联系起来，将政治信仰、理想信念、道德修养、法治精神等内容渗透专业课教学过程，做到"八个相统一"，实现思政课教师队伍和专业课教师队伍的融合互动，构建"大思政"格局；积极搭建思政课教师与其他课程教师交流对话的平台，广泛引入专家院士、行业精英进课堂等。

高校"课程思政"的价值内核及其实践路径选择研究①

敖祖辉　任建华

浙江建设职业技术学院

摘要：高校思想政治工作要因事而化、因时而进、因势而新。"课程思政"指向一种新的思想政治工作理念，是一种全新的课程观，是高等教育实现全程、全方位育人的必然选择。"课程思政"突出问题导向，聚焦高校育人的价值本源，彰显新时代中国特色社会主义高校育人根本，实现各学科、课程与思想政治理论课的同向同行、协同育人。研究和探讨"课程思政"的价值内核及其内在机理，有助于巩固和强化高校意识形态工作的领导权，有助于充分认识和发挥思想政治理论课在"课程思政"中的价值引领功能，有助于推动构建以马克思主义学科为引领，其他各学科、课程协同一致、合力育人的高校思想政治工作新格局。

关键词：课程思政；价值内核；价值引领；育人功能

高校思想政治工作关系着高校培养什么样的人、如何培养人以及为谁培养人这个根本问题。加强和改进高校思想政治工作是我们党和国家长期以来十分重视的工作。2016 年 12 月 7 日至 8 日，全国高校思想政治工作会议在北京召开，习近平总书记发表重要讲话并明确指出："把思想政治工作贯穿教育教学全过程，开创我国高等教育事业发展新局面"，"要用好课堂教学这个主渠道，思想政治

① 本文为 2023 年浙江哲学社会科学规划课题"中国共产党百年'革命'话题演进及基本经验研究"（课题编号：23NDJC375YB）的阶段性研究成果。

理论课要坚持在改进中加强，提升思想政治教育亲和力和针对性，满足学生成长发展需要和期待，其他各门课都要守好一段渠、种好责任田，使各类课程与思想政治理论课同向同行，形成协同效应"①。应该说，这是新时代习近平总书记代表党和国家对高校思想政治工作提出的新期待、新要求和新任务。同时，也吹响了新时期加强和改进高校思想政治工作的新号角。2020 年 5 月 28 日，教育部发布《高等学校课程思政建设指导纲要》，全面推进高校课程思政建设。基于这样的大背景，全国各地高校迅速掀起了以"课程思政"为切入点，构建"大思政格局"和思想政治工作创新发展为核心的课程改革和探索之路。

笔者认为，研究和探讨"课程思政"的价值内核及内在机理，对于进一步厘清高校"课程思政"改革的核心在于解决"培养什么样的人、如何培养人以及为谁培养人"这个根本问题至关重要。为此，本文将以此为理论思考点，对"课程思政"改革的价值内核及实践路径选择予以探讨，以期更好地指导高校思想政治工作实践。

一、高校实施"课程思政"改革的重要意义

高校的根本任务在于立德树人、以文化人。习近平总书记在全国高校思想政治工作会议上强调："要坚持把立德树人作为中心环节，把思想政治工作贯穿教育教学全过程，实现全程育人、全方位育人。"②由此可知，就理论层面而言，此举回答和明确了高等教育的人才培养目标；就实践层面而言，此举指明了高等教育课程与教学改革的行动方向。"课程思政"的提出既是新时代加强和改进高校思想政治工作的时代需求，也是全面提升高校思想政治工作质量的重要举措。可以说，实施"课程思政"改革，对于高校坚持社会主义办学方向，落实立德树人根本任务，确保育人工作贯穿教育教学全过程具有十分重要的意义。

---

① 习近平在全国高校思想政治工作会议上强调：把思想政治工作贯穿教育教学全过程开创我国高等教育事业发展新局面[N]. 人民日报，2016-12-09.
② 习近平在全国高校思想政治工作会议上强调：把思想政治工作贯穿教育教学全过程开创我国高等教育事业发展新局面[N]. 人民日报，2016-12-09.

（一）坚持社会主义办学方向不动摇

大学是社会的一部分，不能脱离社会而孤立存在。从一定意义上说，大学体现了它所处的文化传统、社会属性以及鲜明的意识形态属性。我国的高等教育肩负着培养德智体美劳全面发展的社会主义事业建设者和接班人的重任，必须毫不动摇地坚持正确的政治方向。习近平总书记在全国高校思想政治工作会议上强调："我们的高校是党领导下的高校，是中国特色社会主义高校。"①这里突出强调了我国高校的性质，指明了办好高等教育的前提，必须在坚持社会主义大学这个根本性性质和方向性上形成共识。因此，新时代高校在建设什么样的大学、怎么建设大学、培养什么样的人、怎样培养人和为谁培养人等这些根本问题上必须毫不动摇地坚持办好社会主义大学的原则，必须旗帜鲜明地坚持办学的政治方向。"课程思政"是高校思想政治教育工作的重要组成部分，具有鲜明的社会主义大学的属性和特征，体现了社会主义大学的办学特色和育人导向。"课程思政"改革强调在课程教学过程中将知识传授和价值引领有机结合，发挥学校教育具备360度德育"大熔炉"的教育合力作用，确保了我国高校"立德树人"根本目标和任务的顺利实现。

（二）坚持传播弘扬马克思主义理论不动摇

新时代提出新课题，新课题催生新理论。1848年2月24日，由卡尔·马克思和弗里德里希·恩格斯为共产主义者同盟起草的第一个纲领性文献《共产党宣言》正式出版，这也标志着马克思主义的诞生，标志着科学社会主义理论体系的确立。《共产党宣言》精辟论述了教育的本质，并提出了思想政治工作的使命和任务。同时，马克思和恩格斯对于无产阶级取得政权后以及实现全人类解放的个人价值诉求都作了清晰描述。历史发展至今，中国共产党人对马克思主义理论实现了继承、发展和创新，并以此为思想理论基石，创造性发展了马克思主义科学

---

① 习近平在全国高校思想政治工作会议上强调：把思想政治工作贯穿教育教学全过程 开创我国高等教育事业发展新局面[N]. 人民日报, 2016-12-09.

课程育人观。新中国成立以来，毛泽东、邓小平、江泽民、胡锦涛及习近平等几代领导人通过各种不同形式和角度对"学校教育的本质以及如何通过学校教育来传播和弘扬马克思主义"等作了相关论述或指示，应该说，这些论述或指示在一定程度上推动了马克思主义理论的传播和弘扬。党的十八大以来，习近平总书记多次就意识形态工作和高校思想政治工作发表重要讲话，习近平总书记指出：坚持不懈传播马克思主义理论，能够为高校发展提供坚实的理论基础和方法论指导。高校实施"课程思政"改革，要立足于巩固马克思主义在高校意识形态领域的主导地位，掌握高校意识形态的主动权和话语权，通过课堂教学有效传播马克思主义理论，把思想价值引领贯穿到教育教学的全过程和各环节，使高校成为马克思主义研究和传播的基地和高地。

（三）坚持社会主义大学的育人根本不动摇

习近平总书记强调：高校立身之本在于立德树人。高校是育才造士、立德树人的熔炉，作为引人以大道，启人以大智的场所，作为孕育思想、传播理论的殿堂，坚守社会主义大学的育人根本至关重要。古人云："大学之道，在明明德，在亲民，在止于至善。"大学之为"大"，其根本就是在传道授业解惑中引人以大道，启人以大智，使人成为国家的栋梁之才。我们的高校培养的是中国特色社会主义事业的建设者和接班人，是担当起中国特色社会主义大业，确保党的事业兴旺发达和国家长治久安，不改变颜色的接班人，是肩负着实现"两个一百年"奋斗目标和实现中华民族伟大复兴中国梦的历史重任的有为人才，必须坚持高校的育人根本不变质、不动摇。当前，高校意识形态和思想政治工作面临着前所未有的冲击和挑战，以社会主义先进文化为引领的高校思想文化阵地，也受到社会各类非主流舆论和价值观的影响。为此，2015年1月，中共中央办公厅、国务院办公厅印发的《关于进一步加强和改进新形势下高校宣传思想工作的意见》明确指出：加强高校意识形态阵地建设是一项战略工程、固本工程、铸魂工程，把固本铸魂工程建设好，是社会主义大学发展的应有之义。"课程思政"改革紧紧围绕社会主义大学的育人根本和初衷，以"课程思政"为引领，努力构建中国特色社会主义大学课程体系，落实高校党组织意识形态主体责任，体现了高校在人才培养方面秉持"立德树人"的育人根本。

二、"课程思政"的缘起及提出背景

"课程思政"这一概念起于上海。自 2014 年起，上海市在教育部指导下，率先开展"课程思政"试点工作。2017 年 6 月，教育部在上海复旦大学召开"2017 年高校思想政治理论课教学质量年上海调研片会暨高校'课程思政'现场推进会"，充分肯定了上海"课程思政"改革敢为人先、谋划超前的经验和做法，为全国高校思想政治理论课改革创新提供了一套有价值、可推广的"上海模式"。"课程思政"成为上海高校贯彻落实全国高校思想政治工作会议精神的实践探索模式。

"课程思政"是一个内涵丰富而又立意深远的课程改革创新。所谓"课程思政"，简而言之，就是将马克思主义理论贯穿教学和研究全过程，深入挖掘各类课程中的思想政治理论教育资源，高校设置的各学科、课程都要发挥思想政治教育作用，从战略高度构建全员、全程、全方位育人格局，使高校各类课程与思想政治理论课同向同行，形成协同效应，并始终贯穿"立德树人"根本任务的一种综合教育理念。正如著名学者、华东师范大学邱伟光教授对"课程思政"概念的阐释，即："课程承载思政，思政寓于课程。"①这里重点强调了"课程与思政"二者之间的逻辑关系，其核心观点在于强调传播知识过程中的价值导向作用。"课程思政"较"思政课程"而言，它更指向一种新的思想政治工作理念，一种全新的课程观，也是当前推动高校思想政治工作的一种重要的路径选择。习近平总书记在全国高校思想政治工作会议上强调："做好高校思想政治工作，要因事而化、因时而进、因势而新。"②"课程思政"正是基于新时代我国高校思想政治教育工作的新需求实际，同时也是顺应高校课程改革的新要求，提高高校思想政治教育实效性，加快推进由"思政课程"走向"课程思政"的高校教育教学改革的新尝试。

---

① 邱伟光. 课程思政的价值意蕴与生成路径[J]. 思想理论教育，2017(9)：10-14.
② 习近平在全国高校思想政治工作会议上强调：把思想政治工作贯穿教育教学全过程 开创我国高等教育事业发展新局面[N]. 人民日报，2016-12-09.

三、高校"课程思政"的价值内核

"课程思政"改革自提出以来，现已成为全国高校思想政治工作者、相关领域专家、学者关注的焦点问题，特别是 2020 年教育部《高等学校课程思政建设指导纲要》及 2022 年《教育部办公厅关于开展大中小学思政课一体化共同体建设的通知》文件的出台，"课程思政"已成为新时代高校课程改革、高校思想政治工作新的出发点。鉴于此，研究和分析"课程思政"的价值本源、内涵要义以及其内在机理，将有助于推进高校"课程思政"教育教学改革，增强"课程思政"实施的理性自觉和文化自信，实现在价值观培养上"同频共振"。

（一）育人："课程思政"的价值本源

1. 价值问题是推动"课程思政"绕不开的本源问题

对于高校而言，培养人才是它的第一要务，育人是高校的立校之本，高校实施各项教育教学活动说到底都是为了服务于育人工作。"课程思政"改革，其指向一种新的思想政治工作理念，旨在形成全员、全程、全方位的"大思政"育人格局，改变高校思想政治教育长期存在的"孤岛"困境，实现高校各类课程与思想政治理论课同向同行、协同育人。因此，高校实施"课程思政"改革，要紧紧围绕高校育人这个价值本源，落实立德树人这个根本任务，在实践层面上积极探索知识传授与价值引领、科学研究与教书育人、学科发展与学生发展三者间的内在统一问题。通过挖掘各课程的育人价值，利用好课堂教学主渠道，在课堂教学中落实育人目标，从而使高校人才培养实现"本体价值和工具价值"相统一、"育人和育才"相统一，形成课程整体育人的联动效应，促进育人目的的顺利实现。①

---

① 高德毅，等.从思政课程到课程思政：从战略高度构建高校思想政治教育课程体系[J].中国高等教育，2017(1)：43-46.

2. 依托"课程思政"，聚焦育人价值

高校实施"课程思政"改革的根本目的在于实现"立德树人"的育人目标，落实到具体工作中，各门课程就要聚焦育人价值的本源，找准价值目标、价值定位，真正反映出"课程思政"改革的初衷以及最终实现目标。正如恩格斯所指出的："人的思维的最本质的和最切近的基础，正是人所引起的自然界的变化，而不仅仅是自然界本身。"①在贯彻和实施"课程思政"的具体过程中，要选择正确的价值维度，正确认识和处理好四种关系，即：价值导向和价值引领的关系，专业技能培养与个体全面发展的关系，课程多样性与意识形态主导性的关系以及个性化育人与整体性育人的关系等，充分发挥各方面优势，实现各学科、课程间育人价值的聚焦，最大限度地体现出高校的育人本质。

3. 立足"课程思政"价值同心圆，回归课程育人本源

"课程思政"中"课程"凸显的是"立德树人"的教育性，"思政"凸显的是"立德树人"的价值性。不论是"课程""思政"还是"课程思政"归根到底在于育人，最终目的是解决"培养什么样的人、为谁培养人"的问题。一直以来，在高校课程实施中，重视学科知识传授，淡化课程育人功能，重智轻德，只教书不育人现象依然存在，这就严重偏离、背离了课程育人本源。著名教育家陶行知说："先生不应该专教书，他的责任是教人做人；学生不应该专读书，他的责任是学习人生之道。"②可见，在课程教学中，向学生传授知识固然重要，更为重要的是要让学生懂得做人做事的道理，这才是课程的初衷和真谛。"课程思政"改革，将知识传授与价值引领统一，强化了课程自身的思想政治教育元素所承载的育人功能，体现了课程育人的价值本源。同时，通过"课程思政"建设，整合了价值观多元化问题，重构了核心价值观认同，这就从根本上解决了"为谁培养人"的问题。习近平总书记对我国高等教育发展提出的"四个明确"中，清晰地指明了新时代

---

① 马克思恩格斯选集(第3卷)[M]. 人民出版社，2012：922.
② 陶行知. 行知书信集[M]. 安徽人民出版社，1983：67.

我国高校的育人导向和培养目标,进一步坚定了高校在实现中华民族伟大复兴的中国梦征程中所承担的新使命。高校"课程思政"改革,从一定意义上正在探索解决我国高校育人本源的回归问题。

(二)"课程思政"的内涵要义

"课程""课程思政"等都是学校为实现教育培养目标而选择实施的教育活动。换言之,二者都是学校教育的产物。"课程"一词始见于唐宋时期,唐朝孔颖达、宋朝朱熹都曾先后在其文献中提及"课程",到了我国近现代,张之洞等在《筹议变通政治人才为先折》中对"课程"一词也作了解释。但就词的涵义而言,宋代朱熹在《朱子全书·论学》中所言"小立课程,大作功夫"等,与现今的涵义最为相近。国外"课程"一词最早见于英国教育家斯宾塞(H. Spencer)于1859年所著的《什么知识最有价值?》一文中,他将课程释义为"跑道",指学习者学习的路线,其涵义基本等同于今天人们对"课程"的解释,即:课业及其进程。在《中国大百科全书》中,"课程"主要是指学生在由教师指导下各种活动的总和。概括起来,"课程"就是集学科专业知识传授、人文科学精神塑造、品行操守培育等融为一体的教学过程。而"课程思政"与之相比较,其内涵要义更为丰富而深邃,具体体现在以下四个方面:

1. "课程思政"属于一种全新的育人理念

与"思政课程"不同,它不属于高校的一门或一系列课程,而是一种全新的课程观,一种新的思想政治工作理念。从其涉猎的范围来看,不仅包括思政课程,还涵盖了众多的专业课程,通过这些课程载体,将社会主义的价值理念根植于青年学生,并自觉地内化为指导实践的行动指南。因此说,"课程思政"的本质内涵实际上是一种全新的育人理念与价值的培育和输出。

2. "课程思政"是高校合力育人的具体呈现

2018年3月,教育部长陈宝生指出:"要啃下一批硬骨头。"①这其中就把

---

① 陈宝生. 在全国教育工作会议上的讲话[J]. 中国高等教育,2018(5):7-16.

"课程思政"作为"硬骨头"来啃，由此可见，破解"课程思政"，成为解决思政课和思想政治工作发展中的一个难点问题，也是一个亟待进一步攻克的大课题。可以说，"课程思政"是新时代高校思想政治工作的出发点，属于社会主义大学合力育人的大系统。它在统合思政课程与其他专业课程之间关系，形成协同育人效应方面起到非常重要的统领作用。

3. "课程思政"是巩固高校意识形态工作的前沿窗口

对任何国家、任何社会来说，意识形态都关乎旗帜、道路，关乎国家的政治安全。习近平总书记指出："意识形态工作是党的一项极端重要的工作。"①高校作为新时期意识形态工作的前沿阵地，要有责、有为、有担当。高校实施"课程思政"改革，其目的就是构建以马克思主义学科为引领，其他各学科协同一致，合力育人的思想政治工作格局。"课程思政"恰恰奠定了核心轴，坚持用社会主义意识形态武装广大师生，构筑起思想"防火墙"和行动"主阵地"②。这其中，守稳马克思主义意识形态阵地，打造意识形态工作的高原和高峰，构筑大学生精神高地，体现了高校"课程思政"在保持意识形态方面的自觉和自信。

4. "课程思政"推动了高校育人模式的创新

"课程思政"改革本身就是应对高校当前教育工作中育人与育德的割裂问题的探索实践，可以说，现实中很多高校存在着淡化、弱化思想政治工作现象，变相压缩思政课的课时，课程开设流于形式，思政课经费不足，思政课教师队伍参差不齐等，在一定程度上制约和影响了高校的育人效果。"课程思政"以问题为导向，聚焦高校育人价值本源，创造性地推出了集高校学科、课程群优势于一体，体现中国特色社会主义大学特色的育人新模式。不仅如此，"课程思政"还从理论和实践层面实现了大学生对中国特色社会主义的政治认同、思想认同和文化认同，实现了专业课程与思政课程的同向同行，协同育人。

---

①　习近平谈治国理政(第一卷)[M]．外文出版社，2014：153．

②　韩震．巩固马克思主义在高校意识形态领域的指导地位[J]．党建，2017(5)：28-30．

（三）"课程思政"实施的内在机理

"课程思政"是新时代高校思想政治工作的必然选择。作为一种全新的课程观，一种育人价值理念，它的形成具有丰厚的历史文化积淀和内在逻辑必然性。

1. 中华优秀传统文化的延续和扩展

中华优秀传统文化是思想政治教育的重要源泉。中华优秀传统文化中蕴含着丰富的政治思想，例如：以人为本的重民思想、兼爱非攻的和平思想、"天人合一"的人与自然和谐共生思想等，这些思想根植于中华优秀传统文化，潜移默化影响着人们的思想和行为。作为中华优秀传统文化的延续和扩展，"课程思政"将育人与育德有机结合，突出价值导向，承续了中华优秀传统文化的教育理念和精髓。当前，我国社会出现思想文化观念多元多样多变的新特点，马克思主义"过时论"、社会主义"终结论"等错误观点和舆论此消彼长，加之高校思想政治工作出现的淡化、弱化现象，对新时期高校思想政治工作提出了新挑战。"课程思政"的回应，反映了新时代高校思想政治教育理论创新的绝对必要，也为中国特色社会主义文化自信提供了实现场域。

2. 中国特色社会主义先进文化的当代表达

文化是一个民族、一个时代的魂魄。从历史生成逻辑来看，社会主义先进文化根植于中华优秀传统文化、革命文化，形成和发展于党领导人民进行革命、建设、改革的伟大探索实践中，是人类文明的智慧结晶。社会主义先进文化以马克思主义为指导，以社会主义核心价值观为灵魂，体现了当代中国的社会性质和政治理念。当下中国，迎来了一个由富起来到强起来的伟大时代，实现文化自觉、文化自信到文化自强，是社会主义先进文化核心价值观的全部理论和实践主题，是以新的精神状态和奋斗姿态把中国特色社会主义推向前进的应有之义。

作为服务于中国特色社会主义伟大实践的社会主义大学，传播和弘扬社会主义先进文化，培育和践行社会主义核心价值观，恰恰反映出当代中国人民和中华民族的整体利益和价值诉求，反映出高校育人的价值观导向。"课程思政"就是通过价值引导，使广大青年学生坚定对马克思主义的信仰，坚定对中国特色社会主义的价值认同，自觉将社会主义先进文化思想内化，成为新时代建设者和接班人的精神动力和思想引领。同时，"课程思政"作为高校思想政治工作的一种理念，滋养和孕育于中国特色社会主义先进文化的大熔炉，承载着"立德树人"及中国化马克思主义理论成果传播的使命与重任，是新时代中国特色社会主义先进文化的感应器和效应器。①

四、高校"课程思政"的实践路径选择

"课程思政"是一项长期而复杂的系统工程。推进"课程思政"改革，实现育人目标，就要"因事而化、因时而进、因势而新"，科学选择"课程思政"有效实施路径。

（一）加强顶层设计，健全"课程思政"的保障机制

"课程思政"改革涉及的内容众多且错综复杂，高校要做好顶层设计，统筹规划，健全完善各项保障机制，确保"课程思政"的顺利实施。一是高校党委应切实担负起主体责任，党政主要领导靠前指导，与教师集体备课、听课，亲自走上讲台，为学生上大课，讲大势，传大道。二是高校要建立、健全各项常态化机制，形成完备的领导、管理、运行、激励及监督评价机制。三是高校要整合教育资源，抓好试点课程，分步推进课程建设。四是高校要制定相应的激励机制，在师资培训、职称评审等方面有所体现。

（二）明确目标定位，发挥"思政课程"的核心作用

实施"课程思政"要厘清和明确"课程思政"和"思政课程"的目标定位。当前倡导的"课程思政"，并非要削弱或取代"思政课程"，而是要进一步强化"思政课

---

① 魏强，周琳. 因事而化，因时而进，因势而新——做好高校学生思想政治工作的新要求[J]. 思想政治工作研究，2017（3）：26-28.

程"的主导地位，这里的主导地位也并非"思政课程"去主导其他课程，而是指"思政课程"在整个思想政治教育过程中占"核心"地位。① "思政课程"作为高校传播和宣扬马克思主义理论的主渠道，在引领主流价值观、坚守高校意识形态主阵地、激发学生"四个自信"等方面一直发挥着重要作用。

（三）着眼育人方向，强化"课程思政"教师队伍建设

教师是教书育人的实施者，也是课堂教学的第一责任人。教师育人、育德能力如何是高校能否在"课程思政"攻坚战中取胜的关键因素之一，因此，高校必须强化"课程思政"中的师资队伍建设。一是要加强教师的师德师风教育，教育广大教师要做品行高尚的"先生"，做有理想追求的学者。二是要引导教师树立新型育人观，将"教书"和"育人"统一起来，既做"经师"更要做"人师"。三是加强教师的培训培养。学校为教师创造多种培养、培训机会，培养和提升教师"育德"能力，进而养成在课程教学中主动研究和加强思想政治教育功能的自觉意识和行动。

（四）厘清课程差异，挖掘专业课程中的思政教育资源

每门课程都有其独特内在的学科属性，但所有课程都蕴含着丰富的育人资源。"课程思政"改革就是要挖掘每门课程中的思想政治教育资源，服从于学科建设，服务于学科育人，共同打造学科育人共同体。针对学科课程特点不同，教学中要有所侧重，比如：自然科学学科要挖掘创新精神、科学精神；工学学科要挖掘工匠精神、敬业精神；人文社会学科要挖掘人文精神等。同时，要进一步规定和明确思想政治教育元素在教学环节中的育人要求，实现"课程思政"的目的。

（五）搭建协同平台，构建"课程思政"育人圈层效应

"课程思政"强调360度德育"大熔炉"的教育合力作用。高校要以此为契机，

---

① 谭晓爽. 课程思政的价值内涵与实践路径探析[J]. 思想政治工作研究，2018(4)：44-45.

搭建"课程思政工作室"平台，整合教师资源，组建多学科背景的课程教学团队，借助教师之间的"同向同行、协同育人"来保障课程之间的"同向同行、协同效应"①。另外，为了实现合力育人效应，高校还要构建以思政课为核心，综合素养课为支撑，其他专业课程为辐射的"课程思政"育人同心圆，形成从"思政课程"到"课程思政"的育人圈层效应。

总而言之，"课程思政"建设是新时代我国高等学校构建"大思政格局"②和思想政治工作的创新模式，其价值内核及内在机理仍需在今后的实践摸索中不断加以丰富和完善。

---

①　王海威，王伯承. 论高校课程思政的核心要义与实践路径［J］. 学校党建与思想教育，2018（14）：32-34.

②　胡洪彬. 迈向课程思政教学评价的体系架构与机制［J］. 中国大学教学，2020（4）：67-74.

高校"思政课程"和"课程思政"协同育人的困境和路径探析

王子愿

温州医科大学马克思主义学院

摘要："思政课程"和"课程思政"协同育人是我国高校思政建设的新课题。当前高校在推进"思政课程"和"课程思政"协同育人的过程中存在着推进机制不够健全、协同育人认知不足、资源整合优化不够等问题。高校可以通过打造高水平的协同育人团队、完善高校协同育人的课程体系及建立高校协同育人相关机制等方式充分发挥协同育人的优势与效能,进一步落实立德树人根本任务。

关键词:课程思政;思政课程;协同育人

思政课程是落实立德树人根本任务的关键课程。为加强思政课程建设,推进"课程思政"育人,习近平总书记在全国高校思想政治工作会议上指出:"要用好课堂教学这个主渠道,思想政治理论课要坚持在改进中加强,提升思想政治教育亲和力和针对性,满足学生成长发展需求和期待,其他各门课都要守好一段渠、种好责任田,使各类课程与思想政治理论课同向同行,形成协同效应。"①近年来,教育部印发了系列文件,出台了系列措施,推动形成"大思政"格局,推进"三全育人"改革,对加强思政课改革创新、"课程思政"建设发挥了重要作用,产生了较好效果。但高校思政课程建设仍存在一些问题亟待解决,各类课程同思

---

① 习近平在全国高校思想政治工作会议上强调:把思想政治工作贯穿教育教学全过程 开创我国高等教育事业发展新局面[N].人民日报,2016-12-09(1).

政课的协同效应还有待增强。对此，如何提升二者协同育人效应，发挥出更大的育人效能是当前需要探索的问题，本文通过分析协同育人中存在的现实困境来探索提升协同育人效应的现实路径。

一、"思政课程"与"课程思政"协同育人的内涵

思政课程，即高校思想政治理论课，是系统地对大学生进行马克思主义理论知识教育及"三观"塑造的系列课程，在大学生思想政治教育中发挥着主渠道的作用。课程思政是指在基础课程、专业课程、通识课程，以及没有具体形态的隐性课程中充分发掘和运用思想政治教育资源，将思想政治教育贯穿于教育教学全过程，将专业知识传授与价值引领相结合，使思想政治教育的优势和作用在各门课程中都有效发挥，实现课程教学与育人一体化。课程思政与思政课程协同育人是高校在落实"立德树人"根本任务过程中所提出的一种全新教育理念。二者相协同是指在对大学生进行思想政治教育的过程中，以思想政治理论课为主体和引领，充分发挥其他课程在育人方面的优势，使课程思政与思政课程同向同行，达到全方位、全过程"铸魂育人"，促进学生的全面发展。

总之，所谓协同育人就是指高校各个子系统，相互协调、通力合作，形成超越某一子系统自身作用的育人合力，实现共同的育人目标；强调教师在传授专业知识的同时，引导学生坚持正确的政治方向，坚持崇高的价值追求。在课程思政视域下，协同育人就是协调高校思想政治教育的各方力量，共同致力于大学生思想政治教育的培育。《高校思想政治工作质量提升工程实施纲要》提出要构建"全员全过程全方位"一体化育人格局，包含了"十大育人体系"，突出强调课程育人即课程思政，这是基于立德树人目标实现，对思想政治教育特点和规律的认识进一步深化的结果，高校思政建设必须对协同育人予以高度重视。

二、高校"思政课程"和"课程思政"协同育人的现实困境

育人是一个系统工程，需要各个主体，各种资源，各个环节目标一致、相互

协同、同向发力,才能最大限度发挥育人合力,取得较好的育人效果。目前,各地、各高校就"思政课程"和"课程思政"协同育人的理论研究、育人实践等方面做了大量有益的研究和探索,但仍然存在诸多现实困境,相关研究往往专注于方式方法,而且缺乏科学的顶层设计,或缺乏宏观视野,没有多维度进行研究分析。①"思政课程"和"课程思政"协同育人的现实困境主要集中在机制、教师、资源三个方面。

(一)推进机制不够健全

进入新时代,党中央将高校思想政治工作提高到了新的高度,在这样的大背景下,各高校对推进思想政治工作改革创新的主观能动性显著增强,主要表现是成立了相应的领导机构或议事协调机构,但是在推进、落实层面的具体措施不多,思想政治理论课建设也就是"思政课程"一般都由马克思主义学院、思政课部负责,"课程思政"育人一般是教务处主抓,协同推进的机制不完善,"思政课程"和"课程思政"协同推进缺乏具体有效的措施,或者措施无法落实落地,导致"各自为政",无法产生较好的效果。

(二)协同育人认知不足

推进课程思政与思政课程协同育人,关键是教师。"课程思政"育人主要由专业课、公共课教师负责。思政课教师由马克思主义学院、思政课部管理,本身从事思想政治理论课教学、科研工作,具有较强的育人意识、理论水平、教学技巧,而专业课、公共课教师则由教学院部管理,理论水平有所欠缺,更多专注于专业教学、研究。有的老师育人意识不强,认为思想政治工作是辅导员、思政课教师的事,不是自己的"分内之事",有的缺乏从专业课、公共课中挖掘育人元素并融入教学工作的能力和技巧,导致要么就是"点到为止",要么"生搬硬套"。两支队伍的

---

① 杨秀萍.课程思政与思政课程协同育人:前提,途径与机制[J].黑龙江高教研究,2021(12):87-91.

建设管理分散，无法实现相互配合、相互补充，教育合力无法发挥。①

（三）资源整合优化不够

近年来，国家推进思想政治理论课建设力度不断加大，从教师队伍配备和培训、教材建设、教学资源开发等方面发力，积累了较丰富的资源，对推进"思政课程"育人发挥了非常重要的作用。"课程思政"育人方面，通过组织开展教师培训、遴选"课程思政"示范课等方式，也取得了重要进展，对引导广大教师增强育人意识，提升教师"课程思政"育人能力，积累"课程思政"育人资源也发挥了重要作用。但"思政课程"与"课程思政"的各类资源共享不够，"思政课程"与"课程思政"互相衔接、相互协同、同向发力的局面尚未完全形成。

三、高校"思政课程"与"课程思政"协同育人的路径探析

为了更好地推进协同育人工作，高校必须解决当前协同育人中面临的推进机制不够健全、协同育人认知不足、资源整合优化不够等问题，从教师队伍、教学课程及相关机制三个方面着手，强化"思政课程"与"课程思政"的协同效应。

为推进"思政课程"与"课程思政"协同育人，高校要构建联动协调机制，不仅要加强教师之间的联系，还要加强教学体系之间的衔接，落实课程协同，找准协同育人发力点，实现同向而行。

（一）打造高水平的协同育人团队

在思政课程的教学中，相比于专业课教师，思政课教师更具有育人的经验和优势。无论是在知识水准上，对相关理论知识融会贯通，并能够进行深度的研究，还是在实际教学中，掌握了有关教育对象的一定的思想、道德、价值观等具体的实际情况和特点，这些都是专业课教师所不具备的，但由于专业课教师的时

---

① 覃海芳."大思政"视域下课程思政与思政课程协同育人路径研究［J］．才智，2021（21）：61-63.

间和精力有限，除去自己本身的课业和科研，快速提高教学素养不现实，要想提高育人的成效还得依靠思政课教师的帮助。打造高水平的协同育人团队，重点在发挥思政课教师和专业课、公共课教师的各自优势，形成育人合力。

一是着力提升专业课教师的素养和能力。随着协同育人的实行，其推行的实效性就备受瞩目。为了提高课程思政的质量，发挥课程思政的育人"疗效"，重点要加强师资队伍的建设，使专业课教师和思政课教师形成育人共同体，发挥育人功能。

二是深入挖掘思政元素。具体来说，首先要深入挖掘专业课中所蕴含的思政元素，使专业知识教学与思想价值引领相结合。课程思政要有针对性，面对不同的专业课程，开发出可与思想政治教育结合的教育内容，运用与该课程相适应、相契合的教育方式，并要掌握该专业课程的特点和优势，进行"量体裁衣"，从而"对症下药"。更重要的是，还要结合学生的具体实际情况来进一步调整、改善、提高，不同专业的学生他们的思想观念、道德素质、价值观取向是不同的，这就需要专业课教师深入了解和分析，找到具体的并行之有效的教学方法，在阐释理论知识的同时提高学生的道德素养，培育健全的人格。其次要充分发挥专业课的育人作用和功能，将思政元素与专业知识有机融合，使全课程育人变成了现实。现在的大学生群体追求个性，崇尚自由独立，对于简单的说教不感兴趣甚至是反感和不屑。专业课教师在开展课程思政教学过程中，尽量避免空讲一些大道理，努力将思政元素与专业知识相融合，注重学生的情感体验和兴趣需要，使学生乐于接受。因此，除了深入挖掘专业课程中的思政育人资源，更要注重如何巧妙地将思政元素融入教学中，使教学活动达到更好的育人效果。最后要抓住专业课教师与思政课教师协同育人的契合点，使思政元素与知识教学相融合，也就是要立足实际贴近生活，紧抓切入点。"课程思政"不是一味地单纯用马克思主义理论进行说教，不是浮于表面的无关痛痒地灌输理论知识。学习理论知识不是单单因为成绩或是一纸文凭，更重要的是应用于现实生活。所以，要立足于实际情况，尊重学生的主体地位，关注人，培养人，发展人。

三是切实加强专业课教师与思政课教师的互助协作。在课程思政视域下，专业课教师欲与思政课教师联合起来协同育人，势必要处理好二者的关系，基于共同的育人目标互助合作。一方面，思政课教师为专业课教师提供理论指导，另一方面，专业课教师又反过来通过专业知识、技能的实际运用深化思想政治理论，二者通过互助合作实现合作共赢。

(二)构建高校协同育人的课程体系

为推进思政课程与课程思政协同育人，高校要构建联动协调机制，不仅要加强教师之间的联系，还要加强教学体系之间的衔接，落实课程协同，找准协同育人发力点，实现同向而行。

一是要对课程思政进行合理分类。我国高校开设的学科门类十分丰富，共有12个学科大类，近百个细分专业，其中部分学科的专业课程并不能单纯基于课程本身来挖掘育人资源。如果在日常教学中，专业课教师盲目推进课程思政，仅是将思想政治理论知识和时事政策内容进行简单重复，既会对专业课的授课时长和内容产生严重干扰，也会造成学生对理论知识重复性学习的反感和抵触，不利于协同育人的推进落实。为此，高校要将分散在各类课程中的思政素材、育人资源进行合理的总结、分类、提炼，再恰当地融入各专业课程教学中，将协同育人落到实处。

二是要结合学生和时代需求打造示范课程。并不是所有的课程都完完全全适合"课程思政"教学理念，各类课程所蕴含的思政元素也各不相同，在推进"课程思政"建设时不能一刀切，切忌把各类课程机械地、被动地融入思政元素而都上成思政课。"课程思政"理念的倡导和实施不是一朝一夕的事情，而是一项长久、系统的课程改革过程，因此，每个学校要根据不同实际情况、高校师资队伍建设情况、课程自身蕴含的思政元素情况等选择基础性课程作为试点，再以点引线、以线带面逐步辐射带动，推进其他课程建设。

习近平总书记曾强调："高校哲学社会科学有重要的育人功能，要面向全体学生，帮助学生形成正确的世界观、人生观、价值观，提高道德修养和精神境界，养成科学思维习惯，促进身心和人格健康发展。"①哲学社会科学类的课程所

----

① 习近平在哲学社会科学工作座谈会上的讲话[N]．人民日报，2016-5-19(2)．

教授的内容和思政课内容有很多类似的地方，其蕴含较多思政元素，具备较强社会意识形态，以这类课程为线可以更便于学生接受思政教育。试点课程建设好的关键在于找准各类试点课程与思政教育之间的契合点，根据不同课程的专业特色等有机融入思政教育，实现知识、技能传授与价值引导的有机统一。以线带面的"面类"课程涵盖专业课程、实践课程等一系列课程。各大高校要结合时代的需求，结合学生的需要，结合本地特色等大力打造示范课程。

三是要完善"一体两翼"课程体系。课程作为育人的重要载体，要充分发挥各门课程的育人功能，推进"思政课程"和"课程思政"协同育人，就要改变思政课程单维育人的现状，使思想政治教育融入各门课程建设，加快建设以课程为载体的"一体两翼"课程体系。"一体"即思政课程，"两翼"即通识课程和专业课程，"一体"和"两翼"不可分割、相辅相成。在课程体系建设中要充分发挥"一体"价值塑造、"两翼"知识传授和能力培养的作用，实现二者同频共振。思政课程作为高校思想政治教育的主渠道和主阵地，是落实立德树人根本任务的关键课程；通识课程作为公共基础课程注重在潜移默化中培养学生的理想信念、品德修养和综合素质；专业课程注重培养学生的专业知识和技能。通识课程和专业课程中蕴含丰富的思政元素、思政特色，要进行深入的挖掘和整合，找到思政元素与教学内容的高度契合点，实现知识传授与价值引领的统一，实现思政课程与课程思政协同育人。

(三)完善高校协同育人相关机制

协同育人仅仅依靠思政课教师和辅导员是不行的，需要国家、高校积极参与进来，只有优化教学环境，完善协同育人的相关机制，才能更好地推动协同育人实施，保证教育效果。

第一，建立育人资源建设协同平台。国家、省级层面或者行业可以建立不同层级、不同类别的育人资源平台，共享在线课程、经典案例、活页式教材等，建立资源共建、共用、共享机制。其中重点包括三个方面：一是不同的行业、不同的专业，有不同的育人目标，不同的课程中包含哪些育人元素，如何将这些育人元素转化为教学内容，需要分行业、专业，组织人员开展研究，形成可供全面推广使用的资源。二是要分行业、区域搭建育人资源线上、线下共享机制，比如建立线上育人资源库，将优质育人资源放到线上共享，或成立省域、行业育人资源建设联盟，定期举办研讨会，开展工作和成果交流，共享育人资源。三是国家层面要发挥统筹作用，由教育主管部门牵头，打造若干个区域性、行业性的"思政课程"和"课程思政"协同育人线上平台或线下协作机制，资源向高校免费供给，让广大学生受益。

第二，构建协同育人多元监督机制。课程思政和思政课程协同育人的落实落细，离不开监督机制的建设，只有认识到监督机制的重要性，高校才能在推进协同育人工作中更好地为立德树人、为培养社会主义事业建设者和接班人服务。对于高校而言，协同育人工作监督机制的建设，应充分调动和依靠协同育人的各执行单位，从而协同开展形式多样、覆盖全面的督查工作。

第三，构建协同育人综合评价体系。要改革传统的评价方式和评价内容，探索构建系统的、有针对性的、可操作的"思政课程"和"课程思政"协同育人综合评价体系。要明确评价的内容，包括对教师的评价、对学生的评价、对教学过程的评价，对教师的评价要突出对育人元素的挖掘，对学生评价要突出课程对学生思想引导引领效果，对教学过程的评价要突出教学方法的创新，特别是是否在润物细无声、潜移默化中实现育人目的。要探索可行的评价手段，特别是要改变过去简单的学生评教方式，原有的评教方式不仅无法客观评价课程育人的实际效果，有可能还挫伤教师育人的积极性，要突出多元参与、过程评价，对课程实施过程的关键要素、重点环节进行适时掌握，通过科学的分析，得出评价结果。

思政课程与课程思政协同育人的五维路径①

李沙沙

浙江农业商贸职业学院马克思主义学院

摘要：推动思政课程与课程思政的协同育人，是高校开展思想政治工作必须要回答的重大课题。本文通过分析思政课程和课程思政的异同，阐明当前协同育人面临着育人理念有偏差、育人队伍不协调和育人效果不明显的困境，进而提出完善制度体系、革新教育理念、促进学科融合、构建大师资体系、打通三个课堂等要求，探索制度协同、理念协同、课程协同、队伍协同、场域协同的五维路径。

关键词：思政课程；课程思政；协同育人

2016 年习近平总书记在全国高校思想政治工作会议上指出："其他各门课都要守好一段渠、种好责任田，使各类课程与思想政治理论课同向同行，形成协同效应。"②新时代高校思想政治教育工作，不仅要关注思政课的亲和力和针对性，还要高度重视课程思政建设，搭建互融互通的渠道，落实"三全育人"的理念，实现育人育才功效的有机结合，构筑协同育人新模式。推动思政课程和课程思政的协同育人，对于深化教学改革和培养高素质现代化技能人才具有重要的现实意义。

---

① 本文为高职院校大思政课实施路径研究（DJ202305）、教育部全国高校思想政治理论课名师工作室建设项目（21SZJS33014269）、教育部人文社科专项"基于'三教'改革的思政课教学创新研究"（21SZK14269002）的阶段性成果。

② 习近平在全国高校思想政治工作会议上强调：把思想政治工作贯穿教育教学全过程开创我国高等教育事业发展新局面[N]. 人民日报，2016-12-09（1）.

一、思政课程与课程思政

思政课程具有特殊的政治属性，不同于其他的任何课程，其突出强调思想性、政治性、理论性，多采用显性教育教学方式。而课程思政就其本质而言，不是简单叠加课程和思政，而是一种课程观念，聚焦课程、教师和人才培养体系，挖掘专业课程体系中的思政元素，探索有效融入，增强专业课程的思政味道，多采取"润物细无声"的教育方式。统筹建设思政课程和课程思政，要在把握差异性之上厘清趋同性，实现同向同行。同向指方向一致性，包括政治方向、价值方向、育人方向和文化方向。两者都需立足于社会主义现代化建设，落实立德树人的根本任务。同行指行动步调一致性。要从顶层设计的角度出发，以思政课程为引领，促进立体开放且功能互补的各专业课程建设，统筹教学设计和评价体系的变革，打造教学资源和信息共享的一体化局面，逐步实现由一频单振到同频共振的良性互动。

高校的人才培养目标有所区别，同样，在探索协同育人模式的实践路径中应彰显独特性，即在遵循学生认知特征和思政教育发展规律的基础上，廓清思政课程和课程思政的误区，循序渐进、螺旋式上升地找到两者的聚合点，满足新时代大学生的多样需求，科学构筑育人大格局，持续优化育人效果。

二、思政课程与课程思政协同育人的困境

（一）育人理念有偏差

目前，一些高校仍存在育人工作是思政课教师的专职工作，与专业课教师、党政系统和学工队伍无关的认识误区。部分专业课教师在观念上认为思政教育责任人只涉及思政课教师，育人工作与自我无关，仅关注本专业的教学和科研工作，甚至在落实课程思政有关政策要求时，存在不同程度的敷衍应付情绪，不愿意在教学中挖掘专业知识中蕴含的思政资源，导致课程思政建设只停留在文件和

书本上。一些教师在理念上固步自封，不了解最新的时事政治，没有紧跟国家大政方针，浅层解读思政要件，没有能力深入挖掘专业课程中藏匿的思政元素，造成课程思政庸俗化和空洞化。同时，部分思政课教师未正确理顺课程思政与思政课程之间的异同，片面看问题，形而上学地对待课程思政建设，教师间无法实现协同，甚至产生内耗的不良后果。

(二)育人队伍不协调

高校育人结构还存在校内条块分裂，单枪匹马开展思政教育的现象，主要表现为思政教育力量分配不均，团队成员不固定，工作划分不合理，各自为政，与专业课教师的交流不畅，难以实现从一条主线到系统一盘棋的转变，导致课程建设出现"孤岛"现象。① 在落实课程思政建设中，部分二级院系没有邀请专业的思政学者和教师进行指导和观摩，致使交流学习仅仅停留在表面，对专业以外知识认识有限，未透过现象看本质，直接简单地切割各知识板块，无法重构专业知识的模块化教学，未能架起课程思政沟通的主桥梁。在工作安排中，专兼职教师队伍之间存在着互不认领任务的巨大鸿沟，师资队伍没有重新整合，导致工作分配不合理，思政老师单打独斗，育人效率较低。在工作开展中，思政课教师和专业课教师缺乏有效的交流机制，尽管有部分场次的沟通，但也是以线上交流居多，无法实现或不愿开展高频率的线下交流。

(三)育人效果不明显

高校的育人功能是摆在首位的。近年来，随着社会主要矛盾的变化，高校育人任务也在不断更新迭代，更注重育人工作的针对性和实效性。但学校人才培养体系仍存在因循守旧的定式障碍，呈现大规模的供需不匹配现象，即学校未对标育人和育才两大目标，未对标社会客观环境发展变化的事实，没有掌握大学生的动态需求变化，造成人才培养和社会需求之间的断层分裂，无法推动一以贯之的育人体系构建。高校德育工作是一项长期性工程，需要多方队伍的协同配合，并

---

① 孙楚航. 着力推动思想政治工作贯通人才培养体系[N]. 光明日报，2023-02-14(6).

且无法通过直观有效的指标体系加以评判，这就让一些部门和教师忽视德育工作，产生协同育人成效不是立竿见影，因此没有必要实施的错误想法。

三、思政课程与课程思政的协同育人路径

（一）制度协同：完善制度体系

协同育人目标的实现，需要构建制度化的领导机制、运行机制、监督机制和评价机制。从顶层设计层面出发，高校要健全党委领导、教务处牵头、马院主导、其他二级学院参与的畅通运行制度体系，强化组织领导和统筹规划，加强部门联动，制定主要责任清单，完善工作回头看制度，将育人责任清晰化具体化。从运行机制出发，各二级学院要主动发布优秀课程思政案例，组织案例成员进行经验分享交流，在时空上共同探索优质案例的推广应用；定期增强思政课教师和专业课教师之间的交流，组织跨专业听课评课、跨院系课程思政沙龙分享，将协同育人成效纳入教师本人的晋升考核或二级单位的年终考核。从监督机制出发，要充分利用现代化媒体技术，建立协同育人网上清单自查表，公开投诉举报平台联系方式，督促各团队成员在育人的全过程做到公平公正公开；致力于打造校内专兼任教师和学生为第一核心，现代化企业、德育实践基地和校外实习基地为第二核心，就业动态追踪、思政育人评价和母校认同度调查为第三核心的多维多元多要素的监督方式。从评价机制出发，要敢于打破单一维度育人的旧思维，发挥课堂主阵地作用，联动第一课堂、第二课堂和第三课堂，探索由学生、教师和技能人才参与的考核评价小组，采用网络问卷、知识竞答、青年之声等喜闻乐见的方式，将育人着力点统一到学生群体，真正建立全方位全过程的综合性评价体系。

（二）理念协同：革新教育理念

教育理念是教育实践的先导。一方面，教书是显性的硬目标，育人是隐性的软目标。在应然层面上，高校教师都应做到教书育人，既传授专业理论知识又引领塑造价值观念，实现教书手段和育人目的相统一。面对文明冲突论、历史虚无

主义等非马克思主义思潮，在实践中许多高校不同程度地出现了"失语""失声"现象，割裂了教书育人的一致性，导致传道授业、技能提升和价值引领之间出现壁垒。高校教师要不断转变过去单一传授知识的教育理念，落实"为党育人、为国育才"的教育方针，牢牢盯住立德树人核心任务，以"全课程"育人为指导，主动学习 OBE 教学理念，深化学生主导性和主体性角色认知，关注情感教育进行情感升华，在实际教学中发挥育人功效，做好铸魂育人的基础性工程。另一方面，针对思政教育主要由思政课教师开展，与其他专业课教师和通识教育教师关系甚微的错误理念，进行针对性修正。面对世界百年未有之大变局，传统的"小思政"单兵突进理念已不适应时代发展，这就要求高校教师以历史唯物主义为基石，把握时代脉搏变化，更新教学思维理念，从战略高度和哲学层面明确教师个体的责任担当，主动联系对接责任人，充分调动各级育人主体的积极性，努力形成心往一处想、劲往一处使的局面，推动大思政格局的构建。

（三）课程协同：促进学科融合

思政课程和课程思政不可避免地存在着结构性矛盾，要想解决这一矛盾，需明确课程协同一体化，即在课程体系、教学内容和教学方法上协同发力、互为配合。在课程体系上，思政课和通识课、专业课犹如"一体之两翼"，要打造三者在教育场域上的一致性，聚焦思政课堂的专有政治属性，发挥领头雁的引领作用，坚持问题导向，以课程为依托，扭转思政课堂单向度育人弊端，加强学科之间的交流，建立学科共同体。在教学内容上，要构建完善合理、互为补充的学科交叉融合发展新模式。思政课程的教学内容，可以结合专业设置、专业学生特征和人才培养方向，尽可能地吸纳专业元素，自然衔接专业知识和思政资源，不断增强亲和力和针对性；课程思政的教学内容，要打破章节固定化和单一化的问题，重构教学章节，整合教学资源，探索模块化教学和专题教学，归类分析专业知识中隐藏的爱国主义情怀、高度责任感和使命感、职业道德、时代新人等思政元素，实现教学内容上的互通有无。在教学方法上，要真正发挥学生在课堂中的主体作用，拒绝无意义的教师满堂灌行为，育人方式由传统意义的大水漫灌变为现代科学的精准滴灌；要树立大思政格局，从生动的社会主义现代化实践中积累丰富的教学资源，衔接思政小课堂和社会大课堂；要利用现代化媒体手段，整合线上资源库，拓展网络教学空间，推动第三课堂的精准建设，形成整体推进的育人合力效果。

（四）队伍协同：构建大师资体系

思政教育中的五大育人主体为：专任教师、学工队伍、家庭、企业、社会。[①] 首先，高校专任教师是育人的"主力军"。专任教师要坚定马克思主义信仰，避免陷入重理论轻实践的误区，创新思政课教师和专业课教师交流合作形式，明确主体协同责任，提高育人配合度，不断自我修炼，争做为学为事为人的"大先生"。其次，在高校制度体系中，学工队伍是育人的"生力军"，是衔接学生的第一主群体，具有承上启下的育人功能。学工队伍能够深入学生动员学生，掌握学生的最新动态，有助于架起各育人主体之间的沟通桥梁，增强育德育才的意识和能力，激发学生成长成才的内驱力。再次，家庭是学生接受教育的第一所学校。家长的道德水平直接影响着学生的德育认知高低。家长要言传身教，营造良好的家庭家教家风，发挥家庭教育的职责，讲好人生第一课。又次，应力邀企业加入到协同育人行列之中。实现校企协同育人，必须直面新时代人才对接瓶颈，强化校企双方主体地位和职责，聚焦校企融合、产教融合，共同探索校企合作内涵式发展道路。最后，社会大课堂的作用不可替代。要鼓励青年榜样、大国工匠、科技模范、抗疫先锋等优秀代表加入育人队伍中，出台思政队伍的兼任评聘制度。用思政小课堂撬动社会大课堂，集合课堂外社会中全时空各领域的要素资源，仔细甄别筛选出最鲜活的思政素材，促进两大课堂的完美对接。协同育人关键在"协"，宗旨在"育"，唯有充分调动各育人主体的积极性和参与性，才能达到育人效应最大化。

（五）场域协同：打通三个课堂

高校育人工作的核心是提升大学生的综合素养，除第一课堂的知识教授外，

---

① 王多兵. 高校思想政治教育中的四大育人主体、六大育人体系和八大工作方法[J]. 教书育人（高教论坛），2018（21）：68-69.

还应包括第二课堂的实践能力及第三课堂的网络素养能力的培养。第二课堂着重锻炼学生的课外学习能力，形式多样，内容丰富，涉及志愿服务、社会实践、沙龙讲座、创新创业、文体竞赛等方面，重视以文化人和以践育人。首先，应加强课程供给。在梳理院校专业特色和学生成长基本状况的前提之下，以第一课堂知识讲授为前提，第二课堂实践教学为依据，第三课堂网络资源为延展，科学合理制定成绩考评细则，明确三个课堂成绩占比分布，综合考核学生的德育水平，建立打通三个课堂的课程项目体系。其次，强化育人协同效应。三个课堂的教育场域，绝不是依靠学校一维构建起来的，而是要整合资源，积极争取社会各方力量的支持，牵线校校、校企、校基等不同平台合作，打通党政部门、现代企业和公共服务等德育实践基地，促进思政课和专业课、线上和线下、校内和校外、学校和社会之间的配合，推进知识教育、德育深化和价值引领的无缝衔接。最后，适应网络育人新方式。当代大学生是数字网络的原住民，善于通过虚拟网络表达思想诉求，展现个性特征，因此，协同育人要瞄准网络空间这个第三课堂。要主动开通微信微博微视频等自媒体运行平台，树立矩阵新概念，主题发布需贴合学生需求，多角度整合课程、就业和后勤等信息，扩大校园网络文化影响力，打造德育网络空间新阵地。

参考文献

[1]涂刚鹏，刘宇菲. 思政课程与课程思政协同育人的三维路径[J]. 学校党建与思想教育，2020(21)：50-53.

[2]杨和亭，林飞. "大思政课"格局下高校思政课程与"课程思政"协同育人模式研究[J]. 菏泽学院学报，2023，45(4)：50-54.

[3]王丽华. 高职院校"思政课程"与"课程思政"协同育人模式构建的逻辑理路探究[J]. 中国职业技术教育，2019(18)：71-75.

[4]沈壮海，董祥宾. 论新时代思想政治理论课的改革创新[J]. 思想理论教育，2019(5)：10-15.

"三全育人"背景下高校思政课程与课程思政的协同育人路径研究

范晓露

宁波财经学院马克思主义学院

摘要： 在"三全育人"背景下，实现思政课程与课程思政的协同育人是新时代高校思政工作的必然要求和重要抓手。协同育人有助于高校坚持社会主义办学方向，始终围绕为党育人、为国育才这个核心问题；协同育人也是新时代人才培养的客观要求，有利于推动立德树人工作进一步向纵深发展。通过加强顶层设计、搭建交流平台、加强师资培训等方法可以有效应对实际教学过程中出现的协同育人管理机制不完善、思政课程与课程思政"两张皮"、协同育人能力不足等问题，推动"三全育人"理念落地落细落实。

关键词： 三全育人；思政课程；课程思政；协同育人

立德树人是高校的根本任务，为社会主义事业发展培养合格的建设者和接班人是高校办学治校的历史使命。习近平总书记早在 2016 年的全国高校思想政治工作会议上就明确提出高校各类课程要与思想政治理论课同向同行，形成协同育人效应。2020 年，为了深化高校教育教学改革，教育部印发了《高等学校课程思政建设指导纲要》，对全国各地高校的课程思政建设工作如何开展进行了整体的设计与指导。"课程思政"概念提出后，全国各地的高校陆续开始了课程思政的探索之路。为了更好地完成立德树人的历史使命，在推进国家方针政策的同时，我们必须明确思政课程与课程思政协同育人对于人才培养的重要意义，清楚在实践过程中课程思政与思政课程协同育人存在的问题，并探索实现协同育人行之有效的路径。

一、"思政课程"与"课程思政"协同育人的重要意义

（一）协同育人是高校推进"三全育人"的必然要求

中共中央、国务院在《关于加强和改进新形势下高校思想政治工作的意见》文件中提出了"三全育人"的理念，即要坚持全员、全程、全方位育人。立德树人是高校一切工作的出发点。习近平总书记指出："要把立德树人融入思想道德教育、文化知识教育、社会实践教育各环节。"①在传统的教育教学过程中，思政课程是高校落实立德树人根本任务的关键课程，主要负责对学生进行价值观和政治立场的教育和引导，而专业类课程，主要是对学生进行专业知识和技能的教育，客观上形成了没有交集、"两张皮"的教育现象。在"三全育人"的理念指导下，国家要求包括思政课程和专业课程在内的所有课程都要发挥育人的功能，做学生成长路上的引路人。思政课程与非思政课程只有保持同向同行，实现协同效应，显性教育与隐性教育才能相统一，真正构建"三全育人"的大格局。

（二）协同育人有助于坚持社会主义办学方向

党的二十大报告指出："培养什么人、怎样培养人、为谁培养人是教育的根本问题。"②高校要从党和国家事业发展全局的高度，坚守为党育人、为国育才的初心和使命。高校教育必须坚持正确的政治立场，将思政教育的主导权牢牢掌握在手中，充分发挥高校思想政治教育阵地的作用。在政治立场上始终坚持社会主义方向不应只是针对思政课程而言，课程思政要求其他各类课程充分挖掘思政元素，在教授专业知识的同时，围绕课程内容适当进行思政教育，实现专业教育与

---

① 习近平著作选读（第二卷）[M]. 人民出版社，2023：203.
② 习近平著作选读（第一卷）[M]. 人民出版社，2023：28.

思政教育的有机融合，始终做到坚持社会主义的办学方向，谨防教学过程中出现政治方向的偏差，对学生产生误导作用，与社会主义教育方向背道而驰。无论是"思政课程"还是"课程思政"，都要始终围绕为党育人、为国育才这个核心问题，两者的育人使命都是为社会主义的伟大事业服务，为中华民族的伟大复兴培育时代新人。

（三）协同育人是新时代人才培养的客观要求

习近平总书记在二十大报告中指出："广大青年要坚定不移听党话、跟党走，怀抱梦想又脚踏实地，敢想敢为又善作善成，立志做有理想、敢担当、能吃苦、肯奋斗的新时代好青年。"①建设社会主义现代化国家需要各级人才，但新时代的人才培养不能只关注知识和技能，还要注重品德养成。广大青年必须坚定政治立场，坚定"四个自信"，如此社会主义事业的建设才能后继有人。近些年，社会上高学历者犯罪率增加值得深思，一些人在获得专业知识后不考虑如何用所学知识为社会作贡献，为他人做好事，却利用专业知识危害他人性命，破坏社会稳定。这种现象说明知识水平与道德素质没有必然联系，在百年未有之大变局的今天，"思政课程"与"课程思政"协同育人已经迫在眉睫，"思政课程"和"课程思政"只有在人才培养目标上保持一致性，才能形成协同效应，才能培养出符合新时代需要的高素质的专业人才。

二、"思政课程"与"课程思政"协同育人存在的问题

（一）高校协同育人管理机制不完善

当前，不少高校已经对课程思政进行了探索，对于专业课程如何进行课程思政形成了一定的思路。一些高校举办了相关的讲座和研讨会，在课程思政建设方

---

① 习近平. 高举中国特色社会主义伟大旗帜，为全面建设社会主义现代化国家而团结奋斗——在中国共产党第二十次全国代表大会上的报告[M]. 人民出版社，2022：71.

面进行了有益的探索，积累了一定的经验。① 但实际教学过程中如何进行"思政课程"与"课程思政"的协同育人，不少高校缺乏有效的顶层设计，未关注"思政课程"与"课程思政"的协同育人问题，在组织建设、运行规范、保障措施、评价与反馈等机制方面欠缺相应行动。

(二)"思政课程"与"课程思政"未能形成互通共享

在实际教学环节，思政课程与课程思政缺乏必要的互通共享，一是体现在思政课教师与非思政课教师之间沟通交流不够。一般情况下，思政课教师与非思政课教师都是分开备课，集体备课一般以教研室或课程组为单位开展，在备课环节教师间缺乏交流。思政课教师每学期的授课对象不固定，对每学期授课对象的专业课程和专业特点了解相对有限，不能较好地将思政课的内容与专业所要培育的人才目标相结合。课程思政的开展大多依赖于专业课教师的自行探索，非思政课教师往往凭借个人对于课程思政的理解，对课程进行思政元素的挖掘，导致某些课程的课程思政存在"硬融入""表面化"等现象。二是体现在思政课与非思政课建设方面的优质资源缺乏共享意识。思政课在长期的教学过程已经形成了丰富的教学案例库，并能够敏锐地根据国家时政、社会热点变化不断更新案例库的内容。课程思政在探索过程中也在不断积累相应的课程思政案例库，在挖掘思政元素的道路上不断深入。由于缺乏共享意识，当思政课程与课程思政选用同一个案例时，如果未能从专业角度或比较新的角度来进行分析与讨论，只是单纯地重复案例的详情，学生的课堂关注度和兴趣度就会明显下降，有时甚至会打乱教师的教学设计与安排。

(三)"思政课程"与"课程思政"协同育人能力不足

"课程思政"这一概念的提出，意味着高校专业课程教师的角色发生根本性的变化，专业课教师从以往单纯的知识和技能传播者，转变为依托专业知识进行

---

① 张旭，贾书明."课程思政"理念下思政课教师与专业课教师协同育人的困境与对策[J].中共太原市委党校学报，2022(4)：36-38.

正确价值观的引导和健全人格培养的塑造者。在传统观念中，高校开展思想政治教育主要是思政课教师、辅导员、班主任等的任务，其他任课教师一般认为思想政治教育工作与自己的关联性不大。虽然"课程思政"的推进工作已经持续一段时间，但一些老师的错误观念导致课程思政推进困难。有的老师认为课时相对较少，开展专业知识讲授已经较为紧张，不愿意多分配时间融合思政元素开展课程思政教学。有的老师有心参与课程思政的教学探索，引导学生树立正确的世界观、人生观、价值观，形成良好的专业素养，但由于缺乏经验或缺乏思政教育理念，对课程思政无从下手。思政课教师长期以来专注于思想政治理论课知识的传播，对于本校各专业、学院的发展了解相对较少，部分教师不能很好地从学生的实际出发，针对专业特点选择合适的教学案例进行价值观引导，使得课堂效果不佳。

三、"三全育人"背景下思政课程与课程思政协同育人的有效路径

基于当前思政课程与课程思政协同育人存在的问题，本文提出了协同育人的有效路径，旨在破除困境，推动"三全育人"理念落地落细落实。

（一）加强顶层设计，构建保障机制

在"三全育人"理念下，促进思政课程与课程思政协同育人一是要学校加强顶层设计，进行整体的规划与部署。二是要进一步强化"育人共同体"的理念。所谓"育人共同体"指的是基于一致的育人理念，高校的育人体系紧扣新时代人才培养目标形成的具有高度融洽性的统一体。① 强化育人共同体的理念有助于破解当前高校协同育人的困境，为形成多方聚力、协作发力、形成合力奠定重要思想基础。三要抓落实，加强相关职能部门的协作联动。一方面成立专门的领导小

① 覃海芳.《大思政》视域下课程思政与思政课程协同育人路径研究[J].才智，2021，(7)：61-63.

组和牵头落实部门，负责推进思政课程与课程思政协同育人的各项工作，另一方面需要发挥马克思主义学院的理论支撑作用。马克思主义学院的教师理论知识功底扎实，熟悉马克思主义中国化的最新理论成果，能够为课程思政的推进提供重要的思政理论指导。四是要制定完善各项规章制度，明确在协同育人工作方面思政课程与课程思政相关各方的具体职责，应承担的具体任务。同时为充分调动思政课教师与非思政课教师的创造性和积极性，需制定相应的奖励制度，还需要建立完善的评价反馈制度，检验协同育人的实效。

(二)搭建交流平台，共享教学资源

提高思政课程与课程思政的育人实效，实现 1+1>2 的功能，必须打破课程间的沟通交流壁垒。首先需要搭建交流平台，发挥相关职能部门的统筹作用，利用基层教研活动，加强思政课教师与非思政课教师的研讨交流，对于面向同专业同年级的教师们，可以结合学生的实际情况进行集体备课。思政课教师可以对专业课程挖掘思政元素提出建议，增加专业课程进行课程思政教育的专业性；专业课教师可以分享专业课程挖掘出的思政元素，避免在教学过程中出现重复性的现象。其次，在思政课程的排课过程中，可以结合老师的学科背景和学生的专业特点进行最优匹配，这样有利于在思政课教学过程中融入专业的元素，增强学生对于课程的亲近感。最后，学校层面应该整合校内的教育资源，特别是教学内容的整合，系统梳理各类课程所蕴含的思政元素和承载的思政教育功能，建设形成大而全的思政课程和各专业课程思政教学案例库及教育教学指南，每学期及时更新资源库，资源库所有资料面向一线教师开放。

(三)加强教师培训，提升综合素质

高校做好思政育人工作的关键在教师、在队伍。思政课程与课程思政要实现协同育人，对任课教师提出了更高的要求，高校应有意识地加强对各类教师的培训。思政课程在高校立德树人方面的作用无法替代，需要打造一支政治素质过硬、育人水平高超、业务能力精湛的思政课教师队伍。要广泛利用线上线下、各级各类培训加强对思政课教师的教育，培训范围除了包含教学能力提升、马克思主义经典著作导读、习近平新时代中国特色社会主义思想、重要会议精神等内容，还应引导思政课教师关注校园文化、专业发展、学生就业形势等问题，要善于挖掘校园文化资源，从学生的学习生活入手开展思政课教育，努力打造有"政治高度、理论深度、文化厚度、社会热度、生命温度、包装亮度、话语鲜度、价值效度"的思政课。思政课教师要结合学生的专业特点开展教学设计，将思想政治理论课与学生的专业实际有机融合，不断增强思政课教学的针对性和有效性。对于非思政课程的教师而言，由学校牵头，有组织、分批次开展"教师课程思政教学能力提升专项培训"。首先需要激发教师们开展"课程思政"的内在动力，通过讲座、沙龙等方式，引导老师们了解"课程思政"对于高校立德树人的重要意义。其次，本着"教育者先受教育"的原则，加强对非思政专业老师的思政素养和道德修养的培训，强化非思政专业课教师的政治认同，使其能够有意识地将专业知识与思想政治教育相结合，自觉担当起学生成长路上的引路人。最后，需要加强各类课程课程思政开展情况的交流与分享，分享"如何深挖课程的思政元素"的方法与措施，为其他正在探索尝试开展课程思政的教师提供宝贵经验。

四、结　语

总之，思政课程与课程思政的协同育人是高校教育教学改革的必然趋势，是高校落实"三全育人"要求的必由之路，是新时代加强高校思想政治教育的重要途径。通过教育为学生提供价值引领，指明前进的方向，是每一名高校教师的使命与职责。只有不断地在实践过程中推动思政课程与课程思政的有机融合，同向同行，才能更好地运用马克思主义的指导思想铸魂育人，培育新时代的好青年。

系统思维视域下高校思政课程与课程思政协同育人实践路径探析

张好徽　王红涛

浙江同济科技职业学院

摘要：思政课程与课程思政在育人目标上具有同一性、在育人功效上具有一致性、在育人要求上具有契合性，二者具有内在的联系性。基于当前高校思政课程与课程思政协同育人重视度不够、认知度不深、黏合度不强、满意度不高等问题，本文提出在系统思维指导下加强顶层设计，同频共振使多元主体协同；提升教师素养，同声相应使课程共同发力；优化课程教学，同心协力使思政资源互补；健全多元评价，同轴共转使育人效果一致等来优化高校思政课程与课程思政协同育人实践路径，从而增强育人效果。

关键词：系统思维；思政课程；课程思政；协同育人

"培养什么人、怎样培养人、为谁培养人是教育的根本问题，立德树人成效是检验高校一切工作的根本标准。"①落实立德树人根本任务，需要运用系统思维。习近平总书记多次强调指出要树立系统思维，运用系统思维分析解决问题。高校协同育人既要发挥"思政课程"的主渠道作用，也要发挥"课程思政"的育人功能，彰显整体性和协同性。恩格斯认为，各个人的意志"虽然都达不到自己的愿望，而是融合为一个总的平均数，一个总的合力，然而从这一事实中决不应作

---

① 教育部关于印发《高等学校课程思政建设指导纲要》的通知［EB/OL］．（2020-05-28）［2020-11-20］．http://www.moe.gov.cn/srcsite/A08/s7056/20206/t20200603_462437.html.

出结论说，这些意志等于零。相反，每个意志都对合力有所贡献，因而是包括在这个合力里面的。"①信息大爆炸时代，育人仅靠思政课程"独奏"是远远不够的，需要破除思政课"孤岛困境"，每门课程都具有价值塑造功能，思政课程与其他课程"合奏"，同向同行才能最大限度实现育人功能，发挥各个要素的作用，形成协同效应，实现"1+1>2"的教育效果。

一、"思政课程"与"课程思政"内在关系

"思政课程"与"课程思政"二者皆在强调思想政治教育功能，二者是有机联系在一起的，能够产生共识，"手拉手"形成合力。

（一）育人目标的同一性

教育的根本任务是立德树人。思政课程是专门提升学生政治素养、思想道德修养、法治素养的一门课程，而课程思政，需要在课程中挖掘思政元素，让学生在学习知识的同时实现价值引导和塑造。思政课程与课程思政虽然是不同的两种课程体系，但在育人目标上二者是同一的，无论是思政课程还是课程思政，两者都要将大学生培养成为有理想、有担当、有本领的中国特色社会主义时代新人，培育成为社会主义事业的建设者和接班人。

（二）育人功效的一致性

思政课是思想政治教育的主渠道，发挥着引领作用，习近平总书记在全国高校思想政治工作会议上强调："其他各门课都要守好一段渠、种好责任田，使各类课程与思想政治理论课同向同行，形成协同效应。"②不难看出，各类课程都具有思想政治教育的功效，进行思想政治教育思政课是主要渠道，但不是唯一渠道，各类课程需要与思想政治理论课方向一致，形成合力，增强育人效果。

---

① 马克思恩格斯选集（第4卷）[M]．人民出版社，2012：605-606．
② 习近平在全国高校思想政治工作会议上强调：把思想政治工作贯穿教育教学全过程开创我国高等教育事业发展新局面[N]．人民日报，2016-12-09（1）．

(三)育人要求的契合性

思政课要强化意识形态,讲好马克思主义理论,树立"四个意识",坚定"四个自信",同时要把握好学生的需求。思政课要注重把教学内容与专业特点相结合,选用贴合学生专业的典型案例,采用灵活多样的教学方式,激发学生学习的积极性、主动性。专业课要发掘思想政治教育要素,在传授专业知识的同时进行价值引导,实现知识传授与价值塑造的统一。

二、高校课程思政与思政课程协同育人的困境

(一)协同育人系统性重视度不够

系统是由各个要素构成的。高校思政课程与课程思政协同育人是一项系统性工程,需要多方合力才能够完成。要实现协同育人工作的有效运行,需要在顶层设计和制度支持上做好规划,需要有机制保障。理念是行动的先导,思想上要给予足够的重视。但是,部分高校仍然存在"说起来重要,做起来次要,忙起来不要"的现象,主要原因是部分高校在顶层设计和整体规划方面,并没有设计出党委领导下的思政课程与课程思政教学一体化的协同机制,没有进行系统性考量。"高校人才培养体系各子系统、各行为主体之间缺乏有效衔接,没有形成应有的同频发力,相互之间缺乏强有力的协同保障机制,导致高校课程思政与思政课程同向同行机制工作统筹性、整体性不足,严重影响了课程思政的立德树人效能。"①马克思主义学院、二级学院、各职能部门没有形成有效合力,系统内部各个要素没有充分发挥各自的效能,单兵作战情况较多,没有真正做到协同育人,同向同行。

(二)协同育人融合性认知度不深

系统是由相互作用的若干组成部分形成的有机整体,系统思维的首要前提是

---

① 刘广明,申丹丹.系统思维视域下高校课程思政与思政课程同向同行机制探究[J].系统科学学报,2024(3):94-98.

能够从整体上把握对象，并把它放在普遍联系的系统中来理解。"高校对人才的培养必须坚持把价值塑造和知识传授融合为一体，才能真正达到育人目的。"①高校所有课程都肩负着育人的使命，而教师则是课程运行的核心执行者，是思政课程与课程思政协同育人的关键要素。目前高校大力推行思政课程与课程思政同向同行，同频共振，但是部分非思政课教师仍然认为思想政治教育是思政课教师应该做的，专业课教师更多是注重学科内容、专业知识的传授，在一定程度上忽视了育人的目标。专业课教师认为他们更应该做的是传授学生知识、提高学生技能，缺少依据课程自身的特点去挖掘思政元素的兴趣，对学生的精神塑造与价值引领不上心。思政课教师授课有知识性、政治性、思想性优势，但是思政课教师授课专业比较多，往往是备一次课讲好多专业，讲课没有结合专业自身特点，不能很好地与专业相结合。

（三）协同育人关联性黏合度不强

系统内部各要素是相辅相成的，共同发挥作用，只有通过关联性结合在一起，才能真正形成一个特定性能的系统。课程思政与思政课程是育人系统中的重要链条，它们需要相互促进与融合。在实际教学过程中，课程思政与思政课程过于标签化。首先，课程思政内容贴上思政标签，特别是有些理工科课程的思政元素比较难发掘，但在任务驱动下，有的教师即使很难把专业知识与价值观引导建立连接关系，也要把课程思政生硬地贴上思政标签，二者不能有效融合在一起。其次，教学形式上贴上思政标签，"新时代高校课程思政与思政课程教育面向的对象是思想多变、价值多元、性格多面的00后大学生"②。每门课程都有其自身的特殊性，每门课程的思政教育也都应该有差异性，00后大学生是网络原住民，部分教师不能很好地把握他们的多元价值诉求、情感需求，教学中生硬地向学生灌输价值观的生成，不能有效地采用更加灵活的方式引导学生。因此，导致思政课程与课程思政不能有效黏合在一起，从而出现了思政课程与课程思政"两张

---

① 韩喜平，肖杨. 课程思政与思政课程协同育人的"能"与"不能"[J]. 思想理论教育导刊，2021（4）：131-134.

② 邹蒲陵. 高校课程思政与思政课程合力研究[D]. 西南大学，2022.

皮"现象。

(四)协同育人效果性满意度不高

"课程思政与思政课程协同育人的成效在于学生,通过对大学生进行人生价值观引领,引导大学生深入了解世情国情党情民情,坚定对中国特色社会主义的'四个自信'。"①但是社会极端个人主义、功利主义、利己主义等错误人生观仍广泛存在,大学生的是非辨别能力还有待提升,有些受到错误社会思潮的影响,导致思政课程与课程思政协同育人效果受到直接影响。部分大学生在极端个人主义、功利主义思想影响下,更多倾向追求专业知识的掌握与专业技能的提升,看重评奖评优,而对理想信念、思想道德修养与法治淡化。学生更关注课程本身的实用价值,对思政课程知识的学习主观愿望弱化。

三、优化高校思政课程与课程思政协同育人的实践路径

(一)加强顶层设计,同频共振使多元主体协同

系统是由相互作用与相互依赖的若干组成部分构成,各个部分相互结合,具有独特功能。习近平总书记指出:"高校党委对学校工作实行全面领导,承担管党治党、办学治校主体责任,把方向、管大局、作决策、保落实。"②高校党委的作用不言而喻,高校党委在思政课程与课程思政协同育人中要把舵领航,牢牢把握立德树人的根本任务,强化协同育人的理念,加强思政课程与课程思政协同育人的顶层设计。首先,高校党委做好规划,把思政课程与课程思政协同育人纳入工作总体布局中,把教学、教材、管理体系等各个部门工作融入课程思政,把协同育人理念落到实处。其次,高校党委推进二级学院结合学院特色制定课程思政与思政课程协同育人的实施方案,同时发挥二级学院、专业党支部的战斗堡垒作

---

① 王悦. 高校课程思政与思政课程协同育人研究[D]. 东北农业大学,2023.

② 习近平谈治国理政(第二卷)[M]. 外文出版社,2017:379.

用，发掘学院、专业的思政元素，积极探索协同育人的实施路径。最后，高校党委助推二级学院与马克思主义学院交流合作，学科特点不同，教学方式方法也会有差异，但二者可以相互吸取、学习对方的优点，共同培养"有理想、敢担当、能吃苦、肯奋斗"的新时代好青年。

(二)提升教师素养，同声相应使课程共同发力

按照恩格斯的观点，社会历史的发展进程不是某个英雄、领袖等任何一个单个人意志就能决定的结果，而是一组由无数单个人意志相互碰撞、汇聚融合而产生最大合力作用的结果。与此同时，也不能抹杀单个人意志对无数个人意志形成的最大合力的贡献。历史合力论强调人的因素在社会历史发展中的作用。思政课程与课程思政协同育人取得实效的关键是教师。教师在思政课程与课程思政协同育人过程中发挥着至关重要的作用。协同育人是一个综合系统工程，系统内每个部分是相互联系着的。思政课程与各类课程存在着一定的关联性。课程与课程之间应该进行互动，不是思政课程"独奏"，应该是每门课程一起"合奏"。首先，思政课程要发挥思想政治教育的引领作用，课程的执行者是教师，思政课教师具有坚定的马克思主义信仰，扎实的马克思主义理论知识，思政课教师需要打破学科壁垒，积极参与二级学院课程思政工作，参加各类课程思政的备课会，与各类课程的专业课教师一起挖掘思政元素，为其提供理论和方法上的指导。其次，思政课教师应学习各类课程在教学方法、教学内容等方面的优势，专业课程教师需要深入挖掘思政元素，充分发挥"理论+专业"的优势，有效打通思政课程与课程思政协同育人的"最后一公里"。

(三)优化课程教学，同心协力使思政资源互补

"系统思维的协同性是指系统要素之间的相互协调能力，协同促使事物间属性互相增强，向积极方向发展。"①思政课程与课程思政的育人宗旨是契合的，即

---

① 王萍. 系统思维：习近平生态文明建设的重要思维方法[J]. 系统科学学报，2020，28(2)：79-83.

立德树人。立德树人的载体是资源，"无论思政课程中的思政资源，还是课程思政中的思政资源，都是思想政治教育资源体系的有机构成，二者互为补充，各有千秋"①。思政课中的思政资源，包括思想道德、爱国主义、遵纪守法、诚信担当等，呈现出系统性、整体性、科学性的特点，课程思政中的资源包括人物素材、思想素材等，处于零散化、碎片化状态，但是与专业结合比较紧密，学生容易接受。无论是显性课程，还是隐性课程都可以开发出思政元素，但是开发范围有限，因此，思政课程资源和课程思政资源可以相互补充，相互协同。思政课程可以融入课程思政资源并采用灵活多样的、学生容易接受的教学方法把马克思主义理论讲活，而课程思政可以结合思政课程资源，去挖掘思政元素，使知识传授与价值塑造融为一体，不能生硬地贴上思政的标签。

(四)健全多元评价，同轴共转使育人效果一致

评价是协同育人的指挥棒，思政课程与课程思政是相互联系、相互促进的有机整体，这个整体运行如何需要进行评价和诊断。"课程思政协同育人要有效、管用、解渴，必须要找到学生的困惑所在，能够回答学生的问题。"②对课程的评价主要看学生的学习反应和学习成果，要构建多元并举的评价标准。其一，多元价值观的影响下，要坚持"思政+专业"的融合，做好学情分析，想学生之所想，急学生之所急，帮助学生把好"脉"，把学生的参与度、获得感作为检验课程思政与思政课程协同育人实效的标准。其二，坚持定性与定量相结合的原则，以往教师的考核更多的是教学业绩的考核，还应该把对学生育人效果作为考核评价的重要标准。思想道德修养方面不好进行定量的测试，可以将其作为一项长期工作，对学生的思想状况进行追踪，每一个学年建立一个档案，来考查学生的思想道德修养。除了传授学生知识、教会学生技能，更重要的还需要对学生进行价值观的引导，使学生在实践中能够践行和传播，做到知行合一。

---

① 巩茹敏，霍跃. 构建课程思政与思政课程协同效应的新审视[J]. 思想政治教育研究，2021，37(1)：74-78.

② 王增芬. 唯物史观视域下推动课程思政协同育人的四重维度[J]. 职业技术教育，2021(16)：41-46.

四、结　语

新时代背景下，推进高校"思政课程"和"课程思政"协同育人，落实立德树人的根本任务，需要运用系统性思维，系统考量"思政课程"和"课程思政"融入教学的全过程，这既是时代的要求，也是培育应用型人才的现实需要。

人工智能视域下高校课程思政与思政课程的融合实践探析

王思雯

杭州电子科技大学马克思主义学院

摘要：对于高校课程思政与思政课程的融合实践而言，人工智能既是实践背景，也是技术工具，更是发展契机。人工智能技术日渐成熟、高校课程建设的实际和实践需要、数字化原住民普遍具有良好智媒素养等使得课程思政和思政课程融合成为可能，但仍需注意因缺乏顶层设计和实践部署、"注意力经济"或"监视资本主义"的兴起、人工智能技术运用不当等所带来的融合风险。

关键词：课程思政；思政课程；人工智能；实践探析

2019 年 5 月，习近平在致国际人工智能与教育大会的贺信中指出："中国高度重视人工智能对教育的深刻影响，积极推动人工智能和教育深度融合，促进教育变革创新。"①至此，人工智能与教育融合序幕拉开。但在融合实践过程中，既要把握住技术与思政教育的融合程度，防止唯技术论的偏激倾向，又要积极发现创造二者新的联系，避免新瓶装旧酒，陷入形式化的泥潭。一方面，人工智能和算法的发展极大地推动了教育教学的精准化和智能化；另一方面，又对思想政治理论课教学形成强有力的冲击。面对纷繁复杂的信息和算法的冲击，各高校应当在加强思想政治理论课改革的同时，积极构建"大思政"育人格局，通过促进课

---

① 习近平向国际人工智能与教育大会致贺信[N]. 人民日报，2019-05-17.

程思政与思政课程的融合创新，培养大学生的人文素养和思想道德素质。

一、课程思政与思政课程融合因何可能

时至今日，社会进入人工智能时代，"互联网把记录的颗粒度和细致程度推向了一个前所未有的高度，这是划时代的变化，它完全改变了人类数据世界的版图"①。这种改变和影响塑造着人们的实践方式，并与原有习惯产生良性互动，又无意间推动了技术的创新发展。生成式人工智能的发展速度和影响使人惊叹，海量的数据冲击使人目不暇接。"越来越多的权力存在于算法之中，它不仅塑造社会与文化，直接影响与控制个人生活，甚至获得了真理的地位。"②在人工智能的冲击下，思政课程及其对应的课堂教学、课程思政的内涵与实践、意识形态建构等各个层面，正在经历不同程度的重构。作为直接受众的高校师生，也经历着角色的转变和权利界限的探索。算法在使高校治理迎来新发展机遇的同时，也使其面临巨大挑战。笔者认为，人工智能技术促进高校课程思政与思政课程的融合有以下几点可行性。

（一）人工智能技术发展日渐成熟

近年来，人工智能技术的应用与进步非一日之功，可以说，最近几年，"以算法为核心的人工智能技术的繁荣发展是数据'喂养'出来的，没有大规模高质量的大数据，就不可能有当下人工智能的飞速发展"③。生成式人工智能的发展更是为数据的搜集增效，当大数据可以自行完成信息的关联再造，一大部分高校教师的基础工作将被提速，学生的综合知识获取能力将得到有效提高。信息之间的关联将被技术联织在一起。与此同时，课程思政和思政课程的融合也将出现新

---

① 涂子沛. 数文明——大数据如何重塑人类文明、商业形态和个人世界[M]. 中信出版社，2018：12.

② 刘培，池忠军. 算法的伦理问题及其解决进路[J]. 东北大学学报（社会科学版），2019，21（2）：118-125.

③ 孙少晶，陈昌凤，李世刚，等. "算法推荐与人工智能"的发展与挑战[J]. 新闻大学，2019（6）：1-8, 120.

的突破点。但是，人工智能本身的数据集也存在意识形态偏向，其信息真实性和准确性也有待确定，加之技术研发者和创新者的个人偏见，当人工智能技术嵌入高校教育时，这种不确定性会导致抱有原初美好目的的思政课程与课程思政的融合滑向"技术利维坦"的潜在风险，即人工智能技术赋权与约束的非对称性。高校是我国青年意识形态培养的主阵地，如果不能谨慎把握人工智能技术的利用，就可能潜藏加剧意识形态的风险和寡头统治的危险。

（二）高校课程建设的实际和实践需要

近几年，电子设备的迅速普及使计算机和相关移动终端走入千家万户，高校移动电子设备的普及率之高更是令人瞠目结舌。此外，随着我国高等教育的发展和国际环境的变化，建设具有一流水平和一流学科的社会主义大学已成为提升中国高等教育综合实力和国际竞争力的必然要求。其中，科学、全面、系统的课程体系是高校建设发展的重要指标之一。质量较高的学科课程不仅可以向大学生有效传授知识内容，提高大学生对专业的认可度和认同感，还进一步拓展课程功能向度，实现理论教育与价值塑造的有机结合。而中国高校教育发展的实际情况仍然围绕着"培养什么人、怎样培养人、为谁培养人"这一根本问题，由此，高校思政教育如何为学科课程进行价值支撑和引导变得尤为重要。过去，更多依靠教育者自身的思想道德素养在教学实践中进行二次融合，如今智能技术强势进入课堂，如何利用好这个"工具"实现思政教育的多倍增效成为值得教育者商榷的新课题。

（三）数字化原住民普遍具有良好智媒素养

课程思政的教学要注重学生参与，激发学生的行为，注重隐性教育，注重提升互动性。新一代高校学生普遍为 00 后，多数为出生在 Z 世代的数字原住民，从小浸淫在各类电子信息设备环境下。在此环境影响下，大部分高校学生除了惯例认知习惯和行为外，还带有数字时代的独特性。"对于数字化原住民的新一代学生来说，大量人工智能的应用并不新鲜。"[1]他们甚至会觉得人机对话、智能分

---

[1] 杨晓哲，任友群. 教育人工智能的下一步——应用场景与推进策略[J]. 中国电化教育，2021(1)：89-95.

析、自动评分、个性化推荐等人工智能应用稀松平常。虽然学生们非常熟悉也更加乐于结合人工智能的方式展开学习，但是学生的信息素养决定了他们应用人工智能展开学习的深度与广度。学生们需要提升在人工智能与数字化环境中自主、协作、探究的信息素养。学生能够对学习资源进行选择与判断，能够自主对学习材料进行再加工与整理，能够将人工智能视为学习伙伴甚至是学习共同体。① 他们既不全听从于人工智能算法判定的结果，也不拒绝使用，而是在人机协调中综合判断，形成数字化学习与创新能力，提升信息素养。②

二、课程思政与思政课程融合过程中有何风险

2023年，习近平总书记在中共中央政治局第五次集体学习时指出："要把加快建设中国特色、世界一流的大学和优势学科作为重中之重。"③作为新一轮科技革命的重要引擎，人工智能技术不断创新迭代，生成式人工智能（AIGC）正深度参与各学科的建设与发展，为思想政治教育的创新融合带来契机与挑战。以ChatGPT为典型代表所带来的生成式人工智能热潮中，其作为"智能工具"为思想政治教育活动的开展提供了更为先进的方法选择、更为智能的技术方案以及更为自由的应用场景，擘画了思想政治教育的转型图景。但值得注意的是，技术的转型升级潜藏着伦理风险和意识形态的入侵。生成式人工智能的内容输出易致教育者主导地位下降甚至丧失，教育者因教育而产生的权威下滑严重，受教育者作为学习主体因误用或滥用人工智能而产生的自身认知模糊和"数字鸿沟"将会加剧。

（一）缺乏顶层设计和实践部署

当前高校课程思政与思政课程同向同行机制建设工作因缺乏系统设计，出现

---

① 郭炯，荣乾，郝建江. 国外人工智能教学应用研究综述［J］. 电化教育研究，2020，41（2）：91-98，107.

② 杨晓哲，任友群. 高中信息技术学科的价值追求：数字化学习与创新［J］. 中国电化教育，2017（1）：21-22.

③ 习近平在中共中央政治局第五次集体学习时强调：加快建设教育强国　为中华民族伟大复兴提供有力支撑［N］. 人民日报，2023-05-30（1）.

了组织管理机制缺乏整体规划、课程建设机制缺乏关联性、教师育人机制不协同、评估评价机制多元性不足等问题。同向同行、协同育人理念并没有系统体现在高校组织管理的整体规划中。高校人才培养体系各子系统、各行为主体之间缺乏有效衔接，无法同频发力，相互之间缺乏强有力的协同保障机制，导致高校课程思政与思政课程同向同行机制工作统筹性、整体性不足，严重影响了课程思政的立德树人效能。同时，当前高校存在课程思政的推进主体不明晰、保障机制不完善等问题，在全国范围内，只有为数不多的高校系统设计了责任落实、财力保障、师资培养等机制。高校课程思政建设还处于探索期，同向同行、协同育人需要联合学校职能部门、教学院系等各方面的力量，涉及的范围比较广。有效利用系统的整体功能必须依靠系统内部各个要素之间的有效合作与协调，高校要以系统的整体性为导向，职能部门、教学院系等要有明确的权利和责任关系，形成科学分工、协同发展、有机统一的多层级课程思政管理机制，以促进课程思政与思政课程同向同行机制高效系统的形成。

(二)"注意力经济"或"监视资本主义"的兴起

随着数据成为核心生产要素，当代资本主义形态正在从工业和金融资本主义转向数字资本主义，① 而作为能够发出清晰指令、试图用系统方法描述或解决问题的算法，愈发成为数字资本主义的底层技术逻辑。② 随着互联网和大数据对高校师生生活和学习的入侵，注意力成为稀缺资源。在诸多高校，部分教师着力于如何将自己开设的课程打造成"精品网红课"以吸引学生的关注和选择，希冀用更符合当代年轻人认知习惯的风格促使学生关注和吸纳知识本身。但此过程中，只有少部分教师能做到巧妙融合学科知识，完成真正意义上技术与课程的融合，部分课程多半只是在形式上完成了数字化转型，但实质仍依赖传统教学手段实现知识的摄入。在资本逻辑的驱使下，人工智能只推送用户"最想看"的内容，而

---

① 向勇. 算法推荐时代高校思想政治理论课的创新研究[J]. 社会科学，2021(12)：70-80.

② 刘顺. 资本逻辑与算法正义——对数字资本主义的批判和超越[J]. 经济学家，2021(5)：17-26.

非用户"应该看"的内容。

（三）人工智能技术运用不当的风险

思想政治教育不仅是一项政治性实践，也是一种情感养成。① 人工智能技术条件下，思想政治教育与新技术的融合已经成为当下思想政治教育的发展潮流。如何借助生成式人工智能技术，将课程思政与思政课程进行有机融合也迎来新转机。我们应该意识到，科技作为工具本身是一把双刃剑，它常表现为"异己的、敌对的和统治的权力"，对人工智能技术运用不当将会引发诸多风险，譬如教育者主导性地位下降、教育对象自我认知失衡等，除此之外，人工智能技术对人类信息的无序窥探也将引发对受众隐私法权的侵害。

三、课程思政与思政课程融合如何可行

技术嵌入课程思政与思政课程融合无疑是一种符合时代教育发展的创举。从实践方式看，数字、智能化和算法化深度融入思想政治教育全过程，可利用新技术实现其科学化、数据化、精细化管理。合适高效的智能方法，将会给思想政治教育的发展提供新思路。从学科交互看，数字技术驱动了思想政治教育与其他学科之间的交叉，不但拓展了思想政治教育研究的新方向，而且产生了网络思政、虚拟思政、数据思政等多种思想政治教育新样态。从话语样态看，数字技术可以帮助教育者将理论知识转化为更符合受众认知习惯的图文或视频，并以具体、生动、鲜活、形象的立体话语样态，向教育对象传递思想、阐释理论、引导价值，从而实现理论知识的入脑入心。

（一）推动教育教学精准化

随着高校信息化建设步伐逐步加快，大多数高校引入了基于网络的教育管理

---

① 米华全. 智能思政伦理风险的生成逻辑、表现形式及防控机制［J］. 中国电化教育，2023（2）：111-117.

信息系统。这些系统的利用不能只停留在基础的工作方面，应深入挖掘其与人工智能和大数据技术接轨，让学生的生活和各类教学系统紧密结合，在学校可控网络上留下用户使用痕迹，进而通过人工智能对这些数据进行学理化分析，为高校探索新型教学模式和方法、构筑教学活动的新生态提供技术支持。近些年，高校利用大数据、云计算、云搜索等技术打造的智慧课堂，之所以能够给师生提供精准的定制化方案，根本在于人工智能的进步和算法逻辑的支持。通过算法分析数据背后隐藏的思想状态和诉求，各高校对大学生关心的热点话题进行捕捉，及时了解学生的思想动态，可以有效提高思想政治教育工作的精准性。

(二)培养具有智媒素养的复合型人才

相对思政课程来说，课程思政在教师群体中的覆盖面更广。为发挥课程思政与思政课程的合力，学校需要从全局视角和长远眼光进行系统科学的整体规划，发挥顶层设计功能并有序推进，其中既包含顶层方案设计、各部门的联通、针对教师数字化研修和教学设计能力提升的专题培训、教师评价体系改革等软实力建设，也包含数字化平台搭建、各部门的数据共享、信息安全等硬实力建设。教育者要自觉学习数字信息相关技术，掌握一定智能工具的常规运行机理，"既要善于运用数据来描述、解释、反映各种主客观对象、教育关系及实践过程，也要学会运用数据模型和数据计算分析解决思想政治教育过程中的各种具体问题"[1]。让智能技术助力教育者职业素养的提升，是当下教育工作者的必要之选。高校要充分发挥思想政治理论课和各学科专业课程同向同行的育人作用，首要工作就是提高课堂主导者即高校老师的智媒素养，让教师利用新兴技术掌控课堂、引导课堂。

(三)更新思政教学形式和课程教学形态

首先，利用人工智能实现数字化融合赋能。思想政治教育的活动场所将不再

---

[1] 陈清. 论人工智能融入高校思想政治教育的深层逻辑[J]. 江苏高教，2022(1)：114-120.

局限于校园、课堂环境，其知识体系也不限定在学科与课程，从课程体系平面化转向教学体系立体化。当思想政治教育与人工智能相结合，就能利用智能仿真技术再现现实生活或历史事件的数字画面，让教育对象身临其境，在虚拟仿真场景中激发学习兴趣，如故宫博物院曾推出的 VR 试看，和部分旅游景点已经长期试用的"探访地宫""古迹探秘"，将大数据内容进行梳理重构，在尊重学科特征的基础上，糅合思想政治教育的传播内容，将高效提升教育者的思想素养、道德涵养、政治修养。其次，开展教学设计，创新教学方法，编撰教学案例集，营建教学资源库，形成适合专业发展的思政教学特色和教学模式，注重运用数字化技术赋能教学，注重发挥专业实践育人的积极作用。除此之外，课堂除组织学生开展讨论分享、情景模拟、社会实践体验外，基于人工智能技术的互动教学模式也是辅助课堂教学的利器。如 Classin 在线教室、雨课堂等教学工具，可以丰富思政教学手段，增加与学生的沟通和交流，填补课堂教学的不足，扩大课程在时间和空间上的延展性。利用好这些工具需要教师对课前、课中、课后的教学进行系统细致的设计，整合课程思政资源；学生借助智能手机等移动终端设备参与讨论互动、投票、接受反馈等，以记录学习过程。最后，专业内部或专业间应多组织课程思政集体备课和课程思政示范观摩听课活动，探索课程思政教学策略、教学方法和评价方法，探讨课程思政的内容和方式，总结课程思政的成效得失，不断提升学生的课程学习体验、学习效果，在智育中渗透德育，同时以点带面，以重点课程为突破口先行建设，发挥示范课程的作用，带动其他课程的建设。此外，还需要建立事前、事中和事后监控的质量保障监控体系，事前对人才培养方案、开课计划、教学大纲等进行审核；学期中实施听课评价与追踪制度；学期后实施学生评教、教学奖惩等，及时了解并处理课程思政教学中出现的问题。